1. 河北省高等教育教学改革研究与实践项目《红色 VR 虚拟仿真实验室在高校思想政治课助课制改革中的应用研究》（2019GJJG687）

2. 河北省高等教育教学改革研究与实践项目《高校思政课虚拟仿真实验教学中心建设及应用前景研究》（2018GJJG485）

虚拟仿真技术与高校思政课教学改革的深度融合研究

姜瑞林　王红向　李志伟　著

吉林大学出版社

·长春·

图书在版编目（CIP）数据

虚拟仿真技术与高校思政课教学改革的深度融合研究 /
姜瑞林 , 王红向 , 李志伟著 . -- 长春 : 吉林大学出版社 ,
2022.3
　　ISBN 978-7-5768-0239-9

　　Ⅰ . ①虚… Ⅱ . ①姜… ②王… ③李… Ⅲ . ①计算机
仿真—应用—高等学校—思想政治教育—教学改革—研究
—中国 Ⅳ . ① G641-39

　　中国版本图书馆 CIP 数据核字 (2022) 第 142459 号

书　　　名　虚拟仿真技术与高校思政课教学改革的深度融合研究
　　　　　　XUNI FANGZHEN JISHU YU GAOXIAO SIZHENGKE JIAOXUE GAIGE DE SHENDU RONGHE YANJIU
作　　　者　姜瑞林　王红向　李志伟　著
策划编辑　殷丽爽
责任编辑　董贵山
责任校对　张宏亮
装帧设计　王　斌
出版发行　吉林大学出版社
社　　　址　长春市人民大街 4059 号
邮政编码　130021
发行电话　0431-89580028/29/21
网　　　址　http://www.jlup.com.cn
电子邮箱　jldxcbs@sina.com
印　　　刷　天津和萱印刷有限公司
开　　　本　787mm × 1092mm　1/16
印　　　张　12.25
字　　　数　220 千字
版　　　次　2022 年 3 月　第 1 版
印　　　次　2022 年 3 月　第 1 次
书　　　号　ISBN 978-7-5768-0239-9
定　　　价　72.00 元

序　言

数字技术给人的生存方式带来了重大的改变，知识的呈现和传递出现了革命性的变化，不仅给传统的教学方式带来了巨大的冲击，也提供了教学方式方法革新的条件和契机。虚拟仿真技术是数字时代的前沿技术，高校思想政治理论课（以下简称"思政课"）虚拟仿真体验教学就是利用信息技术融入思政课教学活动的一种新型育人方式。

在如今的教学课堂中，思政课教师们也不断更新自己的教学理念和教学方式，用虚拟仿真（VR）、增强现实（AR）和混合现实（MR）等科学技术替代以往的板书教育，让学生身临其境，加深对教学内容的记忆，增强教学效果。在今后，思政课教学的智慧化、智能化发展将对高校思政课课堂教学内容、教学方式和任教教师产生巨大影响。

实现高校思想政治教育传统优势与虚拟仿真技术融合，也是进入中国特色社会主义新时代以来党中央对高校思政工作的政治要求。党的十八大以来，习近平总书记多次强调思想政治工作是学校各项工作的生命线。高校必须紧紧围绕新时代要求，发扬钉钉子精神，全面推进高校思想政治工作再上新台阶、展现新作为。习近平总书记在全国高校思想政治工作会议上强调："要运用新媒体新技术使工作活起来，推动思想政治工作传统优势同信息技术高度融合，增强时代感和吸引力。"

2019 年，教育部发布了《开展 2019 年度国家虚拟仿真实验教学项目认定工作的通知》，在这一文件中，首次增设了"马克思主义"类别的虚拟仿真实验教学项目。2019 年 8 月，中办、国办印发《关于深化新时代学校思想政治理论课改革创新的若干意见》中曾明确指出，大力推进思政课教学方法改革，提升思政课教师信息化能力素养，推动人工智能等现代信息技术在思政课教学中应用，建设一批国家级虚拟仿真思政课体验教学中心。

在此背景下，由教育部高教司推动的"国家虚拟仿真实验教学项目建设与共享应用工作会议"2019年6月在京召开，会议就推动虚拟现实技术与教育教学的深度融合展开研讨，并宣布成立"虚拟仿真实验教学创新联盟技术工作委员会"。联盟将协助高校开展虚拟仿真实验教学项目的建设和共享应用工作，探索泛在、灵活、智能的教育教学新环境建设与应用模式。

大潮之下，全国高校争起响应。2021年，北京理工大学在建党百年之际建成全国首个沉浸式虚拟仿真思政课体验教学中心，该中心运用虚拟现实、人工智能、全息显示等技术，打造了集交互性、沉浸性、时代性和趣味性于一体教学环境，可以中班教学开展 VR 思政教学体验，为大学生思政课教学质量提升提供有效支撑，并为课程思政、学生党史学习、校史学习，以及新文科等思想政治教育和人才培养提供支持。"秒懂中医""经络探秘""五禽戏"功夫打卡……在北京冬奥期间，北京中医药大学推出了一堂"大思政课"，学校承建的"10秒"中医药体验馆成为了展示中医药文化的世界级窗口，连国际奥委会主席巴赫体验后也不禁称赞中医之美，世界罕见。

因此，进行思政课虚拟仿真体验教学改革创新探索，既是深入贯彻落实习近平关于高校思政课教学改革创新要求的集中体现，也是在新技术革命时代创新思政课教学的顶层设计和战略部署，为思政课教育教学的未来发展指明了方向。我们要运用现代信息技术推进思想政治教育改革、创新，把虚拟仿真技术与思想政治教育的传统优势相结合，使采用虚拟仿真教学技术的思政课成为传统高校思想政治教育的重要应用。

本书以传统高校思政课堂教学和虚拟仿真体验教学的关系为切入点，明确虚拟仿真技术在思政课教学中的地位作用，探寻虚拟仿真技术融入思政课教学的可能路径，从而实现虚拟仿真在教学改革创新中的推广运用。

所谓虚拟仿真环境下思政课实践教学，就是以互联网技术为支撑的情景模拟教学。以虚拟现实技术为依托，虚拟仿真实践教学综合利用思政课教学资源，打破理论教学的时空局限，在网络和思政课之间建立起实践教学平台。既能让学生"身临其境"，激发其学习的内生动力和参与意愿，又能有效提升教学效果，让课堂"活"起来。

相较于传统的课堂实践教学和社会实践教学来说，虚拟仿真环境下思政课实践教学具有很强的可行性和独特优势：

虚拟仿真实践教学利用互联网的高传播性特点，以具备三维虚拟仿真技术的思政课仿真体验教学中心为主要媒介，通过虚拟现实模拟、实践阅读、参观红色场景等形式，有效整合学校各类学生社会实践活动的资源，丰富了实践教学的内容。第二，虚拟仿真实践教学契合当今学生广泛使用互联网的特点，学生能够通过"亲身体验"和真实感受去领悟理论教学内容的内在魅力，从而认识到自己的主体地位。第三，虚拟教学具有跨时空性，广阔的教学空间让学生不论何时都能参与到问题讨论当中，增添了实践教学的互动性。将虚拟仿真引入思政课实践教学逐渐成为优化思政课的重要取向。

虚拟仿真环境下的实践教学虽然有效破解了传统实践教学的组织困境与覆盖率低的问题，改变了传统思政课实践教学走形式不走心的活动形式，激发了学生的学习兴趣，但现阶段同样存在着以下问题。

第一，教学计划、组织、安排缺乏规范性。思政课与其他课程不同，它不是一门课而是几门课程的总称。在当前开展思政课虚拟仿真实践教学的过程中，往往出现各门思政课的任课教师常常各自为战，彼此之间缺少统一的协调和统筹安排"的情况，造成了不必要的人力、物力、财力的 浪费。正因为实践教学在教学计划、组织形式、时间安排、考核方式等方面缺乏统筹规划，无法形成一个有机的整体，使得当前的实践教学从整体上看层次性、统一性、系统性不够，在内容与形式上重复现象比较严重，课程间缺乏衔接使得实践教学的特点和优势没有凸显出来，实践教学的针对性、实效性不明显。

第二，师资、经费、技术支持薄弱。近几年，随着高校招生规模的扩大，在校生人数也在不断增加，教师动辄就是面对上百人的班级规模，思政课教学在师资、经费、技术等方面的薄弱也开始体现。在虚拟仿真实践教学的过程中，学校只是将实践任务和课时交给任课教师，但构建虚拟仿真环境所需要的师资培训、经费保障、技术支持以及实践效果如何无人关注，学生在哪里实践、遇到什么困难、有什么体会、成果如何都无人问津。

第三，资源单调、创新性教学不足、主体参与性不广。虚拟仿真实践教学过程不是简单的单向传输过程，而是需要学生积极互动，发挥主观能动性的双向过程。当前的虚拟仿真实践教学大多借助互联网资源，动员学生在主题网站中接受革命传统教育、历史文化教育和党的基本路线教育，其他与之配套的实践教学资源相对单调，对学生的吸引力不是很强。

第四，尚未形成具有较强科学性、规范性和操作性的长效机制。实践教学作为思政课的有机组成部分，应纳入教育教学的总体规划和教学大纲，并且有明确的目标要求以及相应的学时学分、

规范的评价体系，在人、财、物等方面有一整套保障机制，进行统一管理。但事实上，相当多的高校 思政课实践教学尚未形成具有较强科学性、规范性和操作性的长效机制，虚拟仿真实践教学更是如此。

综合考虑传统实践教学和虚拟仿真实践教学存在的问题，深入探究其原因，主要表现为：第一，实践教学理念落伍，缺乏整体系统的课程化建构；第二，师资、资金、技术支撑力度不够；第三，实践教学资源专题化研究、精细化研究不够深入；第四，科学规范、具有可操作性的长效虚拟仿真实践教学机制有待进一步健全。因此，探析虚拟仿真技术与高校思政课教学改革的深度融合有效路径势在必行。

本书以"虚拟仿真技术与高校思政课教学改革的深度融合研究"为题，即是对以上理论探讨的具体阐释，并就此展开相关内容。全书共分为六章：第一章是虚拟仿真技术，阐述虚拟仿真技术与相关概念的区分、虚拟仿真技术的重要类型、虚拟仿真技术的发展趋势；第二、三、四章，分析高校思政课原理与实践教学、高校思政课教学改革中虚拟仿真技术融合建设、高校思政虚拟仿真教学的资源共享与实验创新管理；第五、六章，针对红色文化，研究如何利用虚拟的红色文化进行思政课的实践教学，解决现实中的教学问题，提高思政课教学质量。

本书在分析高校思政课原理与实践教学、高校思政课教学改革中虚拟仿真技术融合建设上，我们可以提供这样一副愿景：一堂思想政治理论课课堂上，学生戴上 VR 眼镜，进入"抗洪抢险 VR 教学体验"实训课程，进行沉浸式交互体验，直接与所处场景中的人物及事物进行互动。学生小雨化身抗洪抢险救援人员，驾

驶冲锋舟赶到洪水围困的庄台运送救援物资、救助病人，路上既要赶时间，又要随时躲避不时出现的树木等障碍。完成任务后，已经满头大汗了，她感慨说："虚拟仿真思想政治理论体验课画面立体，身临其境，比文字更有冲击力和感染力，体验感极强。我能够切身体会救援人员的艰辛，更好地理解了一方有难八方支援精神，更好地理解了我们中国特色社会主义制度优势。"

通过实践路径探讨，笔者努力构建"理论奠基＋活动助推＋实践内化"的立体化教学模式；努力使思想政治理论课教学有虚有实、有棱有角、有滋有味。

通过虚拟仿真技术，可以让学习者通过感知行为，在身临其境的环境中将抽象的、单一的理论以立体化、形象化的形式呈现出来，使理论教学与实践教学有机融合，提升教学实效性。学生也会对这种新颖的上课方式感到新奇，表现出极大的兴趣。教师翻转课堂教学，开创线上、线下相结合的个性化、智能化实践教学新模式，学生在虚拟环境中充分体验诸如爬雪山、过草地、飞夺泸定桥等历史事件，通过 VR 技术带来更加真实、身临其境的感受，实现"现实与虚拟的互补"，不但推动思想政治理论课同信息技术融合，同时也培养了学生的理论思维，提升学生思想政治理论课实践能力。

红色文化融入课堂教学，增强理论的深度和温度，是笔者在本书后两章探讨的主要内容。马克思主义是红色文化形成的理论根源和思想基础，红色文化发展史始终贯穿马克思主义立场、观点、方法，有助于提升理论的"彻底性"从而说服人，通过讲道理、陈事理、说情理、辩法理，厘清红色文化与思政课的内在关联，找准典型的红色故事、红色历史、红色人物，在话题讨论、课堂辩论、案例分析、情景表演过程中设置恰当的议题，使大学生树立历史思维、创新思维、广阔视野，坚定政治信仰、站稳政治立场、增强政治定力，坚持"四为服务"，增强高校思政"金课"的思想性和理论性。

红色文化融入实践教学，增强实践的高度和广度。马克思主义不是书斋里的学问，思政课也不是照本宣科，有强烈的现实关照性，要坚持理论性和实践性的统一。一是营造积极向上的文化氛围。通过广播、报纸、新媒体、微平台，增强红色文化的影响力。二是利用各种时间节点。如中国共产党成立 100 周年、国庆节、建军节等重要节日，开展红色纪念活动，用活泼的形式在学生心中奏响主旋律。三是依托地域文化资源。充分利用区域红色文化资源，建设教育实践基地，为学生还原一个个真实的历史场景，忆红色历程、追红色足迹、树红色精神，带给学生强大的震撼和冲击，使学生读懂历史、铭记历史，落实高校思政"金课"铸魂育人实效。

综上所述，本书通过理论与实践相结合的方式，借助通俗易懂的语言、系统明了的结构，对高校思政课、虚拟仿真技术、红色文化等相关知识进行研究，充分体现出本书的科学性、系统性、时代性、实用性等显著特点，推动虚拟仿真技术与高校思政课教学改革的深度融合。

"推动思想政治理论课改革创新，要不断增强思政课的思想性、理论性和亲和力、针对性。"在思想政治理论课教师座谈会上，习近平总书记明确提出了推动思政课改革创新的重要目标。 总而言之，虚拟仿真技术与高校思政课教学改革的深度融合探索是一项崭新的任务。落实课程化不仅有助于促进思政课实践教学理论、内容、模式方法的创新，更有助于加快推进虚拟仿真环境下实践教学的总体部署、战略设计与体系建设，真正实现思政课实践教学的全覆盖，提升其吸引力、影响力和感召力。

前 言

虚拟仿真技术将仿真技术与虚拟技术相结合，是当今科技研究热点。国家一直非常重视教育信息化的建设，将新技术应用于教育教学，是趋势也是必然。虚拟仿真 VR 技术很好的助推高校思政教学改革工作，实现数字技术表现形式和思政课内容的有机融合，做到政治性、方向性、知识性和时代性、趣味性、科技性的结合，丰富了高校思政理论课的表现形式。

随着虚拟仿真技术在教育教学活动中的广泛应用，极大改善了高校教育教学环境，革新了高校思政课理论课的教学方式。虚拟仿真技术可以有效构建极为真实的情境，并且配合多方位的感知机制，可以很好地帮助学生从仿真情境中实现知识的迁移，从而实现情境教学的目标，缓解高校思政理论课学生知识迁移率低的困境。

本书以"虚拟仿真技术与高校思政课教学改革的深度融合研究"为选题，探讨相关内容。全书共分为六章：第一章是虚拟仿真技术，阐述虚拟仿真技术与相关概念的区分、虚拟仿真技术的重要类型、虚拟仿真技术的发展趋势；第二、三、四章，分析高校思政课原理与实践教学、高校思政课教学改革中虚拟仿真技术融合建设、高校思政虚拟仿真教学的资源共享与实验创新管理；第五、六章，针对红色文化，研究如何利用虚拟的红色文化进行思政课的实践教学，解决现实中的教学问题，提高思政课教学质量。

本书通过理论与实践相结合的方式，借助通俗易懂的语言、系统明了的结构，对高校思政课、虚拟仿真技术、红色文化等相关知识进行研究，充分体现出本书的科学性、系统性、时代性、实用性等显著特点，推动虚拟仿真技术与高校思政课教学改革的深度融合。

作者在撰写本书的过程中，得到了许多专家、学者的帮助和指导，在此表示诚挚的谢意。由于作者水平有限，加之时间仓促，书中所涉及的内容难免有疏漏之处，希望各位读者多提宝贵的意见，以便作者进一步修改，使之更加完善。

作者

2021 年 6 月

目 录

第一章　虚拟仿真技术

伴随着电子产物使用的普及，虚拟仿真技术作为思维创造性的产物也慢慢地走进大众的眼中。本章对虚拟仿真技术与相关概念的区分、虚拟仿真技术的重要类型、虚拟仿真技术的发展趋势进行论述。

第一节　虚拟仿真技术与相关概念的区分

一、虚拟仿真技术的定义与目标

（一）虚拟仿真技术的定义说明

虚拟仿真技术是指利用虚拟仿真现实与计算机技术相结合的一种计算机技术，它可以创建或者体验虚拟情景。

1. 真实任务

实际上，即使任务是在虚拟环境中执行的，它也是真实的。例如，你可以开始在模拟器中学习驾驶飞机（就像真正的飞行员所做的那样），因为你正在培养将在真正飞机上使用的技能。

2. 反馈

反馈是指计算机利用数字信号合成的感官信息（如视觉、听觉、触觉），即对物体的组成和外观、声音或力的强度的描述。

3. 交互反馈

这些合成操作是由相对复杂的软件处理产生的，因此需要一定的时间。如果持续时间太长，我们的大脑就会感知为一个图片的固定显示，接着是下一个图片。这样会破坏视觉的连续性，进而破坏运动的感觉。因此，反馈必须是交互的和难以觉察的，以获得良好的沉浸式体验。

4. 互动

这个术语指的是用户通过移动、操作或转移虚拟环境中的对象，对系统行为起作用的功能。同样，用户也需注意到虚拟空间传递的视觉、听觉和触觉信息，如果没有互动，我们就不能称之为虚拟体验。

（二）虚拟仿真技术的目标

虚拟仿真技术的发展是为了实现以下目标：

1. 设计

工程师使用虚拟仿真技术已经有很长一段时间了，目的是帮助建筑或车辆的构建，或者是在这些物体内部或周围虚拟地移动来检测任何可能存在的设计缺陷。这些测试曾经使用复杂程度不断增加的模型（最高可达 I 级）进行，现在逐渐被虚拟仿真体验所取代，后者价格更低，生产速度更快。必须指出的是，这些虚拟设计操作已经扩展到有形物体以外的环境中，例如，运动（外科、工业、体育）或复杂的科学实验计划。

2. 学习

在今天，学习驾驶任何一种交通工具都是可能的，如飞机、汽车、船舶、航天飞机或宇宙飞船等。虚拟仿真提供了许多优势：保证学习时的安全性；可以复制并轻易切入一些教学场景（模拟车辆故障或天气变化）。这些学习场景可以延伸到操作交通工具以外的更复杂的过程，如管理一个工厂或一个核中心的控制室，甚至通过使用基于虚拟仿真的行为疗法学习克服恐惧症（动物、空白空间、人群等）。

3. 理解

虚拟仿真可以通过它提供的交互反馈（尤其是视觉反馈）提供学习支持，从而更好地理解某些复杂的现象。这种复杂性可能是由于难以触及有关的主体和信息，如在地下或水下进行石油勘探，想要研究的行星的表面，可能是我们的大脑无法理解的庞大数据，也可能是人类难以察觉的温度、放射性等。在许多情况下，我们寻求更深层次的理解，以便做出更好的决策[1]。

二、虚拟仿真的定义与技术区分

（一）虚拟仿真的定义区分

虚拟仿真（Virtual Reality，VR）、增强现实（Augmented Reality，AR）、混合现实（Mix Reality，MR）。其中 Virtual，意为"虚拟的"；Augmented，意为"扩

---

[1] 李建. 虚拟现实（VR）技术与应用 [M]. 开封：河南大学出版社，2018.

大了的、增加了的"；Mix，意为"混合、结合"。

虚拟仿真通过计算机技术创建的虚拟世界；增强现实通过实时地计算摄影机影像的位置及角度生成的虚拟物体；混合现实是通过合并现实和虚拟世界而产生的新的可视化环境。其中，虚拟仿真只能借助设备，在计算机上进行操作；增强现实是可以根据现实场景，进行装饰与信息叠加；混合现实是将虚拟场景和现实融合在一起，只有我们看向那个方向的时候，才会看到这些虚拟场景，看向其他方向的时候就会有其他的信息显示出来，而且这些信息和背景的融合性更强。简单而言虚拟信息如果跟随视线移动就是 AR，如果相对于真实物品固定的就是 MR。

混合现实可以让我们在观察现实世界的同时把计算机生成的内容整合进去，而且这些内容可以与现实世界互动。当然，也可以创建完全数字化的环境与现实世界中的东西互联。这种方式使 MR 有时像 VR，有时又像 AR。在基于 AR 的 MR 中，数字世界的事物不再生硬地置于现实世界之上，而是表现为现实世界的一部分。虚拟物体看起来好像存在于现实空间中，人们甚至可以与一些虚拟物体进行互动，就像它们真的存在一样。例如，我们可以将一枚虚拟火箭置于咖啡桌上，看着它发射升空，也可以让虚拟足球在现实世界的墙壁和地板上弹跳。

苹果公司的 ARKit（AR 开发平台）和谷歌公司的 ARCore（搭建增强现实应用程序的软件平台）虽然叫作 AR，但实际上介于 AR 和 MR 之间，这也说明在业内确实存在命名偏差的现象。虽然它们都是把数字影像层投射到真实世界中，但也具备扫描现实环境和物体表面追踪的能力。而用户也因此能够将虚拟物体放置在现实世界中，把虚拟阴影投射到真实世界的物体上，还可以根据现实世界的照明条件调整虚拟物体的亮度等——所有这一切都更偏向于 MR。

在其他一些 MR 实例中，虽然我们可能只看得到完全数字化的环境，看不到现实世界，但数字环境与我们周围的真实世界的确密不可分。在虚拟世界中，真实世界的桌子或椅子可能会显示为岩石或树木，办公室墙壁也可能看起来像布满苔藓的洞穴内壁，这就是基于 VR 技术的 MR，有时也叫作"增强虚境"。按照严格的定义，AR 是不与增强后的数字世界互动的，而 MR 可以。但这些曾经严格区分的定义现在也越来越模糊。通常情况下，"混合现实"和"增强现实"可以作为同义词使用。随着时间的流逝，它们的内涵也可能会改变或延伸。

（二）虚拟仿真的技术区分

VR 设备：因为 VR 是纯虚拟场景，所以 VR 装备更多的是用于用户与虚拟场景的互动交互，使用更多的是位置跟踪器、数据手套、动捕系统、数据头盔等等。

AR 设备：由于 AR 是现实场景和虚拟场景的结合，所以基本都需要摄像头，在摄像头拍摄的画面基础上，结合虚拟画面进行展示和互动。

VR 技术侧重的是沉浸性；AR 侧重的是视觉；MR 侧重的是交互与互动。

第二节　虚拟仿真技术的重要类型

一、沉浸式虚拟仿真系统

沉浸式虚拟现实系统是一种高级的、较理想、较复杂的虚拟现实系统。它采用封闭的场景和音响系统将用户的视听觉和外界隔离，用户通过空间位置跟踪器、数据手套等输入设备输入相关数据和命令，计算机根据获取的数据测得用户的运动和姿态，并将其反馈到生成的视景中，使用户产生一种身临其境、沉浸于其中的感觉。

沉浸式虚拟仿真系统的特点包括：

（一）具有高度的实时性

用户改变头部位置时，跟踪器实时监测，送入计算机处理，快速生成相应场景。为使场景能平滑地连续显示，系统必须具备较小延迟，包括传感器延迟和计算延迟。

（二）高度沉浸感

该系统必须使用户和真实世界完全隔离，依据输入和输出设备，使用户完全沉浸在虚拟环境里。

（三）具有强大的软硬件支持功能

为了提供"真实"的体验，尽量减少系统的延迟，沉浸式虚拟现实系统必须尽可能采用先进的硬件和软件。

（四）并行处理能力

用户的每一个行为都和多个设备综合有关。如手指指向一个方向，会同时激活 3 个设备：头部跟踪器、数据手套及语音识别器，产生 3 个事件。

（五）良好的系统整合性

在虚拟环境中硬件设备相互兼容，并与软件系统很好地结合，相互作用，构造一个更加灵活灵巧的虚拟现实系统。

二、增强式与分布式虚拟仿真系统

（一）增强式虚拟仿真系统

增强式虚拟现实系统允许用户对现实世界进行观察的同时，将虚拟图像叠加在真实物理对象之上，为用户提供与所看到的与真实环境有关的、存储在计算机中的信息，从而增强用户对真实环境的感受，因此又被称为叠加式或补充现实式虚拟现实系统。

增强式虚拟仿真系统的特点包括：真实世界与虚拟世界融为一体；具有实时人机交互功能；真实世界和虚拟世界是在三维空间中整合的。

（二）分布式虚拟仿真系统

分布式虚拟现实系统是基于网络的虚拟环境，在这个环境中，位于不同物理环境位置的多个用户或多个虚拟环境通过网络相连接，或者多个用户同时参加一个虚拟现实环境，通过计算机与其他用户进行交互，并共享信息。

分布式虚拟仿真系统的特点包括：共享的虚拟工作空间；伪实体的行为真实感；支持实时交互，共享时钟；多用户相互通信；资源共享并允许网络上的用户对环境中的对象进行自然操作和观察。

第三节　虚拟仿真技术的发展趋势

一、虚拟仿真技术的教育应用现状

（一）在理学教育中的应用

虚拟仿真技术在高校理学教育中的应用，主要在于它完善了理学教育虚实结合的教学体系，培养了大量社会主义建设的优秀人才。具体来讲，从教学方法上，它实现了从传统教师讲授、演示为主的教学方法向引导学生自主学习、自主探究、反复试验的过渡，打破了学生开展大学物理实验预习的时空限制。与此同时，结合线上线下学习方式，为学生综合能力的提升创造了开放的空间。除此之外，虚拟仿真技术通过对预习、帮助、测试、实验全过程的贯通式教学，有效地改善了物理化实验教学中的实验成本、学生数量持续攀升以及设备老化情况严峻等问题，显著提升了实验教学效率和质量。

物理、化学、生物、地理等领域都是理学教育的范畴，这些领域具有一个共性，那就是实验教学无法呈现真实的环境。而虚拟仿真技术在实验教学中对海洋科学环境和实验对象进行了模拟化呈现，除了让学生更加直观和形象地感受近乎真实的海洋科学环境之外，也推动了理学实验研究在真实环境中无法施展的教学功能的实现。

与此同时，虚拟仿真技术夯实了复杂实验的坚实基础，这是因为它对设备仪器的操作原理和操作流程进行了虚拟实验。而影响物理海洋和海洋化学发展的高实验成本、高出海危险系数等问题也在虚拟仿真平台的作用下得到了有效解决。因此，虚拟仿真技术在理学教育中的应用，实现了实验教学内容的多样性、实验教学水平的层次性，并有力保障了人才的高素质水平，因而为高校理学教育培养学生的实践与创新能力提供了全新的路径。

（二）在工学教育中的应用

工学教育专业（如石油井下工具、石油钻采机械设备、炼钢车间、船舶操控、土木工程等）的培养方向是应用型人才，因此，工学相关类专业往往会为学生提供各种工厂实践机会。虚拟仿真技术引入工学相关类专业基础课教学中，尤其是轨道交通信号与控制专业，可以让学生既了解实物，又能借助三维绘图软件进行1∶1的模型还原，甚至以视频动画的形式进行展示。而这一过程其实就是学生主观能动性的发挥。

在工学相关类专业中，还存在着一种传统工厂实习和校内实习无法满足其实践需求的情况，这种现象尤其在危险系数偏高、生产工艺偏复杂化、同时对实际操作条件有较高要求的专业较为明显，比如钢铁冶金行业。这种情况下，虚拟仿真技术实现了详细模拟生产全过程的作用，可以满足学生突破时空来反复研习学习内容的需求，实现了学生学习方式由被动向主动的转变，既强化了理论知识记忆，又提高了自主学习能力。

再比如船舶操纵控制专业，其对不同地域的海洋地理环境和海况环境有非常严苛的要求，因此需要采集巨大的数据。而虚拟仿真技术与该专业的结合，使其控制系统实现了创造性技术发展。虚拟仿真技术在满足水利工程实践课的现实需求方面，主要是通过模拟其施工组织设计、工程项目管理、河道断面流速监测等内容，让学生身处一种近乎现实的情境中，对实际中可能会出现的问题，以及采取什么样的操作手法来应对这些问题等进行仿真模拟，从而让学生在工作时不至于手足无措，能够更好地运用所学知识来解决实际问题。

传统土木工程实验教学的弊端在于较大的资源损耗和设备体积、较高的成本、难度较大的实验场地和设备安排，以及较长的工程建造周期等。虚拟仿真技术化后的土木工程实验教学实现了虚拟实验项目与工程设计、施工、工程管理等的一体化，学生在感受建筑行业一线职业岗位的模拟工作环境中，获得了多元化的实验方式。可以说，虚拟仿真技术的出现和应用是综合型人才培养的时代要求，是提高学生学科专业知识和专业技能掌握程度以及职业能力的重要途径，更是打造一支信息化、现代化、职业化教学团队的重要选择。

（三）在医学教育中的应用

医学教育是一门注重实践性的综合性学科，其教育内容很大比重都是实验操作和临床实习，可以说，学生掌握医学相关课程知识的程度很大一部分取决于实验教学的成果。但是，在传统医学教育中，始终存在着诸多影响学生理解和掌握医学知识的因素，如抽象化的人体结构、疾病发生及发展展示，以及实验教学本身所具有的高成本、高危险性、不可逆性等。将虚拟仿真技术融入医学教育，可以对诊断、手术、护理等内容进行虚拟仿真化处理，使得疾病的发生和发展、人体结构等的展示更形象、立体，从而有效改善传统医学教育的诸多制约影响，显著提升医学教学质量。

"数字人"是依托于虚拟仿真技术构建出的一个课堂教学虚拟结构，通过这个虚拟存在，学生可以随时随地了解解剖结构的形态和毗邻关系。如此一来，妥善地缓解了标本资源短缺问题，还能够使系统解剖、局部解剖、断层影像解剖等教学需求得到最大限度的满足。虚拟仿真平台极大地便利了学生的访问学习，使其不再受时间和空间的束缚，可以实时、动态地进行自主学习，对提高学生的科学素养和科研能力效果明显。现阶段，医学教育中的基础医学、临床医学、口腔医学、中医学等独立学科已经将虚拟仿真技术纳入实验教学方法的范畴内，为妥善解决诸多影响医学教育质量和效果的难题，以及医学教育和医疗事业的进步做出了突出贡献。

（四）在农学教育中的应用

复杂的生物有机体是很多农学专业的主要研究对象，而传统的实验教学方法很难在充足的实验时间、广袤的实验空间以及综合性的实验条件等方面满足其教学要求。而在农学教育中导入虚拟仿真技术，通过植物冠层空间几何结构的建立，大大提升了植物器官光照能量分布数据的获取效率和以表面模型为基础的植物光照虚拟仿真研究进度。

植物虚拟仿真的关键在于对植物生理特性的高精度、高真实感的反映。借助虚拟仿真技术，植物生长过程实现了逼真还原，从而激发了学生学习植物和农作物相关知识的兴趣，以及学生创新实践能力的提升。虚拟仿真技术对园艺产品储藏加工实验教学的意义在于，强化了学生掌握和理解园艺产品储藏和加工过程中的理论知识的程度，如操作知识、操作指标等。除此之外，将传统实验与现代创新技术有机结合的智能化结晶——三维水产养殖虚拟仿真实验，使学生的感受更加真实，可以说是一种妥善解决高危、高耗难题，培养大量综合型专业人才的全新实验教学模式。

总之，在农学类专业教育中导入虚拟仿真技术，有效地规避了传统实验教学在场地、季节、时间等方面的局限性，缩短了农学类专业以往实验教学的时间，使实验教学更浓缩、更安全，与此同时，很大程度上促进了学生创新实践能力的培养与提高。

（五）在思政教育中的应用

在高校思政教育中导入虚拟仿真技术，如对教学环境中的桌椅、场景、灯光、设备等基础设施进行全方位的虚拟化仿真处理，同时融合思政教育红色文化素材，创设虚拟化、情景化、可控制性的虚拟教学环境，可以使思政教育更形象、更立体、更直观。同时，在这个虚拟教学空间中，学生可以以互动的形式开展思政课实践教学活动，从而使学生的综合能力（如自主创新能力、创造力、社交能力、组织协调能力等）得到显著提高，并且能达到学生学习体验感提升、学校管理智能化水平提升的双重效果。

总之，虚拟仿真技术随着信息技术的进步实现了大跨越式的发展，目前，我国高校的各个学科都纷纷采纳了虚拟仿真技术用于传统教学模式的转变和教学质量的提升，可以说在为社会发展输送大量综合素养型人才方面，虚拟仿真技术的功劳不容忽视。

二、虚拟仿真技术的未来市场发展

虚拟仿真技术的发展趋势，可以通过分析现有产品与技术来准确地判断市场的下一步走向。

（一）虚拟仿真技术的市场情形

由于早期人们过于期待虚拟仿真技术，使关注度、市场资金与回报出现不对等的情况，导致第一代 VR 产品的普及速度过慢。无论是硬件的发明者还是内容的创作者，都迫不及待地想与全世界分享他们的作品，但世界首先得赶上他们。第一代 VR 设备的销量其实不算低，只不过大都是中低端产品。中低端设备本身没什么问题，但 VR 时代的意义在于它能带来身临其境的体验，而只有高端（甚至顶级）设备才能发挥威力。

普通消费者在等待高端产品降价，而内容创作者在等待高端产品走进千家万户。而高端设备的市场份额小，导致面向高端设备开发的应用软件少，而应用软件少又进一步压缩了硬件市场份额的增长空间。更可怕的是，这个循环很难被打破。

现在新型的产品又开始摩拳擦掌、跃跃欲试了。现在的问题是 VR 究竟能不能找准自己的市场定位。市场需要怎样的功能，能承受怎样的价格水平。当然也最有可能，会不会存在多个市场，每个市场都由不同档次的产品加以满足。把 VR 视为一种仍在寻找自身定位的产品可能有点奇怪，毕竟第一代设备的销量和日常使用频率都要以百万来计算。

（二）了解未来的软硬件

VR 的兴起推动了相关产业的爆发式增长，那下一代头显的硬件、软件和配件，都会给消费者带来不同的影响。VR 的兴起推动了相关产业的爆发式增长，不但头显越来越精致、越来越先进，而且软件和配件也跟着迎来了大发展。被 VR 点燃的行业不少，但谁能生存、谁能发展，还不确定。有些由第三方公司开发出的功能（如无线适配器）很受市场欢迎，所以硬件厂商直接把它们集成到下一代头显中。也有些功能，如眼动追踪，虽然也在 VR 头显的发展道路上，但至少在不久的将来，它们还是会继续由第三方提供。另外，像嗅觉这样的功能恐怕会长期留在第三方配件市场上。

（三）触摸技术的未来发展

虚拟仿真中的触觉技术，体现了模拟和数字两个世界的融合，不应该局限于

VR 或 AR 中的一种，应该是两种都可以用，也都从中受益。现在大家都在共同努力使触觉技术在 VR 领域有用武之地。

1. 触觉反馈

听觉和视觉问题已经解决了，但还未解决触觉问题，所以体验仍不完整，这也正是技术需要努力的方向。目前的触觉技术公司大多走的是同样的路线——振动触觉反馈。目前还没有一种技术能以低于 1000 美元的造价做出理想的触觉传感器，因为光是振动还不足以欺骗大脑，而这些产品的跟踪效果大都很糟糕，手指跟踪也不精确。我们走了一条不同的路线：从高端起步，再慢慢想办法降低价格。

从本质上讲，就是制造了一个产量有限、出货量也有限的东西，然后把它搞定。人们对这项技术在医疗、国防、工业和急救领域的应用很感兴趣，在设计和制造领域也是如此。在技术层面才刚刚越过"恐怖谷理论"阶段。这个领域离市场大范围接受还有大约 5 年的时间。过程很缓慢，但是很稳定，而如果把时间跨度放得足够长，百分之百的沉浸感才是终极目标。在那一天来临之前，我们恐怕还是得走出家门，到 VR 游乐场或其他什么地方才能体会到 VR 和 AR 的触觉感受。而 10 年之内，普通用户应该能开始在家里配备这套系统。

2. 眼动跟踪

眼动跟踪技术可能带来的好处主要是增加了虚拟影像的表现力，提高了选择物品的速度和精度，以及利用焦点渲染功能大幅度降低图形运算的工作量。虽然眼动跟踪功能可以内置到头显中，但恐怕没有几家厂商会在自己的产品中这样做。未来可以自主的眼动跟踪技术，成为 VR 技术的下一个重大突破。

3. 社交和沟通

虽然 VR 世界也有不少社交应用，但社交互动功能仍是它的短板。像 Rec Room（2016 年美国独立游戏开发商发行的体育游戏）中的《反重力》游戏在"纯社交"应用和游戏之间实现了完美的平衡，玩家如果不想社交还不行，Rec Room 会强行要求玩家与别人一起玩游戏，这就消除了在 VR 中遇到陌生人的潜在尴尬的情景。

（四）虚拟世界的连接

新事物总是与人们过去的习惯完全不同，所以需要很长时间才能接受，接受的过程也会相当缓慢，但最终一定能实现我们想象中的未来：无论置身何地，宛如当面交谈。我们现在做出来的虚拟影像虽然还很粗糙，但随着技术的不断进步，会越来越接近真人。我们坚信，在未来的世界，位置问题不再重要。

第二章　高校思政课原理与实践教学

实践教学是思政课教学体系的重要组成部分，是实现思政课育人目标的重要环节。本章对高校思政课教学原理、高校思政课教学的实践模式、高校思政课教学的实践管理进行论述。

第一节　高校思政课教学原理

一、高校思政教育的主要观念

（一）世界观与政治观

1. 世界观

人的思想行为以世界观为基础，世界观也始终制约和支配人的思想行为。人们只有对世界观有充分的认识和理解，才能在为人处世方面正确的态度。因为世界观不仅是关于世界的根本观点，还是认识世界和改造世界的根本看法。

2. 政治观

政治观主要包括两个方面：一是在国家政治结构方面，人们对其的根本立场和根本态度；二是在党和国家的内政外交方面，拥护其所制定的路线、方针和政策。

人的政治方向是由政治观决定的，政治观的教育要从四个方面开展：（1）党的基本理论教育。只有熟悉相关理论和知识，才能为后续教育工作的开展打好基础；（2）党的基本路线教育。主要围绕"一个中心、两个基本点"开展，中国社会主义发展道路及现代化建设在指导思想上要依据基本路线教育展开，同时，大学生教育内容也要以此为主；（3）对于形势政策的教育。一是要宣传党的大政方针；二是要在外交政策方面加强引导；（4）党的爱国主义教育。

（二）人生观

人生的意义、价值、目标和态度等问题综合构成人生观。个人对于社会的贡献和索取之间的关系体现人生价值方面；人的理想体现人生的目的方面；如何做人体现人生的态度方面。不同类型的人生观构成源于对以上问题的不同理解并由此而形成稳定的、根本性的观点和看法。

任何人的思想和行动总是无意识地在一定的人生观指导下发展，人生坚定的信念和态度是拥有系统和正确的人生观，并让个人的思想和行动坚持在此种人生观的指导下发展。最崇高的人生观出发点是为了广大人民的利益，其奋斗目标是为了解放全人类，不仅体现人类最博大的胸怀，也将人生的最高价值体现出来。所以，对大学生进行人生观的教育既是正确的选择，也是最合适的举措，只有对大学生进行此种教育，使其人生理想得到明确、人生态度得以端正、审美意识得到提升，并正确看待人生中的酸甜苦辣和荣辱，才能保证其人生价值更好地实现。

（三）道德观

道德是一种社会意识形态，包括社会舆论、民族习惯等相关因素，集中表现为人们共同生活、处理个人与他人、集体与社会关系的准则。为人民服务和集体主义思想、道德及职业道德规范、正确的恋爱与婚姻观等内容都属于道德教育范畴。因此，对于大学生的教育，要一切以为人民服务的思想理念为指导和依据，同时结合集体主义道德原则，保证出发点是为了广大人民的根本利益，要求协调统一集体利益和个人利益，将其进行有机结合。当两者出现不平衡的情况时，要优先实现集体利益，才能做到实实在在为人民服务。在教育过程中，值得注意的是，个人利益不同于个人主义，而且要将两者加以区分，对于正当的个人利益，实行保护原则；对于个人主义，则持反对态度。同时，相应道德规范和正确恋爱观的教育，对于大学生也非常重要。道德规范的教育主要包括：爱祖国、爱人民、爱科学、爱劳动、求真务实以及公民义务、个人操守、荣辱、良心和职业道德等方面。

（四）民主法制

（1）社会主义民主教育的重点在于民主观念和民主意识的培养和提高。主人翁精神和社会责任感的建立是加强民主观念教育的最根本问题。因为人民群众共同利益的维护、责任和义务的承担，都需要以主人翁的态度对待社会上的各种事物。

（2）社会主义法制教育，主要在于提升大学生法律意识和法治观念。一方面要加强立法和执法教育，即使依法治国的观念深入人心，又使社会主义法制的权威性得到保证；另一方面要坚持和宣传"法律面前、人人平等"的观念，禁止各种特权的存在。同时，大学生的纪律教育也不可或缺。因为两者相辅相成、互相补充。国家的法律法规要遵守，劳动纪律、公众纪律和公共生活纪律也不能违背。只有这样，才能不断加强和完善社会主义民主法制。

（五）创新

创新是推动民族进步和保持兴旺发达的源泉。大学生是社会发展和进步的中坚力量，尤其是当代大学生，要加强对其创造观的教育。因为培养创新意识，提高创新能力，能够更好地促进国家和民族的发展和进步。创造观指人们对由创造延伸出的其他因素的本质认识，包括创造所产生的价值、创造的方式方法等。在创造观教育方面，应从以下两点着手：

1. 进取精神教育

进取精神体现的是一种思想和品质，指通过不断学习、进步、开拓、奋勇直前的精神和态度推动祖国和人类的进步。具有此种品质的大学生主要表现为：不甘于现状，积极进取，在探索中寻找解决问题的新方法和新思路，从而实现更深层的发展和进步。

2. 创造性思维和创造性技能教育

创造力的关键在于创造性思维，其特点主要表现在三个方面：发散性、求异性以及严密性。发散性指思维是可以用"思绪万千"形容；求异性是使思维跳出现有的知识圈，寻求有差异性的解决方法或思路，同时对于客观事物之间的差异性和特殊性尤其关注和重视；严密性是对前两个特点的进一步检验和论证，以保证合理性和科学性。另外，创造性的培养，还需要施行主体在大学生思政教育过程中对其他主观条件加以引导。如知识结构方面，要以创造需要为基础，建立最佳的结构；心理素质方面，加强对科学的好奇心和胆识培养；创造方法方面，掌握诸如"系统的方法""外向的方法"等成功的发明创造方法。

（六）健康心理教育

当前，大学生不仅学习任务重，而且在各种因素作用下，心理压力也比较大。因此，健康心理教育对于大学生而言，具有重大的意义，主要包含三个方面。

1. 心理健康意义教育

因为心理健康不仅是人适应社会的基本条件，还直接影响着生理健康，同时是智力发展的条件。

2.心理健康标准教育

心理健康标准主要包括：心境开朗、学习和工作都能有效开展、心理年龄特点和心理特点相匹配、对自我有客观的认识、人格统一、人际关系和谐、与周围社会的发展和步调相协调并保持一致。

3.心理健康防御机制教育

心理防御机制指个体内心有意识或无意识地反抗当前挫折或紧张情绪，以使内心更加安定、情绪更加稳定，是一种适应性倾向，从而追求和保证心理健康。每个人都有心理防御机制，但完善程度不一，尤其是心理防御机制残缺不全的人，面对挫折和困境时则难以应对。因此，在对大学生进行思政教育时，要加强心理咨询等方面的辅导，并将其作为教育工作中一项重要任务来对待，使大学生的心理防御机制得到完善，心理健康得到保障。

二、高校思政课的教育目标

（一）教育目标的体现

思政课教育应该将理想信念作为核心教育内容，在思想道德建设培育的基础上，将学生培养成全面发展的人才，并需要在教育培养当中，将爱国主义作为重点内容，让学生形成与时俱进、实事求是和具有解放思想的人，在教育过程中也需要注重以人为本，让学生在不断的实际生活体验中形成思想道德意识。高校思政课教育的目标，主要体现如下：

1.培养合格的社会主义建设者

把大学生培养成为合格的社会主义建设者是开展高校思政课教育的任务之一，将大学生培养成能够建设完成中国梦的建设者，具体体现在以下方面：

（1）社会责任感。社会责任感揭示了个体与社会之间的关系，是指社会主义的建设者所承担起的地域发展的社会使命、社会职责和社会义务，整体的共同利益是其价值取向[1]。作为一种道德情感，社会责任感究其本质是指社会主义建设者在面对国家、集体以及他人时所应承担的责任。社会与个人之间的关系密切相关，一方面，作为一个综合概念，社会将存在一定联系的人们联系在一起；另一方面，人也脱离不了社会，事实上完全纯粹的、独立的、抽象的个人也不可能真实存在。社会是人的社会，人是社会的人，是各种社会关系的总和。

---

[1] 罗军强.高校思政课实践教学教程[M].长沙：中南大学出版社，2015.

个人要想获得生存，就必须对社会负责、对他人负责，只考虑自身欲望是难以实现生存这一目标的。作为社会发展的重要人才，大学生这一群体在不远的未来会在国家和社会的建设中逐渐担任起重要的角色。他们所必须具备的社会责任感是时代与历史赋予他们的，这是历史和时代对于他们的考验。

如何教育大学生树立强烈的社会责任感就成了思政课教育的重点，社会责任感不仅可以帮助学生满足自我成才成长的需求，还是社会主义合格建设者的必备素质，属于促进社会、国家实现进一步发展的重要推动力。

在实际的教学中，解决这一问题的方法主要有五个方面：①在个人、集体、国家三者之间的关系上，思政课教育的工作者一定要有意识地引导大学生将三者之间的关系处理好，让他们树立起正确价值观念，坚持将国家、民族前途和命运放在首要位置，有机实现个人和国家的统一发展；②思政课教育的工作者引导受教育者在学习的过程中树立其集体主义的观念，有意识地根据社会需求调整自己的行为和态度，使自己的行为方式更加贴合社会需求，以便集体的力量更容易被发挥出来，进而在事业上获得成功；③教育工作者一定要重视对于大学生奉献精神的教育，引导他们在面对利益冲突时能够以大局为重，即将集体利益作为首要选择；④教育工作者一定要培养受教育者勤奋好学、爱岗敬业的精神；⑤教育工作者还要注意培养受教育者在诚信、团结方面的品德，教育学生公平公正、诚信友善、热爱集体。

教育工作者还要在认知层面，引导大学生对于社会责任进行深入了解：①强化大学生自身的主人翁意识，知晓自身的权利以及义务，并能够正确看待并处理权利和义务之间的关系；②教育工作者要注意强化大学生对于责任、义务与权利之间的理解，引导他们理解责任从某种程度上等同于义务，引导他们在遵守原则的前提自觉享受权利、自觉遵守义务；③教育工作者要引导大学生树立国家利益观，强化国家意识，进而实现在国家利益受到威胁时他们能够自觉维护；④教育工作者在日常的教学过程中要协助大学生对于民主与法治这两者之间的关系进行深入的理解，以便增强大学生的民主思想，在日常的生活中能够做到知法、守法、用法，学会用法律的手段维护自己的利益，尊重他人对于事物的表达权；⑤教育工作者要强化大学生在教学过程中的参与感，引导他们以强烈的社会责任感来主动投入到社会的建设当中。

在历史使命这一层面，教育工作者需要借助自身工作的便利引导大学生认知到自己的社会责任，即承担起建设中国特色社会之一、实现中国梦，这既是社会赋予他们的责任，也是时代赋予他们的使命，大学生是否具有社会责任感将直接对国家和民族的兴衰产生影响。

（2）敢于创新。一个合格的社会主义建设者必备的能力之一就是要有创新思维、创新精神、创新能力，这同时也是在知识经济时代人才必备能力之一。目前，我国已经进入转型时期，在这一时期，科技创新不断涌现。科技方面的优势关乎着国家发展的主动权，而科技拥有优势的关键就在于创新，在于人才的素质，高校作为培养人才的基地，是整个国家创新人才的中坚力量。对于国家而言，社会主义事业的实现关键就在于创新能力的强弱；对于大学生个人而言，创新是大学生实现成才的必要条件。因此，对于当代大学生而言，是否具备创新思维、创新能力、创新意识是判断未来社会主义事业的建设者是否合格标准之一，创新对于大学生成为合格的社会主义建设者具有十分重要的作用。

在想象力方面，帮助大学生摆脱现实桎梏拥有丰富的想象力，能够在即便是没有任何描述的情况下都可以在脑海中独立地创造出新形象，并能将思考的触角指向未来。想象是头脑在现有图像的基础上进行再创作的能力，在创新过程中，想象力贯穿于创新过程的始终，体现了创新的最高能力。在培养大学生想象力的过程中，想象力通过尊重学生个性，丰富其生活经历，来激发并鼓励大学生发展并剖析自身的想象力。

在创新思维方面，要想发展想象力，就需要转变思维模式，摆脱思维惯性，加强思维模式的创新，以此来增强想象力，进而拥有更加多元的创新思维模式，如形象思维、联想思维、灵感思维、模糊思维、回溯思维、逆向思维、发散思维、聚焦思维、相似剩余思维等科学创新思维方式。

在创新实践方面，鼓励大学生在实践中大胆进行创新，以便培养大学生的实践能力以及学生在创新思维上能力；倡导大学生坚持实践，重视培养学生对于专业知识的学习兴趣，鼓励其通过课外调研活动来进一步丰富自己的知识面，促进自我创新意识的开发与培养。

在人格素质方面，创新意识的培养，需要大学生拥有创新精神，要有敢于思考、敢于动手、敢于想象、敢于创新、敢于标新立异的勇气。此外，还要有明确的目标、坚定的意志以及正确面对创新过程中困难的态度。

2.促使大学生德与美的发展

（1）德的发展。德就是道德、品德，属于大学生实现全面发展的重要组成之一，要想培养受教者拥有"德"，就需要教育工作者在开展思政课教育时能够依据社会要求有目的、有计划、有步骤地组织受教者积极主动地对于事物展开认识并在实践中验证，也只有这样受教育者才能形成满足社会要求的道德品质。优良的品质符合社会要求，与社会的发展方向基本一致。优良的品质也是学生自身身心得到发展的保证，以及推动大学生不断发展自身智力、体型、心理承受力的保证。德的作用具体如下：

在思政课方面，对受教育者展开德育：①可以激发他们的爱国情怀，树立起他的民族自尊与自信，培养他们自觉维护国家荣誉和民族团结的意识；②树立起正确的世界观，形成自己的方法论，认识国家的政治、经济和文化，揭示人类的发展规律；③形成法治观念，坚持做到遵纪守法，在法律允许的范畴内除了享受权利之外，还要自觉履行义务。

在道德素质和文明习惯方面，对受教育者展开德育，可以帮助大学生深入理解个人与他人、集体与社会、国家与民族之间的关系，培养学生强烈的集体意识、责任意识。面对社会，他们遵纪守法，热爱劳动，能坚持诚实守信、勤劳谦虚、乐于助人、尊重他人、礼貌待人、抵制不良的社会风气，同时也能严格遵守学校规章制度。

在个性品质和能力方面，对受教育者展开德育，可以帮助在探索精神、学习精神、辨别精神和创新精神的指导下，发展出开拓理念、平等竞争、团结协作等与社会发展相适应的理念，拥有分析社会现象、判断事物性质以及处理社会问题的能力。在生活中，那些意志坚定且品德优良的人通常都会做到自律、自强且看待事物总是抱有积极、健康的心态。在他们的内心深处，拥有极强的成就感和荣誉感，强大的心理承受能力使大学生在面对困难和失败时能够很快适应。

（2）美的发展。美作为一种审美观，是大学生实现全面发展的必要组成部分，是指教育工作者借助审美教育，来对来自生活中的各种艺术和美的事物进行学习，促使大学生树立审美观，拥有对于美进行理解、欣赏、创造的能力。具体而言，欣赏美的能力体现在以下方面：

在审美观方面，在辩证唯物主义文艺观的影响下，一步步提升精神境界，逐渐形成符合文艺观的审美标准，具有更高的审美比较分析能力，以助大学生有想象力，能感受到现实美、艺术美和审美情趣，进而自主对真善美与假恶丑进行判断，最终能够形成更高层次的美感。

在审美知识和审美能力方面，只有在对各种艺术的基本知识进行掌握的基础上，才真正对美具备正确理解和欣赏能力，才能在审美观的指导下，自主对各种美的事物展开自己的分析与评价；反之，大学生对于美的认知能力，也在丰富的艺术知识、强烈艺术兴趣的作用下，得到进一步丰富。

在审美实践方面，不仅要有兴趣去欣赏美，还要有能力理解美，更要对美有创造的能力和兴趣，勇于借助各种艺术形式对美进行表达；有意识养成整洁、清洁、美化环境和生活的良好习惯，学会在学习中感知美、在生活中创造美；有意识形成健康的兴趣、爱好，学会利用美来观察生活、建设生活，做到心灵美、语言美、行为美，以便能够形成高尚的情操、健康的人格。

德作为思想基础，在大学生实现自我全面的过程中起着重要的引导作用；美渗透到发展的各个方面，对大学生无论是身体还是心理均起到重要的推动作用。

（二）教育目标的立足点

1. 符合社会发展需要

人的本质就是社会关系的总和，一方面抽象的人，即完全脱离生产力和生产关系的人，在社会中是不存在的；另一方面离开社会，人将无法发展。思政课教育一方面是组成社会实践活动的重要成分之一，它的出现源于社会发展；另一方面思政课教育的开展与发展又可以反过来给社会实现进一步发展创造条件。各个高校在调整和确定思政课教育目标时首先需要考虑的是这一目标是否与社会发展协调，由于生产力在推动社会发展的进程中属于决定要素，思政课教育工作者在确立教学目标时，一定要考虑该目标是否适应并满足社会生产力。这点也是中国共产党在各个时期设定中心任务、奋斗目标的考虑要素，也正因如此，中国共产党才能在磨炼中向着正确的方向不断前进。

各校在设定思政课教育的教学目标时，坚持以实际为立足点，但又要在面对新的问题、新的挑战时勇于超越现实，勇于在探索中寻求更好的未来。也只有这样，高校思政课教育在制定目标时会考虑科学性、实效性，才能对教学具有建设性意义。

2. 符合大学生发展需要

大学生的特质使他们既拥有足以察觉社会现状的敏感度，又有能够支撑他们及时将知识外化为行动的身体素质。这个年龄阶段在理解能力、执行能力以及行动能力上拥有别的年龄群组所不具备的优势。大学生这一群体具有很强的可塑性，尽管他们的身体已经成熟，各个器官已经发育完全；但是心理上由于缺乏历练所以还未完全成熟。针对这一特点，思政课教育工作者一定要多加重视。

大学生所处的人生阶段中，相较于其他年龄阶段，他们的需求旺盛，对于物质有更加强烈的需求。因此，思政课教育目标的设定一定要以大学生这一全体的利益为出发点，以满足这一群体的合理需求为立足点，即根据他们工作、学习以及生活设定合理的目标。

只有做到上述行为，他们才能在实践中真正地按照思政课教育的目标，有意识地在实际行动中习惯将自身以集体利益、公共利益作为自身的思想观点，进而最终做到社会和个人之间的辩证统一；反之，不仅难以实现原定的教学目标，还会削弱该类教学的严肃性，甚至是起到反效果。

3.符合教育的整体性与层次性

在设定思政课教学目标时，一方面对于目标体系的协调性、整体性要给予重视，以此来满足人、社会和国家等在各个方面的要求。例如，人对于世界观、人生观、价值观的需求；社会对于人文素养、基本道德、科学精神的要求；国家对于爱国精神、民族精神的要求。另一方面对于目标体系的层次性也要给予重视，给大学生设定一个难度逐渐加深的目标体系，引导大学生在完成既定目标的同时实现个人的成长，坚定他们的共产主义理想和信念。

（三）教育目标的设置原则

1.层次性原则

层次性原则是指在根据对象的思想状况、发展需要划分来确定不同层次的高校思政课教学目标。在高等教育大众化中，教育人才包括最基本的职业者、高素质的劳动者、专门人才和拔尖创新人才以及社会精英，其实质就是根据现实学生的能力将教学目标细化成不同标准。层次性原则在实际教学中具有科学性，其主要原因在于教学对象大学生自身的生存环境、接受能力、性格特点、道德品质、思想觉悟、理论水平以及受教设施存在不同，这一原则完全可以考虑个体与个体之间的差别，做到因材施教，将个人的能力发挥到极致。

具体在思政课教学中，除了上述因素之外，现实生活人们在思想上的状况也是重要的影响因素之一，在设定目标时，应对人们的思想现状给予关注，即一定要根据大学生思想实际状况来确定高校思政课教育目标。伴随着改革开放的深入、社会主义市场经济体制的完善、教育体制制度改革的不断深化，大众化教育成立高等教育的新趋势。由于大学生之间的差异比较大，决定确定高校思政课教育目标要想满足大众化就必须设定不同层次的教育目标。

在实际教学中，层次性原则具体要求为：

（1）坚持从实际出发，根据大学生的思想状况开展有针对性的工作。要想思政课教育能够切实可行，唯一的途径就是在实践中了解大学生在认知、思想以及身心方面状况，并以此来设立符合不同层次大学生人群的教学目标。

（2）坚持用整体视野，对不同层次的教学目标进行规划。在目标设定上，各个高校应该注意统一思政课教学目标的先进性和现实性，让大学生在学习的过程中实现全面发展。

（3）营造一个民主、和谐的环境，一个既能帮助大学生实现全面发展又能帮助大学生实现个性化发展的环境。

2. 系统性原则

系统性原则又称整体性原则，具体在设定思政课教学目标时，系统性原则将高校思政课教学目标体系作为一个指导，引导大学生在完成各个阶段目标的过程中逐步完成整体目标。符合这样标准的思政课教学目标符合系统、完整、平衡等特点。

作为一个综合性概念，从体系结构来看，目标通常按照一定的逻辑集合了多个子目标，高校思政课教学目标也同样如此。在这些子目标中，他们又各自具有各自的规定性和特殊性，各个子目标相互联系、相互渗透成一个完整的高校思政课教育目标，通过将各自的特质发挥出来发挥出这一整体目标的作用。

目标具有预期性，它是人们对于时间在未来可能会产生结果的一种预判，教育目标也同样如此。在设定高校思政课教育目标时，一定要注意考虑全面，面向全体学生，提出科学的思政课体系，并以此为基础提出统一的目标。要做到这一点，首先，在学生教育方面，社会、学校和家庭一定要对这点达成共识，以便能够形成良性机制，为人才实现全面发展营造一个好的氛围、创造一个好的条件；其次，在设定目标时，教育者一定要注意考虑到出于受教育者自身的道德水平，在发展道德品质的过程中存在阶段性表现的现象。完成设定目标绝对不是一个一蹴而就的过程，需要耗费时间、精力，才能逐渐提高。

符合科学性的目标，一般是具有长远性的总目标，又有具体可实施的阶段目标，两者缺一不可。目标的设定是一个复杂的系统，一定要注意目标之间的内外协调性。对外，思政课教育目标要能够做到与时俱进，即做到根据国内外政治、经济形势做出最恰当的调整；对内，思政课教育目标一定要注意考虑受教育者的情况，以此来实现教育目标的最优化。

3. 现实性原则

现实性原则的实质是指导高校在实事求是这一思想路线的指引下依据实际情况、实际条件以及实际需求拟定高校思政课教学目标。现实性原则从本质上与党的核心思想路线是一致的——坚持实事求是。"实事"实际上就是指一切在客观存在的事物，"是"是指事物之间存在的客观规律，"求"则指人们的对于这种规律的探索与研究，即求知欲。依据现实开展思政课教育活动是开展教育活动必走之路，在教育中现实性是在众多规律中具有不可超越性。

在实际教学中坚持现实性原则来拟定教学目标是其必要之选：

（1）坚持深入实际进行研究，将时代精神、特点体系在教学目标上，以培养具有开拓精神、创新精神的人才为目标。只有这样，才能让高校思政课教育避免更多的主观性和盲目性，具有更多的实效性，进而能够对高校思政课教育具有更强的指导性意义。

（2）坚持将实践和理论两者之间的关系联系起来，即坚持认识和实践统一、主观与客观统一。只有这样，大学生的教学目标才能在设定上更加符合时代精神，能够激励大学生即便是在困境中也能坚持奋斗、坚持努力。

（3）坚持与时俱进，用发展的眼光看待社会变化和大学生思想的变化。换言之，由于时代和社会是处在不断发展的状态，加之大学生自身的思想也在不断变化，所以高校思政课教育的设定目标也要根据现实条件及时做出调整。

（四）高校思政课教育目标体系的构建

1. 建立意义

（1）作为开展思政课教育的主渠道之一，高等学校的思政课理论课一方面可以将最新的中国化成果传达给大学生；另一方面则可以将传授知识思想教育联系起来，将系统教学与专题教育联系起来，对于那些不合时宜的教学内容、教学方法和教学手段可以根据现实需要进行切实改革，从而让思政课教育理论走向课堂、走向社会、走向未来。只有坚持用中国化最新理论成果培育大学生，才能将高等学校哲学社会科学课程所具有的思政课教育功能发挥出来。教师在教学过程中的投入度、严谨度也是影响高等学校哲学社会科学课程能否发挥出思政课教育功能的重要因素之一。

（2）高校思政课教育工作已经逐渐注意到传统教育模式的弊端，开始有意识地对教育内容、方法进行改革、调整，目的是想让教育能够更加契合大学生的需求。尽管在这方面高校思政课教育目标体系已经有了很大的调整，但这并不意味着已经完美，很容易就可以看到高校思政课教育目标体系依然还有不足需要继续改正。

2. 建立内容

教育目标涵盖了党、国家以及相关部门依据时代背景、历史人物而提出的问题，也包括了受教育者自身对于实现健康成长而提出的问题。思政课教育目标体系具有统一性，复杂性、多样性以及层次性也是其所具有的特有表现。思政课教育目标体系作为一个综合概念，需要在最目标的指引下，确立阶段目标，然后在这些小目标的引导下，一步步实现最终目标。在这个过程中，教育目标起着引导、鼓励、选择和评价的作用，可以直接对直接检验该目标是否合理，以便能够及时做出调整。

思政课教育建立起一个具有系统性、开放性的四维立体教育目标体系。在横向，该体系贯通渗透；在纵向，该目标体系以层级递进的形式将各个目标群有机地联系起来。

（1）横向。横向思政课教育目标群在思想、政治、道德、法纪以及心理五项要素目标共同作用的情况下就此形成。五项要素之间互相联系、互相渗透、互相制约。其中，政治要素目标就是根本，思想要素目标就是导向，道德要素目标就是核心，法纪要素目标就是保障，心理要素目标就是基础。

（2）思政课教育目标体系的外部结构。政治、经济、文化、社会、环境等多种实际因素构成了思政课教育目标体系的外部结构。在当下，面对瞬息万变的新形势，如何能够增强时代感、加强实效性、增强针对性成了思政课教育目标体系的重点解决问题。

从本质上讲，思政课教育是一种实践活动，阶级性和超越性是这一活动鲜明的两个特点。

3. 建立系统

（1）目标制定。具体在制定目标时，该系统可以通过邀请学生每个学期填写相关模块儿的调查表，帮助学生制定具体的目标和计划。例如，在阅读模块中，制定自己在本学期的阅读计划，可以具体到看几本书。在计划完成的同时，系统也会据此生成一份学期计划书以及相关的评估标准。在实际的教学中，教导员可以通过观看这份计划书，来深入了解学生的想法，进而能够有意识地引导学生对计划中的不适之处及时进行改进。

（2）目标执行。在目标执行这一模块中，教师和学生一定要完成既定目标之后，及时在系统进行记录，切记一定要加强对于纪律和管理。一方面这可以确保学生可以完成既定的任务，提高学生的学习能力以及自控能力；另一方面也能确保系统在最终做出的评价是科学合理的，是具有参考性意义的。

（3）目标评估。在目标评估模块中，系统会根据学生以及教师所填写的内容，对学生在本学期内的表现生成评价性报告。这一方面有利于教师了解学生学习情况，能够对那些需要教师帮助的学生及时伸出援助之手；另一方面还有利于学生了解自身制定目标的可行性，以便做出调整，制定出更具合理性和可行性的计划。

但是这模块一定在定量评估和定性评估之间做出协调，以便在适当的方面采用适当的评估方法，对学生做出公正合理的评估。

（4）总结反馈。在总结反馈这一模块中，教师要依据上面的评估小结，帮助学生找到不足、原因和问题，总结经验之后制定新的计划。

三、高校思政课的教育任务

（一）强化道德观念教育

道德活动是人类文化活动的一部分，它所担负的历史使命与人类文化活动的根本目的和内在精神是一致的。同时，道德的性质及其作用，主要取决人类文化在历史中所呈现的整体性质，取决构成文化整体的其他部分发展的历史水平。在当前的我国各高校，加强社会主义道德教育需要注意把握好以下方面：

1. 正确把握高校道德建设的出发点

在社会主义市场经济条件下，作为高校校园文化建设重要内容的思想道德建设应适应社会主义市场经济体制这一社会现实，结合社会主义发展的实践，构建起科学和系统的适合现代校园文化和道德建设的体系。这一体系在注重统一性的同时，应当体现多样化、多层次，实现先进性和广泛性的统一。

2. 正确把握高校道德建设的落脚点

在高校，必须把思想道德建设的落脚点放到追求知识、崇尚科学的宗旨上来，落实到培养人整体素质和促进人才的全面发展上来。要把社会主义的政治素质、道德素质和科学文化素质作为一个整体来考虑，加强师生在观念、信仰、道德等层面的建设，促进他们在道德方面向内探求，引导他们对科学文化知识的探索，使他们做到知行统一，内外一致，在追求个体完美的同时，追求社会至善。

3. 注意高校道德实践的差异性

由于高校学科和专业设置不同，表现出的文化内容有所侧重，民主道德生活实践层面上也显示出差异。在构建具有科学性、开放性、时代性的校园精神文化体系时，应注意循序渐进，因校制宜，充分认识其建设的复杂性和长期性。

（二）注重理想信念教育

理想信念教育是思政课教育工作的核心内容，因此，加强理想信念教育是保证社会主义现代化建设顺利进行的必然要求。在新形势下，加强理想信念教育就是要切实抓好科学理论工作。

随着经济全球化和科学技术的快速发展，各种思想意识潮流涌进社会中，冲突剧烈，也就促使党的历史文化的大力宣扬、社会主流价值的积极传播，凸显出所处社会的感召力。

不管处于哪一个社会时代，都应该由一定的社会主流思想来指引人们大众的思维方式、思想意识以及行为习惯。社会主流意识形态是民族、国家形成、崛起的精神核心，国家社会应强调对于主流意识形态的继承、发扬、传播，彰显主流价值的关键作用。因此，在开展思政课教育过程中，教育者应加强社会主流价值的传播力度，可采用电影、故事等形式潜移默化地改变人们思想形态。当然，目前各种非主流意识形态的出现、盛行对主流价值产生了或多或少的影响，对社会成员内心思想意识、价值取向的形成也产生了一定的影响，也就意味着在国内开展思政课教育，要将社会主流价值的传播、渗透作为主要目的，引导社会的发展方向。因此，教育者应加强传播，强调具体事情具体分析，并且以科学的理论、正确的舆论、高尚的精神教育人、塑造人，引导人们形成正确的价值取向。

四、高校思政课的教育价值

内在、外在因素制约着我国思政课教育的展开，就意味着我国需要针对实际情况探索应对途径，进而使思政课教育活动有效实施。价值关系的形成有赖于主体的存在与创造。我国思政课教育活动应强调以主体的需要为基准，始终以主体为中心，促进主、客体之间的良好互动，加强对思政课教育对象能动性、主体性培养，促使其能够积极主动地融入思政课教育实践当中。要纠正教育客体的对象偏差，需要注意以下两方面：

（1）思政课教育方法运用层面强调教育主体的独特性、差异性。当下的思政课教育应进行革新，强调受教育者的主体需要、价值需求，关注其思想观念、内心活动。另外，教育者还应该改变自己的教育观念和教育方法，综合考虑每一位受教育者的价值需要，实现两者良好的交流互动，教育者也可以通过其效果反馈，调整优化教育形式，激发受教育者积极主动性。

（2）在思政课教育内容设置层面，国家及教育者应平衡各主体价值需求。我国开展思政课教育的目的是将社会先进文化思想准确地传达给每一个受教育者，引导社会先进文化方向。另外，在思政课教育实践中，教育者应结合受教育者的实际需要、身心发展情况制定相应教育计划，满足个性化的要求，提高思政课教育效果。

五、高校思政课的教育规律

（一）保证思政课教育的方向不偏移

遵循社会主义原则，而中国特色社会主义道路也与我国国情和时代一致，并形成了一套自己的理论体系。高校的首要目标就是培养出德智体美全面发展的高质量人才，服务于中国特色社会主义事业，因此，高校思政课教育在这里也必不可少，要坚定不移地与社会主义办学方向一致，严格按照党的教育方针执行。

（二）坚持全面发展，强化高校思政课教育的针对性和实效性

以人为本成了改革开放后各个高校思政课教育的重点，对人的全面发展足够重视，教育的实效性和针对性是高校思政课教育每个阶段的重点，这是从改革开放之后就有的理念。大学生每个阶段的发展目标都不能与时代和社会的发展相违背，要充分发挥教育者的引导功能，对教育对象的主体地位给予足够的尊重和体现，让教育对象充满自觉能动性。每个历史时期都十分关注大学生的全面与和谐发展，保证大学生在身体健康、科学文化和思想道德方面均衡发展。

（三）坚持实事求是、科学发展，使思政课教育更具吸引力和感染力

从历史和经验可以看出，高校思政课教育工作在改革开放的春风中抓住了发展机遇，实现了发展和进步，因此，才能够在高校思政课教育工作中展现实效性、规律性、时代性和创造性。始终坚持实事求是原则，践行科学发展观，在实践工作中不断摸索、进步，转变以往的工作观念，对模式、途径、观念、方法、载体和内容都进行创新，让高校思政课教育与学生、生活和实际都更加贴近，并且不断完善机制、改革教育理念和创新方式方法，从精神和思想上为培养社会主义优秀人才保驾护航，让高校思政课教育充满更多吸引力，也让高校思政课教育工作翻开新的篇章。

六、高校思政课的教育对象

（一）教育对象特点

1.教育对象的人格独立

人的生活方式在经济性质的转变中发生了很大的变化。人的个体独立性得到充分发展，人对人的依赖度逐渐消失，取而代之的是人对物的需求逐渐扩大。高

校学生的思想势必会受到这一发展变化的影响。较之以前的学生，当代的高校学生个人主体意识逐步提高，他们冲破了自我认识的局限，自我独立的意识进一步发展，从而开阔视野，增强法律意识，且追求个性。

在市场经济的环境背景下，人们的生产活力因为竞争机制的引进而再次高涨，这也意味着生产力和生产关系的解放，从而带动上层建筑和文化方面的繁荣发展。同理，人们的谋生方式因为就业机制的改变而选择多样，在一定程度上改变人对社会、国家的依附关系，增加了民众的自信和自由度，这也从根本改变了人们的思维方式。

2. 教育对象的需求层次变化

需求是人内心意识的外化表现，在不同的社会发展阶段，人的需求层次是不同的。理想，是人在需求的基础上想要追求的更高一级的目标，一定程度上被认为是对现有需求的超越，但也可以被认为是更高级的需求。就照马斯洛对于需求的分层而言，理想属于自我实现的层次，换言之，一定程度上，人的需求决定着理想的高度。就实现人的全面发展这个角度而言，高校学生的思政课教育主要着眼于提高学生理想追求的高度，从而为理想的实现提供支持。

当代高校学生的身上，背负着家庭、学校以及社会的期望。大学阶段不仅是生理和心理发展的过程，还是三观形成的重要阶段。

3. 教育对象的思想特点

大学生思想活跃，主流思想健康向上。大学生要拥有积极向上的思想信念以及活跃的思维，以下是重要体现：

（1）性格爱憎分明，有强烈的爱国情怀。当下的大学生基本都诞生于和平年代，但他们的爱国情怀却是一分不少。大学生会在奥运会和残奥会中积极担任志愿者，也会奔赴在抗洪抢险第一线，贡献自己的一分力量。

（2）思想独立，容易接受新鲜事物。当下大学生充满了个性与思想，都是时代变革的见证者，对传统和现代事物都充满了好奇，也喜欢追求刺激。

（3）人生态度健康，有崇高的社会理想。当下大学生都有自己的理想以及清晰的规划。他们孝顺父母，爱自己的父母，会坚决维护国家和民族的利益。会关注国家大事以及国际上的新闻热点，并给予相应的反馈。也会愿意帮助有困难的人。细致健康是当代青年人的思想现状。

（4）思想活跃，喜欢创新。当下是和平民主的年代，整个世界随着全球化的愈演愈烈也紧紧地联系在了一起。互联网和信息技术的高速发展开阔了大学生的眼界，让他们接触到了更多的事物。但大学生的心理在还没有完全发育成熟，无法准确判断新事物。他们对于新的观念、风尚和看法都喜闻乐见，也会用自己的方式去看待和处理问题。这一代青年人积极、可爱，充满了阳光，也富于变化。

（二）教师角色解读

1. 教师在思政课教育中的特点

思政课教育是学校工作的一部分，却不是学校一部分人的工作，而应该是全体教育工作者的职责。从事思政课教育的教育者不单单是该科目的任课教师，也包括辅导员、班主任，以及在学校从事管理的教育者。此外，高校其他科目任课教师和各级领导对思政课教育也起着重要引导作用。为切实提高思政课教育的实效性，针对思政课教育学科任课教师的培养必须足够专业，严守职业规章制度和培养流程，从而提升整个教师行业从业水平；

针对非该学科任职教师，要提升教师队伍的政治素养和思想品格，让教师都能产生教书育人的责任感。

（1）德育特点

德育是教育工作者必不可少的品质，也是各个高校培养教育工作者的规范标准，是教师从事教授工作的原则。培养才德兼备的学生是各个高校的目标，但培养出优秀人才首要任务是选取品德兼具的教师。教师的品德是从业的基本准则，也是为人师表的前提基础。教师身份的确立离不开以德服人教育理念的内在价值体现，也包括了对从业准则的规范制定。

树立品德是决定教师是否符合标准的内在衡量准则，是教师从业的精神典范；育人是评价教师是否合格的外界因素，是教师从业的责任所在。品德的确立和育人二者从"怎么做"到"行动内容"两方面诠释了教师从业者的职业原则，是为人师的中心思想。

树立品德和教书育人是高校教育工作者工作的重中之重，其原因在于教师行业的不可或缺和独特性。在"学生、学者、学术"高校的这三个重要组成部分中，学者身份地位越来越重要。学者既是教书育人的从业者，又是教授内容的开创者，如果学校没有了学者，那么学校也就失去了本质灵魂。学校的整体水平是由各位学者综合实力决定的，拥有品德高尚的学者自然能创造品德意识上乘的高校理念，教导出德行兼备的人才，创立品德至上的学校。所以，各个高校都很看重学者的主导作用，激发学者的自主精神，提高学者整体品德水准，构建具有浓重思想品德气氛的校园，确立德育在高校的主体地位。

各个高校都要以先"树立德行"，再"建立品格"为学校典范，这也是教师的重要工作方向。以学者身份出现在高校，要确立先建立自己品德而后再育人的理念。树立德行就是要构建社会公德、遵循职业品德、建立和谐家庭、树立个人德行，以"德"为基础，提高教师的内在精神品格，规范教师的行为准则，提升教师爱人之心、职业责任感和教师职业品格，传播知识并指导学生人生道路。育人品德就是培养学生拥有自主观念，不能一概而论地约束学生个性，让学生能够在坚持自我特色前提下，具备健康的三观、良好的心理状态和仁善的品格，最终成为对社会有贡献的优秀人才。

（2）人文关怀特点

教师的人文关怀不仅是培养教师品德的前提，也是确立人品性和为人的意义。高校要坚持以品德教育为基本准则，以人为本，服从人类实际需求，逐步满足人们的全方位进步，努力解决高校教师的各种困难，实现生存和价值共同发展，让教师能够在日常工作里获得成就感、自我认同感，体现自我价值。

高校要时刻关注教师的心理状态、生活环境和工作情况，尽可能地实现教师的利益需求、心理需求，做好教师的后方保障工作，让教师全力进入工作状态，满足精神世界、提高生活品质、自身价值。

高校教师的重要职责是要坚持以人为本的教育理念，提高个人知识储备的同时提升自身吸引力，良好地解决师生地位差距，塑造良好的师生气氛。

高校教师要时刻关心学生、彼此尊重，创建一种理解、互助、容纳、通达的教育状态，让学生能够充分发挥自我个性，自由成长，教师能够作为学生的引路人、朋友彼此陪伴。学校教育从业者要自觉提高个人知识水平，掌握多种教育方法，提升个人教育方式，尽力打造出有包容心和自我观点，且具备良好的文化水平，能够选择有益身心的文化形式的优秀人才。

（3）教师的引领特点

①要转变教育观点，当前时代受到各种思想潮流同时冲击，不仅要求同存异，尊重多元化，而且要尽力从各类思想潮流中选取重要正确的作为标杆，在变化中能确立正确方向，保证教育观点的前瞻性和主导地位；教育者从管理身份转变为提供服务角色，从事思政课教育的工作者要学会放低身段，打破固有身份地位的限制，在尊师重道的前提下，更注重教师的主导观念，提升参与感。同时，要着重培养品德，将品德作为衡量教师工作水平的重要标准和原则。

②教育手段要与时俱进。改变以往的固有教育模式，逐渐形成因材施教的教育方法，教师从单纯教授转变为与学生沟通讨论模式，增加各种教育方式，施教中要学会以理育人、以情动人、以德教人，全身心投入到思政课教育的工作中。

③增加教育传播工具。当前时代发展下，媒体的不可或缺性在教师群体中凸显出来，学校应该及时通过互联网、手机等方式，扩大受教范围，从而提升思想品德教育普遍性和日常化。学会通过各类互联网资源，打造网络环境，扩大网络普及力度和教育传播标准化、专业性水准。打造符合当前社会现实，与学生生活密切相关的网页、微博，传播内容主要以积极正能量、知识全面、乐观向上为主；传播形式要多元化、独特性、新鲜感兼备，兼具文化内涵和传播范围，同时有底蕴和新鲜感，创建思维碰撞的互动场所。目前"自媒体"处于发展高潮，要注意培养师生选择媒体的精准性，指引师生以高尚品德为前提发挥自我个性。

2.高校思政课的教师队伍建设

（1）教师队伍建设意义

①帮助教师顺利地完成历史使命。随着全国教育的普及，高等教育水平逐渐实现群众化、普遍化，因此，高校思政课理论课程在提升民族思想素质水平和社会素养层面的主导地位逐渐凸显。面对各项专业人才的养成，思政课理论教育是培养人才的任务中一门前提学科。要让各类人才能够成长为全面健康发展的社会人，思政课教育是必不可少的环节。高校学生日后会成为推进祖国发展的优秀人才，他们中一部分会从事科技工作，一部分会成为企业带头人，还有一部分会成为各级别的组织引领者。他们的思政课教育的成功与否，决定了他们是否能掌控时代进步和当代社会发展进程，了解政治主张、顾全集体、具有全局观，从容面对繁杂社会环境，逐步提升领导力和决策力。应从全局角度来解析高校教师教授思政课课程，并承担构建中国特色社会主义的艰巨任务。

②增强思政课理论课的实效性。各个高校都要遵守国家指令，设立思政课理论学科作为大学必修学科，是对高校思政课教育传播的主要方式，促进各个高校实现人才养成计划。终其根本是让学生由学科学习，具备优良的道德品格和乐观的心理状态，从而能够为祖国和人民做出更大贡献。虽然面临各种冲击，但要坚持思政课课程在高校各类课程中保持主要地位和主导作用，因此，要提升整体教学成果，各类教师全面配合来减少课时缺失带来的负面作用，让思政课学科知识成为学生自主掌握的理论，进而受到学生欢迎，让更多学生接纳、领会思政课理论。

合理利用思政课学科的课堂时间，开展创造性教学活动、激发课堂活力、提升现有课堂时间的效率。这给学科教师提出了更高要求，要改变原有教学观念、创新教学理念，将单向输出方式转为互动沟通教学方法。这种讨论分析式教学先将主题隐藏，以沟通解析的形式展开教学，课程更具引导性，也拉近师生距离，能够进一步促进学生学会自觉选取正确的方向，帮助学生养成正确意识，促进形成健康的"三观"，从而完成思政课教育任务。这类教育方式与当代学生求同存异特质相吻合，能够更积极地引导学生掌握理论知识，追寻科学的脚步，提升思政课教育课堂的活跃度和魅力。

丰富的教育方式、创造更好的教学气氛，与各个学科知识相互结合，将范围扩展到社会实践中，丰富思政课教育课外实操教学，让学生能够自主认识到思政课教育在个人成功道路上的重要作用。

③完成思政课理论课的新任务与新要求。为了学生能够建立正确的三观，必须要通过思政课指导；促进学生解析、探究、解决各类实际困难；促进学生建立社会主义以人为本和依法行事的理念，学会利用法律武器保护自身权益，主动完成法律制定的各个公民义务；教导学生确立良好的学习目标、形成优良学习习惯，培养他们具备崇高社会主义品格和文明素养，成为言而有信、勤奋努力、严谨谦逊、表里如一、自觉互助的优秀人才。引导学校思政课方向的基础工作，有引导、推动的意义，同时，对于构建社会主义物质保障、精神水平发展和政治理论进步，甚至全社会的进程都有着重大作用。

（2）教师队伍建设的强化

①教师思政课教育工作的改进。遵循以人为本的原则，加强调动教师积极性和创造性。正确疏导，说服教育以及以理服人是教师思政课教育工作的主要方针和政策。

受改革开放和市场经济发展的影响，教师的思想观念也有了很大的改变，对其进行教育就需要顺势而为，这也是高校所要考虑的问题。对思政课工作的吸引力和针对性有了新的需求，为此其教育工作要顺应发展需求，努力寻求新的方法和新的内容，因此，要充分发挥出创新精神的作用，既要加强传承工作又要体现出一定创新，这样才能促进教育工作顺利进行。

②思政课教育工作问题的有效解决。只有充分地结合理论和实践，才能促进提高高校教师的理论水平和实践经验。比如，可以让教师去实地考察革命圣地，参观学习改革开放前沿阵地的方法和经验，积极开展扶贫、支教等活动等，这些都能在一定程度上促进锻炼教师意志和品质，有利于树立远大理想。

③加强校园文化建设，开展丰富多彩的活动。教师的身心健康发展离不开校园文化的熏陶和影响，因此，创造积极向上的育人氛围，加强校园文化的导向性、凝聚力和激励性也是各个高校的重要任务。此外，还可以积极地引导教师参与到各种活动中，如教师文明岗活动、教师野外休闲健身活动、教师区位运动会等，

在丰富多彩的活动中予以思政课工作的渗透，寓教于乐，推进教师思政课教育工作的顺利开展等，为教师的整体修养的提升创造积极的环境。

④树立先进典型，发挥示范作用。对表现优秀的教师要给予表彰，自觉参与到个人修养的提升活动和学习中来。通过访谈和学术交流活动可以发现，但凡具有一定知名度的学术大师，一般都具有较好的学术修养。国内很多高校已经形成自己独具特色的教育体系，其教育理念和观点也是比较先进的，国内高校可以加以引用和借鉴等。

⑤教师思政课教育工作的提升

第一，高校的主要精力都放在了关乎学校发展和行政事务等方面，而忽视了教师的思想动态的关注，教师的思政课教育工作也比较有效，导致实践和理论脱节，思政课工作不到位，教育方法有限等问题。为了解决这一问题，就需要高校各级党组织充分重视教师的思想变化，关注动态，以国家长远发展为目的来强化教育工作。

第二，为了加强思政课教育工作的时效性和针对性，需要以科学研究为基准点，对教师的心理发展特点予以把握等。尤其是对于教师所关心的热点、难点和焦点问题进行高度的关注，根据教师的实际问题选择形式多样化的教育方法，这样才能有效地提升其积极性和主动性，让思想教育工作对教师形成强烈的吸引力。

第三，教师工作时间有限，生活上有较大难度，面临着较大的工作压力和生活压力，因此要从其实际的生活情况出发进行关心，实实在在地解决其生活难题如住房、交通等，这样才能让他们安心进行深造和学习等。

第四，思政课教育工作需要从这些问题出发，以便更好地激发广大教师参与到思政课教育工作中。

（3）教师队伍建设策略

为了有效促进高校思政课理论课的教学效率，就需要对高校思政课理论课教师队伍建设进行强化，认真学习和贯彻落实中宣部、教育部工作会议精神，并要高度关注高校思政课理论教育的开展，从教育教学中的科研含量入手，切实理论学科建设，充分利用学科建设的支撑作用；将思政课理论课假象科研组织机构单独分离出来，为教育工作的顺利进行提供组织保障。

①强化思政课教育学科的建设。为了有效促进高校对思政课理论课的政策性、理论性和政治性进行理解，就需要不断提高教师的授课水平，更好地进行教材体系向教学体系的转换。高校思政课理论课的改进和加强应该加强教材、学科以及教师队伍的建设，对教学方法进行改革等。在所有的改进工作中，教师队伍的建

设有着至关重要的地位，只有把握正确队伍，才能让思政课理论课教学获得突破性进展。

②增加教学中的科研含量。高校思政课理论课教师的基本任务就是将思政课理论知识传授给学生，如何讲好思政课理论课也成为目前最重要的课题。这对教师的科研能力和科研成果提出了新的要求，但这恰恰是目前教师所欠缺的。为了更好地弥补这一缺陷，就需要提升理论课教师的科研能力，加强科研水平培养，这样才能在教学中合理地利用各种科研成果，强化理论课的教学效果和教学效率。

③基于学科建设加强骨干培养。以学科建设的层面来看，思政课理论课教师的知识面不能低于二级学科范畴，学术骨干更需要具备一级学科的知识。而且要进行科学规范的明确，并始终按照正确的研究方向来推进工作的开展。

充分体现主人翁意识，关注学科建设的最新成果，并以此来对思政课理论课教学形成强有力的支撑作用。从学科建设的角度来看，全员意识是思政课理论课教师必须具备的一种精神，将学科建设当成是自身义不容辞的责任。这样思政课理论课教育教学才能取得丰硕的成果，并促进思政课理论课教师向理论学者的转化。

④健全教师队伍的管理体制。各个高校都应该加强建设自身独立的、直属学校领导的思政课理论课教学科研组织机构。这一观点也是根据多年的教学实践而得出的，符合目前教学的情况，也是为了有效提升高质量学科平台的建设进度，提高教师队伍的高水平发展，并强化思政课理论课建设的战略意义等方面。

想要完成统一的规定任务，就需要先建立统一的组织机构，只有建立了统一、独立的教学科研组织机构，才能促进思政课理论课教育教学任务和各种社会服务、科研活动顺利进行。从现状来看，只有将组织机构落实到位，才能避免教师的过于分散，并有利于思政课理论课教师队伍的建设，为教程教学质量的提升创造有利条件。

第二节　高校思政课教学的实践模式

一、核心素养视域下高校思政课的课程目标

（一）高校思政课的首要目标

1. 文化素养

文化基础是中国学生发展核心素养的根基，文化基础包含文化底蕴与科学精神两个核心素养，具体展开为人文积淀、人文情怀、审美情趣、理性思维、批判质疑以及勇于探究六个要点[1]。

当前中国正处于全面深化改革的深水区，各种社会思潮，多元价值观的碰撞，使得许多大学生开始出现信念动摇的现象，甚至是对中国的传统文化漠不关心，高校思政课应该引导大学生，品中国传统文化，树立正确的"三观"，坚定对社会主义和共产主义的信念，增强中国特色社会主义的道路自信、理论自信、制度自信、文化自信。

2. 政治担当

加强党对教育工作的全面领导，坚持党管办学方向，牢牢地掌握党对教育工作的领导权是办好中国特色社会主义教育的根本要求。

培养高中生的"政治认同"素养，引导高中生衷心拥护党的领导，认同中国特色社会主义制度，大学阶段重在增强使命担当，引导学生矢志不渝听党话跟党走，争做社会主义合格建设者和可靠接班人。高校思政教育培养学生的是一种政治担当的使命，把个人的爱国情感融入发展中国特色社会主义事业，实现中华民族伟大复兴的中国梦之中，这是一种青年人的政治担当，由内在认知到外在行动的一种素养。

3. 家国情怀

教育兴则国家兴，教育强则国家强。高校思政教育是培养中国特色社会主义建设者和接班人的教育，扎根中国大地，讲好中国故事，思想政治理论课程目标实现与否直接影响着接班人的质量问题，甚至会影响国家的长治久安，因此，高校思政课培养的学生应该具有家国情怀的核心素养，让学生领悟相关理论的真理的力量，中国特色社会主义制度的优越性，社会主义社会的强大生命力，坚信在

---

[1] 王红向.基于核心素养的高校思想政治理论课的课程目标[J].青年与社会，2020（23）：158-159.

党中央的领导下，中国会实现社会主义现代化，为实现富强、民主、文明、和谐、美丽的社会主义现代化强国而努力奋斗。

培养大学生的家国情怀核心素养是坚持社会主义办学方向的内在要求，强调了教育要牢牢把握政治原则，是使命担当的最高层次，从而使学生形成责任感，争做社会主义合格的建设者和可靠的接班人。

（二）高校思政课的核心目标

1. 学会学习

高校思政课培养的学生应该具有终身学习的态度，实践创新的精神，而这些目标的实现依赖于大学生的学会学习核心素养课程目标。学会学习的核心素养包含乐学善学、勤于反思和信息意识三个要点，强调大学生能够有浓厚的学习兴趣，自主学习，具有形成终身学习意识，在实践中能够根据自己切身实际，具体问题具体分析，寻找适合自己的学习方法。

大学生在互联网信息爆炸的时代中拥有独立的思考能力，学会筛选信息，辨别信息，并使用有用的信息，反思事情中存在的问题，寻找解决问题的方法，创新思考问题的角度，主动探索与研究问题产生的根源，从而形成逻辑思维能力和批判思维能力。在知识的海洋中遨游，提升自己，"要引导学生珍惜韶华、脚踏实地，把远大抱负落实到实际行动中，树立梦想从学习开始、事业靠本领成就的观念，让勤奋学习成为青春飞扬的动力，让增长本领成为青春搏击的能量。"

2. 身心健康

随着社会的发展，身体和心理健康都成为当代大学生的一个重要的关注点，身心健康不仅要求大学生应该拥有健康的体魄，高尚的道德品质，而且还需要拥有健康的心理。

思想道德与法制是高校思政课的基础课程，应该充分发挥高校思政课的主阵地，培养学生良好的道德素质，引导学生过一种积极向上的生活，引导大学生立德成人，立志成才，提高道德修养，促成身心健康，进而以爱党、爱国、爱社会主义、爱人民、爱集体为主线，坚持爱国和爱党爱社会主义相统一，系统地进行相关理论与社会主义核心价值观教育。

3. 道德修养

学生的立身之本在于立德树人，道德修养是学会学习与身心健康核心素养的内在要求，也是实现高校立德树人根本任务的保障。培养大学生高尚的道德修养，就必须把立德树人的成效作为检验学生思想政治理论课课程的根本标准，要求高校思政课教师不仅仅是传道授业解惑，而且还需要全方位育人，全过程育人，既要培养学生坚定的社会主义理想信念，厚植爱国主义情怀，又需要加强学生的品德修养，增强学生的综合素质，培养德智体美劳全面发展的社会主义合格的建设者与可靠的接班人。

健全的人格可以让大学生把道德认知、道德养成与道德实践紧密地结合起来，自觉遵守社会主义核心价值观，倡导良好地社会风气，促进社会的进步。

（三）高校思政课的终极目标

1. 法治意识

法治教育，强调的是立法、执法、守法的教育，高校思政课应该培养学生的法治意识，系统地学习法治教育知识，大学生作为一个具有完全民事行为能力的群体，他们不仅要树立法治意识，更要在以后的工作岗位上为建设一个法治国家做出自己的贡献，全面推进依法治国是党奋斗的重要目标，高校思政课应该以相关理论中的法学思想和中国特色社会主义法治理论为指导，既要立德树人，又要培养学生的法治意识，树立法治观念，德法兼修，培养大批高素质的法治人才，为全面推进依法治国的进程和建设有中国特色的社会主义法治国家奠定基础。

2. 公共参与

我国是一个以工人阶级领导的，以工农联盟为基础的，人民民主专政的社会主义国家，人民是国家的主人，大学生作为未来社会主义建设者和接班人，必将步入社会，成为社会建设的中坚力量，参与经济、政治、法律、社会与公共事务，树立公德意识和提高公共参与能力，积极地行使自己当家做主的权利，成为高校思政课追求的核心素养课程目标之一。同时我国处于社会主义初级阶段，大学生应该肩负起建设社会主义现代化，实现中华民族的伟大复兴的中国梦的使命，共产主义社会的运动离不开青年人的力量，大学生任重而道远，高校思政课着重引导学生认识到人类社会发展的规律，坚定不移地走中国特色社会主义道路，投身到构建人类命运共同体的进程。

3. 社会责任

拥有法治现念，有序的参与公共生活，是为了让大学生承担起自己的社会责任，做一个负责人的公民，"人的本质不是单个人所固有的抽象物，在其现实性上，它是一切社会关系的总和"[1]。随着我国的国家治理能力不断提高，治理体系的现代化程度不断深化，高校思政课培养的大学生是一个承担着社会责任的公民，这

---

[1] 中共中央马克思恩格斯著作编译局编译.马克思恩格斯选集（第一卷)[M].北京：人民出版社.2008,11.

种责任既是个人的社会责任，更是国家的社会责任，引导大学生把理论学习与社会实践结合起来，充分利用实践教学，积极地履行公民义务，自觉参与到社会建设中来，关心社会的发展，增强自身的社会责任感，为社会的发展积极做出自己的贡献，进而培养学生的社会责任和社会贡献素养。

基于核心素养的高校思政课的课程目标应该包含使命担当素养、立德树人素养和社会贡献素养，高校思政课培养的大学生是拥有中华优秀传统文化素养，增强中国特色社会主义道路、理论、制度和文化自信，拥有家国情怀使命担当的青年人，是学会自主学习，提升独立思维能力，身心健康，具有高尚的道德修养的青年人，青年人兴则国家兴，青年人是未来社会的建设者和接班人，法治意识素养保驾护航，有序的参与公共事务，承担社会责任，为中华民族的伟大复兴的中国梦做出社会贡献。

二、高校思政课教学的实践教学模式分析

（一）课堂实践教学模式

课堂实践教学模式旨在提高学生的思考认知能力，加强学生对所学知识的感悟，主要特点是突出学生的自主学习能力，包括课前预习，课堂思考，课后提高等。通过课堂实践教学模式，学生能够深入理解和运用基本理论和学习材料，从而有效提高他们的思维和实践能力。课堂实践教学模式已经在高校中广泛开展。

采用这种模式可以充分发挥学生对学习的主观能动性，调动学生的学习热情，使其积极参与课堂学习。不仅如此，学生通过课堂教学实践，在思维活跃的同时，强化了自己深入思考的能力，师生之间建立了良性互动。

（二）校园实践教学模式

作为创新的课堂教学方式，高校思政课教学的校园实践教学模式会在校园内开展校园实践，这和传统的课堂教学有很大区别，所以可以将之称为"第二课堂"。在教学计划中也已经将实践教学模式列入，要求教师和学生都积极参与其中。各种形式多样、内容丰富的活动都包含在此教学模式里，让学生在活动的参与中实现教育，结合课堂所学的理论知识更好地提高学生的思想素质。在校园中进行的实践教学模式多种多样，结合自身的校园特点和文化，让多人参与，每一次的教学都是教师根据精心设计的教学计划开展的。除此之外，特定的计划和设计要和校园文化活动以及举行的社团活动挂钩，在思政课教育的助力下，实现学生们的

素质教育。

高校校园实践教学模式可以在课堂上充分将学生们各自的特点发挥出来，从而使教师能够继续发掘学生的潜能，增加其学习的兴趣，并提高整体质量，最终能够创新地运用所学的知识。

（三）社会实践教学模式

学生在大学里，应该尽可能早地和社会接轨，亲身体验各种生活。高校思政课教学的社会实践教学模式，针对思政课理论课程的教学设计，教师除了传授理论知识以外，还应该开展一些与现实生活有联系的课题，让学生根据自身的兴趣爱好去选择研究，这样的教学方式是和教育部对大学课程的要求相匹配。

为了实践和获取知识，这种实践教学方法也可以被叫作社会实践教学模式，这属于是"第三课堂"的教学。通常，这些教学活动是在校外进行的，与教育活动有关的主题和中国的各种热点问题密切相关。大学生不仅可以参加社会实践，还可以了解国家的政治环境，还有当地的经济发展，能最大限度地利用各种教育资源，以上对提高思政课理论课的教学质量具有极为突出的作用。

社会实践教学活动并不是单一开展的，例如涉及学生的研究活动，各种类型的访问、科研、基于夏季和冬季进行的社会研究活动以及社会上开展的志愿活动。其中，在实践教学室进行的研究活动是根据学校的教学计划同步进行的，每学期都会进行教学活动，还有由教师带领大家去完成的社会实践活动。课堂的必要组成部分，除了提高课堂教学质量外，还可以帮助学校开展实践教学活动。

社会实践教学是非常灵活的，地点和时间不受过多的限制和约束，可以给更多学生提供参与的机会，让在校的大学生在未毕业之前，提前吸收社会经验，改变一直固有的"学生思维"，让学生对面到的问题能有新的见解。除此以外，他们还可以认识到不同课程之间的联系性以及重要性，对文明如何影响社会有深刻体会，建立学生的民族信心，培养其对祖国和中华民族的自豪感。在学生的思想素质和道德品质提高的同时，学生在实践中也会孕育出创新意识，并对科学产生兴趣[1]。

---

[1]　吕艳男，张亮，刘恩龙，等.高校思政课理论教学与实践指导[M].北京：研究出版社，2019.

（四）软件实践模式

1.高校思政课微信平台教育

（1）微信平台的教育优势

①思政课教育的影响效果加强。微信中含有的资源不胜枚举，这些资源可以涉及生活的各个方面，不仅含有专业的学科类知识，还有生活常识、娱乐信息等。大学生可以使用各种演示方法来满足自己的需要，如文本，图片，音频和动画。这些方式不仅相对独立，而且非常自由，大学生随时随地都能操作，这也增加了各种互动的深度和广度。微信朋友圈具有分享信息的功能，大学生可以给微信列表里的好友们分类打上标签，进行分组，然后可以由此找到兴趣相似的伙伴们。大学生们在微信以多角度和类型的方式进行沟通，在处理事务时，能够通过商议共同做出决定。微信公众平台同样具备多种形式，可以在进行思政课教育时，与生活中的众多事情相结合。微信公众平台的内容丰富，受众的数量，水平和范围与现有媒体不同，大家不管身处何地，任何时候都能接收公众号的信息，通过这种方式能让高校思政课教育传播的效果更好。

面对新形势，思政课教育要重新思考教育内容，做出理性判断，运用新方法去开展思政课的教学工作，使教育内容更加生动，为大学生提供精神支撑。在向大学生传播思政课教育内容的过程中，结合微信平台，增强大学生的理想和信念，调动大学生的学习热情以及锻炼大学生的各项能力。

②思政课教育的针对范围扩大。在高校中，可以让学生们进行实名认证，将虚拟网络生活与现实生活结合起来，让思政课教育的内容能够准确又快速地被学生们及时接收。思政课教育工作者可以让类型和特点都不同的学生待在不同的微信群，然后根据不同的群的特点发布不同的信息，并组织群里面的学生进行加讨论。微信群可以让学生们畅所欲言，因为同一群里的学生才能看到发出的实时信息，在进行发言时，大学生不用顾忌被别的人看到。除此以外，教育工作者还应该及时掌握大学生的思想动态，对大学生的学业与生活也要多加关注，了解他们面对的难题，帮助他们解决。在进行思政课教育时，还应该尽可能地让其涉及范围变广。

微信的特点是简便又高效，思政课教育工作者可以充分利用微信的优势，来打破以往思政课教育工作时的时空限制，随时随地传递信息。对于相对简短的思政课教育的内容，可以通过碎片化地方式让学生接收到，这些内容能够及时解决关键性的问题。由此可以看出，微信公众平台上思政课教育的成就显著，与传统的思政课教育不同，这种方式能够在日常生活的各个方面来提高学生们的道德素养。

③思政课教育的亲切互动加强。微信可以进行多方式的传播，这样不仅让教师与学生之间的距离更近了，还可以通过互动的方式，来让学生感受到自己的存在，感受到自己在的分量，提高了学生的荣誉感，并增强学生们的责任感。高校微信为思政课教育营造了良好的学习氛围，在这样的氛围中，学生更容易领悟到思政课教育的意义，树立理想，找到自己人生的目标与发展方向，对生活保持积极乐观的态度。这种新的教育方式，在简单的理论讲述中解放了思政课教育，让学生能够主动去学习。微信公众平台可以让高校尽情去进行教学创新，不同高校可以根据自身学校与学生的特点去进行教学完善。微信用户之间也是平等的，每个人都可以发言，这改变了传统的思想形态和政治教育传播方法，高校微信公众平台上公开的信息能让思政课教育的亲和力更强，使大学生可以在不同的地方，感受到学校的存在。

微信作为一个载体，凭借它的优势，可以帮助教师更好地与学生进行交流和互动。因此，在微信中可以很好地表达教室中无法及时传达的信息，从而打破了传统的思政课教育限制。为了最好地贴近大学生的喜好，满足他们的需求，在友好和互动的环境中更容易让学生们接受所学内容。学生和教师交流和互动地越频繁，越能释放大学生的热情和热情。通过形象生动的方式传播思政课教育内容，大学生能够直观地了解，领悟到所学知识背后的内涵。在轻松愉悦的学习范围中，师生之间也更容易建立信任感，让大学生得到学习的动力，让思政课教育更加高效。

（2）微信平台的教育原则

①求实原则。为了寻求真理，人们必须使用实事求是的方法。微信的思政课教育也要讲究每一项任务都要从事实中寻求真相，遵循这一思考和工作的科学方式。在微信中，图片和文字相结合的表达方式深受大学生们的喜爱，这已经是大家发布信息时最常用的方式，并且所传播的信息被认为是真实且有价值的。大学生需要具备明辨信息的能力，对于看到的微信内容不应盲目相信，对于不实信息能够及时分辨，并进行求证，能够区分其具体内容的真实性并有效阻止虚假信息的传播。大学生在日常生活中，要做到言行一致，实事求是诚实待人，通过学习，达到思政课教育的教育目的。

人们需要有创造力才能发现事实真相。唯物辩证法中已经揭示，一切事物都处于不断变化的状态，也在不断发展。随着新媒体的不断涌现和发展，人们必须充分了解它出现的原因，分析这一现象背后的真相，掌握其性质和发展规律，克服以往的保守思想，引导大学生进行思考。充分发挥大学生们的主观能动性和创造力，选择合适的方法进行创造，及时抓住有利时机，并有效地进行思政课教育，开展教学内容。

②方向原则。对于思政课教育的实质，方向原则是一项重要的基本原则。思政课教育要符合中国共产党的纲领和宗旨，与中国特色社会主义道路相一致。微信思政课教育应当实现社会主义现代化，还应该达成全心全意为人民服务等目标。在这个阶段，有必要对人民进行党的路线，原则和政策的教育，还应该领导大学生认真面对自己的生活，找到自己的人生方向，树立自身理想并坚定不移地去实现。长此以往，大学生还要学习专业知识并为社会主义建设做出贡献，思政课教育还要能让大学生增强其政治信念和追求，将自己的目标与社会目标相结合。只有方向正确才能行动正确，人的精神支柱和精神力量的源泉需要坚定而正确的政治方向做支撑，这能增学生们的信心，激发他们建设中国特色社会主义道路的斗志。

作为公共媒体平台，微信应该遵守相应规则，在这一平台发布的信息一定要符合社会主义核心价值观。微信各种形式的内容都应该贴合社会主义核心价值体系的特点，让中国传统美德得到进一步发扬，让社会主义核心价值观体现在现实生活中。面对多样化，随时变化的意识形态特点以及世界范围内各种思想文化交融，微信作为新型媒体，其覆盖面极广，应利用微信这一特点，在进行思政课教育时，让主流价值观的影响力进一步扩大，提升中国的国际地位，提高我国的软实力文化，实现中华民族伟大复兴的中国梦。

2.高校思政课微博平台教育

（1）微博平台的功能

①选择性倾听（关注）。在媒介形式日益多元化的信息时代，媒介所承载的信息是连接的桥梁，人们生活在被大众媒体包围的媒介环境之中，面对信息过载的压力，不得不根据自己的习惯和偏好选择自己信赖的媒介接收信息，这些向人们提供信息的媒介即为信源。

"关注"是微博的最基本的功能，用户选择关注对象之后，微博才能开始为用户提供信息。微博本身就是一种提供信息的网络媒介，微博作为一个信息平台，汇集了各类生产信息的个人和团体，使得微博成为一个由不同信源所构成的信息网络。微博用户自主选择关注对象意味着每个微博用户都可以自主选择信源，通过选择信源的方式，来筛选出自己需要的信息，面对数以亿计的信息发布者，选出其中自己喜欢的、信任的、熟识的账号添加关注，类似于人们选择购买一份报纸、收看一个电视频道，浏览一个个人博客，选择感兴趣的信源，接收可能会需要的信息。

②选择性接触（搜索）。微博提供了海量碎片化的信息，用户若想快速锁定自己需要的内容，必然会用到微博搜索服务。微博搜索将社会化媒体的即时性和社交性融入传统的网络搜索中。

微博搜索与其他的搜索引擎一样，可以帮助用户锁定他们关心的内容；然而微博搜索又具备一些普通搜索类网站所不具备的特点：A. 微博搜索的结果主要是根据微博发布时间排序的，用户可以即时了解某新闻事件的最新进展；B. 微博搜索也可以根据微博热门程度排序，快速锁定与用户搜索内容相关的转发、评论数量最多的微博；C. 微博搜索提供的信息是出自不同来源的，包括当事人、媒体工作者、行业专家等，这种多维度的"报道"可以让受众全方位地了解事件的具体经过、舆论倾向以及社会各界对这一事件的评价和态度；D. 新浪微博搜索的默认排序方式会优先显示用户关注的账号发布的与所搜关键字相关的微博，体现了搜索和社交融合的理念。

③选择性传播（转发）。用户在微博上不仅可以发布原创信息，还可以转发他人发布的信息。微博转发功能也是微博裂变式传播模式的主要体现。

④微博公关。"微博公关"即企业或品牌借助微博平台所进行的推广或公关活动，包括宣传企业文化和品牌理念、发布促销或公关活动信息、提供即时的客户服务等。微博公关和微博导购应同属微博营销范畴，二者的区别在于，微博导购是直接在微博上发布商品信息及购买链接，希望直接通过微博导购提高商品的销量；而微博公关是通过企业或品牌微博的长期运营和维护，对微博平台中的消费者和潜在消费者产生潜移默化的影响。

选择关注某一公司或品牌微博的用户一定是对其比较感兴趣的用户，这些用户愿意主动关注与企业或品牌相关的信息，他们很可能是品牌的忠实购买者或潜在客户，对于企业和品牌而言，抓住这部分用户并为他们提供令其满意的服务显得尤为重要。

微博的公关优势主要可以体现在三个方面：A. 简短而碎片化的文本特点，让企业微博用户可以将其主要的文化和理念编写成便于阅读的小段子，分多次发布到微博上，看到这些微博的用户可能加深对企业或品牌的印象。B. 微博的高效传播可以让企业和品牌发布的活动信息快速覆盖到大规模用户，微博上随处可见活动信息，有很大一部分是企业或品牌发起的营销公关活动，或者是为了提高知名度（增加微博粉丝数量），或者是为了推广新产品、新服务，或者是为了带动线下活动等，这些都得益于微博的裂变式信息传播模式。C. 微博的即时性和互动性让企业或品牌给客户提供更周到的服务：首先，企业微博用户可以即时回馈用户的私信、评论和"@"，即时解答用户的咨询，解决用户遇到的问题；其次，企业微博用户还可以通过微博搜索实时监测与自己的品牌、产品和服务相关的微博，与发布微博的用户即时互动，提高用户体验，特别是针对微博上出现的负面信息，即时而恰当的回应可能将其负面效果降到最低程度。

（2）微博平台的主要价值

①新闻价值。微博给新闻当事人自己发言的机会，所以在突发事件报道和独家新闻发布中占有时间和准确性上的优势；微博裂变式的信息传播方式扩大了新闻传播的范围，提高了新闻传播的效率；微博多人协同的新闻生产方式让新闻一步一步逼近事实；微博时代的媒介环境是开放的，任何人都可以参与到新闻发布和新闻传播的过程中，在微博形成的公共领域里，用户的交往理性提升了。

第一，微博开创新闻发布的新格局。微博的信息源传播和信息二次传播均可实现零时间延迟。微博信息发布的便携性决定了微博在突发事件报道中占有优势，无须专门的新闻记者，现场的当事人可以直接将新闻事件的具体情况通过手机发布到网络上。微博简短的文本和方便的信息发布方式使得人人都可以成为微博的信息源，信息源的零时间信息推广机制保证了用户所关注的人更新了消息之后，系统可以自动将更新的信息聚合到接收者的个人主页当中，信息得到同步主动呈现。微博的一键转发功能促成了信息二次传播的零时间，使信息接收者接收信息、阅读信息、再转发信息的过程可以在极短时间内完成，几乎实现了信息二次传播的零时间延迟。

第二，微博提高新闻传播的效率。由于使用者众多，微博比传统新闻机构拥有更大的地域覆盖面，在突发性新闻事件的传播过程中有更强的优势。微博的裂变式传播模式提高了新闻传播的效率，信息在经过用户的多次转发之后，很可能迅速到达互联网的每一个角落。

②微博在紧急事件处理中的作用。用户在遇到紧急事件需要求助时，利用微博发布求助信息也是一个不错的选择。用户在微博上发布的求助信息，首先被他的粉丝看见，虽然粉丝可能不一定能提供直接帮助，但只要有粉丝帮忙转发求助信息，就可能让信息在短时间内被成千上万的人看到，信息在快速流动的过程中，很可能会遇上能够提供帮助并愿意提供帮助的用户。

③商业价值。微博的商业价值不仅体现于可以为运营商带来经济收益，对于

活跃在微博上的商业性用户群体而言，微博也可以帮助他们获得可观的收益。不同的商业性用户都是在利用微博这个平台开发或拓展自身的盈利模式，但是，对于商业性用户群体而言，微博平台的商业价值却体现在不同的方面，商业性用户群体可以利用微博获取利益的方式也各不相同。另外，普通个人用户也可以通过微博获利，虽然他们建立微博账号的目的可能不是为了挣钱，但是只要账号维护得好，也可以通过微博获得一些额外的收入。

④学习价值

第一，微博培养人们的学习兴趣。微博用户关注的都是自己感兴趣的信息源，所以微博提供给用户的信息大多是用户感兴趣的信息。兴趣是最好的教师，是人们主动学习、积极思考、勇于探索的内在动力。大多数人都有这样的经历，当对某一件新事物或某一学科特别感兴趣的时候，自己就会投入全身心的精力，带着极大的热情去学习它。微博正是以兴趣为主导，鼓励人们主动接触知识源，补充自己想知道的知识。同时，微博用户可以自主管理自己的信息源和知识内容，这有利于用户培养自主学习的能力。

第二，微博用户之间可以协作学习。在微博上，有着相同兴趣爱好的用户可能会就某一问题展开讨论，如在转发别人观点的时候加上自己的评述，或直接通过评论等交流形式与微博主讨论。微博中的微群功能就为微博用户提供了这样一个小组协作学习的平台，用户可以选择与自己兴趣相关的微群申请加入，加入微群之后，用户可以自由发言，与他人交流；也可以在浏览自己的微博时，将自己认为有价值的信息转发到微群，与微群成员共享；同时，当用户加入多个微群的时候，还可以将一个微群中的信息分享到另一个微群，拓宽信息共享的范围。

第三，微博支持移动学习。随着电信网、广播电视网、互联网的进一步融合，越来越多的人开始使用微博，再加上第五代移动通信技术（5th-Generation Mobile Communication Technology，5G 技术）的成熟，手机上网也越来越便利。人们可以利用平时上班途中、等人、会议开始前等零碎的时间，随时随地体验移动学习。用户通过微博形成的网络关系为问题的解决提供了很好的工具，而且将网络学习的群体扩张到全球的范围内。在微博上，用户可以随时和学习伙伴交流，也可以和专家学者交流。所以，微博满足移动学习的条件。

⑤社交价值。媒介的发展与社会的变迁密不可分，在传统社会关系中，人与人之间的关系主要建立在地域和血缘的基础上，最初的交流也是局限在相同时间和空间中的，人们主要通过面对面的互动来实现信息的传播。随着社会的发展，交通工具的出现让人们的远距离出行成为可能，随之出现的信件让身处不同时空

中的人们也能实现文字的沟通。工业革命之后，为了满足生产的需要，社会流动性增强，电报和电话的出现开启了电子传播时代，远距离的信息传播几乎实现了时间上的同步。近年来，随着移动通信技术和互联网技术的发展，人们越来越依赖手机和社交网络，借助于这些即时通信工具，人们可以很轻松地联系上远隔千里的亲朋好友。

媒介技术的发展让人与人之间的沟通交流越来越简单，但是媒介的中介性和人际交流中的亲密感有着天然的矛盾，与面对面的人际交流相比，通过手机和社交网站进行交流缺乏情感互动。不过媒介在不断演进的过程中，一直在为人们营造更好的在场感。

微博的传播过程很容易让人产生现场参与感，这不仅是由于它实现了零时间延误的实时传播，更在于微博内容形式的多样性。首先，微博的即时性让人们可以跟踪了解某一事件、比赛、活动的现场实况，这种实时报道可以增强受众的在场感；其次，虽然微博内容篇幅短小，但微博可以发布图片、音频、视频等，往往现场感突出，能较为生动地展现事件发生时的真实情景，容易让人有亲身参与感，这是由其多媒体的内容形式属性所决定的。由社会在场理论可以推出，微博传播淡化了媒介的中介性，拉近了用户之间的距离，增强了用户之间的亲密程度。

⑥娱乐价值

第一，微博给用户带来主体参与的快感。微博相对于博客最大的进步之处在于将合法性赋予更新的即时性和内容的碎片化。博客也可以短小，也可以实现即时更新，而微博将这种特点放大，甚至以此种特点作为标准，仰仗着此种特点而存在。这就降低了微博的用户门槛，更多的用户参与到内容生产和传播的过程中，很多人已经将微博作为记录自己生活的一种工具。随时随地分享自己的所见所闻、心情感悟，无论有没有人会关注，至少能满足自己言说的愿望；看看大家都在讨论的热门话题是怎样的，自己也参与其中发表一下自己的看法；在大家都在围观某一社会事件的时候，每个用户都可以有自己不同的见解，由于发言者众多，也无须顾忌自己的言论是否会有不良影响。

原先的传统媒体或门户网站都是将已经编辑好的信息推送给用户，用户只能选择接收或者不接收信息，却不能参与到信息生产和信息传播的过程之中。微博降低了参与的门槛、扩大了参与者的范围、增加了参与的渠道，为所有用户提供了一个平等的参与平台，而用户正是在这种自主生成信息、选择信息、传播信息的过程中获得了一种主体参与的快感。微博将博客、论坛、社交网站的参与性扩大了，编织了一个更大的平台吸引更多的用户共同分享主体参与的快感。

第二，微博让人享受角色之间的互动。人们在微博上所扮演的角色不一定是生活中的实际角色。在微博上，每个用户都可以制造话题，只要话题能够吸引其他用户参与讨论，话题的制造者就会成为暂时的、局部的信息中心。而在日常生活中，不是每一个人都能有这种成为信息中心的机会。有些人在工作中需要表现出自己严肃认真的一面，而在工作之余可能会在微博上发布一些轻松调侃的内容，既可以放松自己的心情，也可以让别人接触到他的后区生活，了解他性格的另一面。

微博的互动性低于通信工具和电话，用户发布的微博不一定都会收到回复、用户评论别人的微博，也不一定都能有回音。但这种不确定性会给人带来一种期望的心情，在期望之后收到的回复更能让人体会到互动的快感。也正是这种非强制性回复给人们交流提供了更多自由空间，降低了强制沟通的压力。所以，微博实现了用户角色的转变，也优化了角色之间的互动。

第三，微博增强了人们的虚拟体验。微博平台开放端口之后，用户可以接触到越来越多的应用，这些应用大多带有一定的娱乐性质或是能够增强用户的虚拟体验。例如新浪微博推出了微博的桌面客户端，可以同步更新微博、与互相关注的好友实时聊天、即时了解自己微博的动态，用户打开客户端之后最小化到电脑托盘，就可以去忙别的事情，如果收到了新的评论、私信、粉丝，客户端都会弹出窗口提醒。忙里偷闲的时候，用户也可以在客户端上浏览关注者最新发布的微博。

所以，微博用户享受的是一个参与的过程，用户参与信息的发布、信息的传递、信息的接收过程。无须过多地思考，也没有机会深入思考，只是以一种娱乐化的心情去面对浩瀚的信息海洋，选择性地接收、转发自己认为有价值的信息。

（3）微博平台与思政课教育的联系。加强学生微博的舆论引导和科学管理，是开展微博思政课教育活动的关键方面。积极传播，讨论与大学生健康相关，有利于大学生成长的话题；遏制负面消息，积极预防负面消息对大学生产生的不利影响；要有合格的风险评估系统，坚决防止负面能量的快速传播，及时追查或疏通与国家政策相违背或者和学校管理相违背的负面言论；督促学生删除或者停止转发不良言论。对于学生关注的突发事件或者焦点问题，要真诚准确地回答学生，引导他们正确的舆论走向，并和大学生站在统一阵线，用坦诚的态度，和大学生进行良好互动，是完成思政课教育工作的重要一部分。

微博是为高校群体交流互动所准备的一座枢纽和桥梁，大学生可以通过微博方便快捷地沟通交流，在沟通的过程中形成正确的价值准则和行为规范。调动大学生参与的积极性，也提高思想教育工作者的参与程度，增大思想教育工作者的公共影响力，从而轻松开展思想工作及政治教育。

（五）智慧课堂模式

1. 智慧课堂提升思政课的传播能力

智慧教室是提供智慧课堂的重要场所，与传统思政课教育不同的是，智慧课堂打破了传统单方向传授的束缚，它是通过互联网高新技术全新打造的现代智能化教学模式。其中包括以前教学中没有的自动考勤、视频拍摄、一体化多媒体设备等，这些新型的教学系统与工具都可以进一步提升高校思政课课程的教学效果。

智慧课堂是指借助智慧教室以及各种智能化的教学工具所打造的全新教学，教师可以通过提前录制好的视频，再搭配上各种学习平台的学习资料，最终汇总成永久式的教学视频，以供学生参考与学习。这种教学形式不仅可以提升教学课程的质量，还能够节约教学成本，这种共享式的教学视频可以为他们的学习提供极大的便利，使教师与教师之间、学生与学生之间都可以进一步的沟通与交流。智慧教室为教师提供了非常好的教学平台，教师可以在智慧教室顺利地完成翻转课堂、实践性课程等。智慧教室不仅可以完成信息的采集工作，还能够使资源得以共享，营造轻松、高效的教学环境，从而充分调动学生的学习兴趣以及学习自主性，还能够为学生提供优越的教学服务，最终达到最佳的教学效果。

智慧教室最大的优势在于它可以完成远程教学，通过直播的方式来提升信息的传播能力。智慧课堂的优势在于可以进行信息的互通、资源的共享，这使得不同学校的学生可以共同学习。这种跨区域的听课方式，并不是单纯的教学视频，而是教师的真实授课过程，这样更有助于学生更快地融入课堂和深入课堂，对于众多的热点话题、国家大事能够共同探讨与解读。智慧课堂采用的是大数据存储，将学生的学习体验放在首位，教学活动与教学理念基本保持一致，对学校的发展以及学生的成长起到了很大的推动作用。

智慧课堂之所以可以提升高校思政课的传播能力，是因为智慧课堂可以完成教学资源的深度共享，还可以进行系统的教学评价。这种资源的共享可以使学生与教师之间完成零障碍沟通与交流，翻转课堂、分组教学的实现极高的提升教学效果。智慧课堂的形式可谓是多种多样，常见的有：视频直播、分组讨论、小型讲座等，这些形式对于思政课课程产生了深远影响。思政课课程的传播能力大幅提升，过程性评价不断完善，教学数据的高度集中，模块化、分类化教学资料唾手可得，满足了大学思政课教育工作开展的一切要求，而且学生对于思政课课程的理解以及感悟也有一定的提升。

2. 互联网时代大学生智能思政课教学模式

高校思政课的不断完善，为高校思政课教育课程的教学革新提供了新的思路与模式。"名师示范课"的全面推进，培养出一批又一批卓越的思政课教师。智慧课堂完全打破传统思政课教学的束缚，将教学的实效性大幅提升。在中美贸易不断发生矛盾的今天，智慧课堂更是扮演着至关重要的角色，因为只有当思政课的内容真正传达给学生，才能够达到预期的教学效果。除此之外，还需要将单一的思政课课程与育人紧密联系在一起，要让思政课内容逐步渗透进学生的学习生活中，让思想教育感化学生。

智慧教室另一重要功能是可以完成全面并且系统的过程评价，将备课、讨论、探索等众多环节中所发展的核心内容加以整理，不断提升思政课的教学质量以及传播能力。智慧课堂的核心内容是"为思政课教学改革创新提供新的模式，实现思政课由教材体系向教学体系有效转化，提高思政课理论教育教学的实效性"。显而易见，提高思政课课程的传播能力在高校思政课教育中显得十分重要，智慧课堂极大的促进思政课课程的传播，在一定程度上还推动了思政课教育的发展。

（1）智慧课堂建设的指导思想。之所以要不断提升思政课课程的传播能力，是因为培养出一批又一批能适应社会发展、能够为人民以及社会服务的有志青年，让他们能够深刻地认识到中国的国情，敢于肩负时代重任，将自己的青春奉献给国家，努力实现中国梦。

智慧课堂的形式多种多样，这也使得思政课课程的内容也相对充实。智慧课堂将思政课课程中所需要的资源全部进行了网络共享，以中国大学慕课（MOOC）学习平台为例，其中含有多种版本的思政课课程，如：思修这门课程，慕课平台上有宇文利版、余双版；《中国近代史纲要》这门课程，慕课平台上有王久高版、治文版等。智慧课堂正是通过这种线下录制、线上教学的方式，进一步提升思政课课程的传播能力，提升思政课课程的教学质量，弘扬优秀的思想文化观念。

（2）智慧课堂建设有利于教师夯实理论基础。高校思政课课程的宣传在思政课教育工作中占据重要地位，这也是思政课教育的首要任务。而智慧课堂可以充分发挥网络以及媒体的作用，使得教师在理论教学中更加轻松、高效。智慧课堂实质上具备一定的创新以及思想沉淀，这是社会主义思想与意识所决定。智慧课堂也存在一定的不足，如审美以及艺术方面都可以进一步完善，课程的内容应当与时俱进、实时更新，尽可能与社会发展同步。正面宣传是提升思政课教育工作的最佳途径，可以传播中华民族的优秀历史文化、社会主义思想等，对于学生的政治素养与思想品德都会起到一定的促进作用。除了需要进行正面宣传，还要进行负面打击，充分发挥网络舆论监督的功能，对于违反者予以严肃处理。

无论思政课课程的教学形式如何变化，最后都会落在解决教学内容与方法二者的关系上，高校的思政建设情况完全取决于二者关系的处理情况。智慧课堂主要是加强思政课教师的基本功，提升思政课教师团队的思想意识，重点推进理论内核的建设工作。师资队伍对于思政课教育而言十分重要，智慧课堂的完善离不开师资队伍的全面建设，教师应逐步重视课堂的考核与嘉奖方式，鼓励学生深入研究并且不断探索，应当将思政课课程的核心内容、重要理念传授给每一位学生。

随着信息时代的到来，借助于网络以及媒体的力量，完全可以继续深化教育教学改革，将思政课课程的内容不断进行完善与扩大，要让教师有教学的依据，要让学生有学习的目标。不断增强思政课教师的教学能力，以培养学生的主观能动性与社会实践能力，使学生将思政课课程的理论知识与实践完美结合，最终达到最佳的教学效果。思政课教师应当充分发挥智慧课堂的优势，合理利用教学资源以及辅助教学设备。

（3）智慧课堂建设有助于思政课话语体系的构建。智慧课堂具有强大的信息存储能力以及互动性，思政课课程所体现思想性与政治性要求思政课教师在使用智慧课堂时特别注意，教师应当树立正确的政治观念与道德品质，只有这样才能够构建高校思政课话语体系。实事求是话语体系建设的基础，也是核心。

高校思政课课程不仅需要实事求是，还应该进一步弘扬中华民族优秀文化，认真剖析中国国情，让学生以实事求是的态度并利用话语体系来解决国家政治事件以及热点话题中所滞留的各种问题。当代社会对于大学生们能否讲好中国故事十分重视，这也是思政课教育的最终目标，让学生传递中国力量、讲述中国故事。智慧课堂的线上互动功能为明确文化内涵提供了可能。弘扬中华民族传统美德以及优秀文化都离不开民族精神的确立，为了能够实现中华民族伟大复兴的宏伟目标，思政课教育更要重视对于学生中国时代精神的培养。

（4）智慧课堂建设能够提高思政课传播能力的推动机制

①生产机制。生产机制主要体现在教学内容的创新以及矛盾生产上，智慧课堂对于教学最大的贡就在于为教师的教学提供了技术支持以及海量教学资源，这都极大地方便了教师的授课以及学生的学习。教师可以凭借这些丰富的教学资源，不断改进教学方法以及教学形式，进而提升教学质量。教师绝不会生搬硬套，更不会抄袭，绝大多数教师会借鉴并且创新，带给学生全新的上课体验。这里所谓的生产机制是为了更好的帮助教师明确教学目标，提供新的教学理念，逐步让中

华民族的优秀文化渗透进思政课教学中，让思政课教育扮演着文化传播使者的重要角色。

②传播机制。传播机制在提升高校思政课传播能力的推动机制中占据重要地位，它主要体现在思政内容的传播以及阅读方面。伴随着信息时代的飞速发展以及时代大数据的到来，网络以及各种媒体为思政课课程拓宽了传播渠道，并且促进其不断发展，但是这也带来了碎片化阅读这一严重问题。因此，高校在传播思政课课程内容的过程中，需要充分发挥大数据的优势并且采用数字化的传播媒介，这样才能够更好地引导学生调整其生活方式以及思维方式。众多学习资料以及教学资源，可以不断拓宽学生的眼界，增长学生的见识，进一步提升学生的政治素养以及道德品质，让当代大学生成为民族的希望和社会主义的优秀接班人。

③发展机制。在提升高校思政课传播能力的推动机制中最为重要的一大机制则是发展机制。发展机制主要体现在艺术与商品之间的矛盾上，将思政课课堂结合众多高雅艺术、流行元素以及商品文化，即把智慧课堂打造得更加具有创造性，凭借课堂的创新优势来提升思政课课程的传播能力。思政智慧课堂的另外一大优势在于它可以将教学内容与模式完美融合，并且还能够对教师的教学资料与备课内容进行系统的检查。无论是凭借教学资源的优势，还是其功能优势，都可以提高思政课教育的教学质量，还可以进一步提升教师的教学水平以及政治素养。翻转课堂这一新型教学模式的实现离不开思政智慧课堂的全力配合，这也是不断推进智慧课堂全面建设的原因所在。

④影响机制。影响机制作为推动机制中最后一大机制，主要体现在课程内容的整合与推翻的矛盾上。多元整合是高校思政课课程具有一定影响力的重要体现，所谓的多元整合是将教学资源、模式、方法统一与整合。对于高校思政课教师而言，他们需要树立良好的政治素养、道德品质，还需要具有明确的教学目标以及特色化的教学模式，学习使用先进的教学设备或技术，努力提升高校思政课课程的传播能力，进而全面培养学生的思政课素养，共建文明和谐社会。只有将思政课教育的教学水平进一步提升，才能够更好地优化思政课课程的教育环境与平台。除此之外，要不断完善思政课课堂的监督机制，让思政智慧课堂成为学生学习思政课课程的强大推力。

（5）智慧课堂建设拓宽思政课智慧课堂的实践。在中国特色社会主义思想的领导下，各大高校越来越重视思政课课程的实践活动。这是为了贯彻落实思政课教育改革，在进行思政课教育的过程中，提升学生的政治素养以及道德品质。

在建设高校思政课智慧课堂的过程中，首先需要确立保障机制，打造轻松、愉悦的教学氛围，加大思政课课程的宣传力度；其次还需要坚持以人为本，深入剖析课程内容，鼓励并倡导学生参与有关思政的实践活动；最后则是完善思政课课堂的监督系统与评价系统，将工作重心放在建设高校思政课智慧课堂上。总之，要合理利用网络资源，重视思政课课程的传播，搭建全网互联的政治治理体系。

3. 信息化背景下思政智慧课堂的发展

（1）信息化背景下创新思政课的必要性。信息技术的发展和进步推动教学工具的更新，在如今的教学课堂中，各种新型教学手机软件（Application，App）和工具广泛应用，思政课教师们也不断更新自己的教学理念和教学方式，用虚拟仿真（VR）、增强现实（AR）和三维等科学技术替代以往的板书教育，让学生身临其境，加深对教学内容的记忆，增强教学效果。特别是人工智能等信息化技术的发展，也让思政课的任课教师焦虑自己会被替代。可见，不论对教学课堂还是任课教师，信息技术的发展都给思政课教学带来了莫大的机遇。在今后，思政课教学的智慧化、智能化发展将对高校思政课课堂教学内容、教学方式和任教教师产生巨大影响。

思政课对人们的价值观引领作用不断减弱。为了改变这种不利的局面，作为教学主体的高校思政课任教教师应该对其中的缘由进行研究和分析，并提出相应的举措解决问题，反思在信息化时代如何上好思政课课程让大学生获益。大学生对手机的依赖性不断增强，导致课堂教学效果不佳，他们上课不再以教师为中心，注意力大多在手机上。充满娱乐性、趣味性的手机和理论性、政治性较强的思政课课堂形成鲜明的对比，如何降低手机对学生的吸引力、增强课堂的趣味性是当下思政课教师难以解决的问题。

在课堂上，手机和教师都是传播渠道，它们作为竞争对手争夺学生这个受众群体，目前而言，手机的竞争优势更强。

创设教师、学生多中心的新形式，充分发挥手机作为互联网传播渠道的作用，将其与智慧课堂的理念相结合，用移动互联网的理念创新教学形式和教学内容，吸引学生的兴趣。

（2）思政课智能课堂模式的发展趋势。智慧课堂与思政课之间衔接和融合程度如何，与未来一段时间互联网技术和信息化技术的发展进程息息相关。近年来，人工智能技术成为信息化技术领域的新技术，受到越来越多的关注，也吸引了许多人进入这个行业研究相关的落地产品和解决方案。智慧课堂 App，比如豌豆荚和微助教，以人工智能为基础，将 VR、AR 和 3D（三维，3-dimension）技术融合并应用到思政课课程的教学中。这样不仅改变了传统的教学模式，而且通过移动互联网客户端和学生实现了课前、课中、课后三个阶段的实时互动，进一步扩展了思政课教学的广度和深度。

在信息化时代，随着互联网技术和人工智能技术的不断发展和广泛应用，未来智慧课堂将会给思政课课程的教学模式带来巨大的改变，任课教师的教学理念、教学方式都会主动或被动的受到影响，得以改变。这要求任课教师的教学理念必须跟上时代的发展步伐，通过加强对互联网技术的了解和自身教学能力的提高，充分认识到思政课教学发展的必然趋势是和智慧课堂的结合，尝试主动了解并接受这种新型教学模式，主动改变自己的教学理念，提升自己运用新模式的能力。

当然，思政课课程的任课教师应该对新教学模式进行更深入的思考，而不是局限于新的教学手段和教学内容的应用，应该不断思考如何利用新的教学模式和教学工具实现教学目标。其中要特别强调，不论是智慧课堂 App 还是其他信息化手段在思政课教学中的应用，这只是改变了教学工具和手段，思政课课程设立的最初目标并未发生改变。课堂上抬头率的提高是为了获得更好的教学效果。

（3）构建良好的网络思政课教育系统环境。大学生网络思政课教育的生态环境既包括内环境，也包括外环境，本书以系统内的生态环境为基础，将促进网络思政课生态化的重要推力分为三种环境，分别是网络技术环境、网络社会环境和网络文化环境，由此促进网络思政课教育生态环境更加全面。

①构建高校网络虚拟环境。高校网络虚拟世界为有序开展大学生网络思政课教育实践活动提供了虚拟环境，在这一虚拟世界中也要加强社区建设，通过对社区的思想管理，引导学生的思想行为。首先要根据班级类型的不同建设不同的网络虚拟社区。将网络社区按照班级类型分类，可以加入腾讯 QQ 群、微信群、博客圈等形式多样的网络交流社区，可以利用贴吧、班级共享留言板等网络平台，积极开展班级集体实践活动，加强学生之间或学生与教师之间线上线下的交流互动，为形成良好的高校网络思政课系统打下基础。其次是形成和谐友好的虚拟社区文化氛围。让学生在虚拟和现实之间找到平衡点，不过度沉溺于虚拟世界中。最后要将"因势利导"和"造势利导"相结合，充分利用"因势利导"的优点处理不同问题。

②构建网络文化环境。大学生网络思政课教育受到网络文化重要影响，所以建立和谐的网络文化生态环境对大学生网络思政课教育工作十分重要。首先要对网络文化进行人文关怀。支持技术自主创新，把人文价值放在首要地位，平衡人文和技术之间的关系。其次要在传授知识的过程中培养学生的科学价值观。掌握知识性理解和价值性理解之间的关系，在大学生网络思政课教育活动过程中，要

将"价值认识的形成依赖相关真理"作为基本规律，帮助大学生树立正确的价值观。最后要强调"软性传播"。根据学生当下的生活习惯、心理认识和认知特点等因素调整大学生网络思政课教育方式，拉近与学生之间的距离，普及大学生网络思政课教育。

③构建校园网络安全管理模式。构建校园网络安全管理的立体化模式需要从硬件和软件两个方面入手，建立硬件方面的制度管理和技术创新机制，以及培养软件方面的人才和管理上网行为。首先要为学生提供良好的硬件设施，为网络的正常运行建立相关规则制度，促进各项工作环节有序运行；利用相关网络技术加强网络安全管理，如防火墙技术、防病毒入侵技术、入侵检测技术等；其次是提高软件技术水平，为校园网络安全管理配置专门的人员，这是网络安全重要前提；要规范学生的上网行为和习惯，增强在网络世界的主人翁意识，为构建文明健康的网络世界贡献一分力量。

（4）搭建思政课教育网络信息平台。要搭建灵活的思政课教育网络信息平台，促进其更加清晰明了、易于理解、方便快捷。解决大学生获取信息资源过程中遇到的困难，让大学生快速、便捷地找到需要的信息资源，缓解他们的"信息焦虑症"。

①为思政课教育建立专门的主题网站。应该通过总结其他网络平台的信息资源，将教育信息与其他信息优势互补，使学习内容更加丰富多样，为学生提供知识容量较大的学习资料库，让网络思政课教育更加普及，吸引更多人的关注。另外，在网络规范方面，要普及道德教育、公民教育、"三观"、爱国主义教育等，为学生提供心理咨询和讨论交流的平台，让学生和学生之间、教师与学生之间更好地沟通和交流。

②建立网上思政课教育图书馆。互联网的快速发展为网上图书馆的建设提供了便利，极大地促进了信息资源的普及和利用，是将思政课教育知识作为内容、组织信息资源的形式。与普通的搜索引擎相比，思政课教育网上图书馆设有专题和专门的学科内容，而且包含丰富多样的信息，主要有会议论文、电子书籍、学术期刊等。大学生如果想要获取较为系统、权威性较强的思政课教育信息资源，可以查阅思政课网上图书馆。

总之，要想实现大学生网络思政课教育生态系统的平衡和持续健康发展，就需要教育者和受教育者二者与大学生网络思政课教育环境之间相互配合，共同发展，并与其他推力相互作用。

三、"大班教学、小班助教"教学模式

（一）"大班教学、小班助教"教学模式的重要性

高校的"大班教学、小班助教"的教学模式是思政课教学改革的一次创新，这种教学模式建立"大班教学小班讨论"的教学模式之上，对于高校、任课教师、助教本人和大学生都有重要的意义。

1. 缓解高校师资紧张，提升教师科研能力

该教学模式是由思政教育专业本科生负责小班助教的工作，搜集资料，掌握学情，批改作业等，然后把整理好的结果汇报给任课教师。这样的教学模式不仅可以缓解教师的紧张，而且还有效节约了教师的授课的时间成本，教师可以充分利用空闲时间开展科研工作，以研促教，教研相长。

2. 锻炼助教教学技能，提高助教综合素质

"大班教学、小班助教"的教学模式的一个亮点就是由思政教育专业的本科生作为高校思政课的助教，助教在这种教学模式中，不仅仅可以使自己的师范教学技能有所提高，而且还通过准备教学材料，组织班级讨论，解答学生疑问，处理突发事件等工作内容，锻炼到自己的综合能力，提高自身的综合素质，为以后走进工作岗位奠定基础[1]。

3. 夯实学生基础理论，落实立德树人任务

高校思政课课程性质的特殊性，决定了它不仅仅是一门知识传授课，更是一门德育课程，教师大班授课的过程中，把基本的知识理论传授给学生，然后让学生在理解的基础上通过小班助教或者自媒体去反复的分析问题、解答问题、处理问题，才能由知过渡到行，进而上升到信，完成立德树人的任务，关注学生综合能力的发展。

（二）"大班教学、小班助教"教学模式的实施方案

1. 思政课的任课教师是大班授课的主导

一堂精彩的课堂的演绎离不开任课教师的主导，虽然现在思政课的教学创新很多时候更多地要求学生参与到课堂中来，但是教师仍然是课堂的主导，教师就是搭建舞台的"工人"，舞台的高度和质量是由任课教师决定的，但是舞台上的表演是精彩万分还是平平淡淡这是由学生这群演员的实力决定的，这就客观上要

---

[1] 王红向.浅析思想政治理论课"大班教学、小班助教"的教学模式[J].课程教育研究，2018（13）：91.

求了教师应该充分重视大班授课这个流程。

任课教师需要把基本的理论知识和重点的内容教授给学生，而且还需要把最新的时事政治与思政课的知识点结合起来，让学生掌握基本的理论知识，理解知识的来龙去脉，从而才能掌握学习的内容，为小班助教的展开打下坚实的基础。

2. 思政教育专业的本科生是小班助教的操作者

小班助教绝对不仅仅是班级讨论的一种形式，随着"互联网＋"的到来，高校的思政课应该充分利用"互联网＋"这个手段，利用微博、微信、QQ 等自媒体的教学形式与传统的班级讨论的教学形式结合起来，这个过程中，助教的责任任重而道远。

高校可以充分用思政教育专业优秀的本科生作为思政课的助教，这种本科生助教对于小班讨论的展开和自媒体学生的讨论答疑都是可以胜任的，再者本科生助教和思政课的授课学生年龄相仿，不仅仅可以辅助理论知识，同时也可以展开同龄人之间的亲密交流，更加重视大学生的思政教育工作。本科生助教作为任课教师和大学生之间的桥梁，保障了"大班教学、小班助教"这种教学模式的顺利进行。

3. 大学生是"大班教学、小班助教"教学模式的主体

一堂精彩的舞台表演离不开表演者的积极参与，所以"大班教学、小班助教"教学模式的顺利开展，需要充分发挥大学生这个群里的积极参与性。

任课教师在大班授课的过程中，大学生应该认真听讲，明确学习目标，在理解的基础上才能够继续深思，大学生平时利用最多的自媒体如何与思政课之间达到有效地结合，让学生能够在网络中轻松学习，畅所欲言，针对自己的所思、所惑，在小班讨论中与同学和助教之间进行交流探讨，这个过程能够跳跃成功，需要大学生的参与程度，因此，大学生是"大班教学、小班助教"教学模式的主体。

第三节　高校思政课教学的实践管理

一、实践教学的实施方案

为适应学校人才培养的总体目标，探索思政课教学与通识教育相结合的发展方向，更新教育观念，思政课实践教学着眼于引导和帮助学生，树立正确的人生

观、世界观和价值观，坚持主渠道和多途径相结合，充分调动教和学的积极性；坚持理论联系实际的原则，密切联系当代中国的实际和时代的发展，着眼于提高教学效果，加强思政课实践教学，增强思政课教学的针对性、实效性、说服力和感召力。

（一）组织机构

1. 领导小组

成立以校党委为领导的实践教学领导小组。校党委书记或者主管副书记任组长，主管教学的副校长、党委宣传部部长、教务处处长和思政课部主任为副组长，二级高校的系党总支副书记为组员。领导小组为思政课实践教学的领导机构，负责全校的思政课实践教学领导工作。

2. 管理机构

教务处为全校思政课实践教学的职能管理部门，负责审批思政课实践教学计划，协助联系建设学校思政课实践教学基地，审核思政课教师实践教学工作量计算办法，实践教学课时按实际工作量计算课酬，课酬不低于理论课时的标准，下达思政课实践教学的经费指标，检查、督导、协调全校的思政课实践教学活动。

3. 指导部门

思政课部为思政课实践教学的组织指导单位，负责思政课教学计划中有关实践教学内容的修订落实，制定学校思政课实践教学的实施方案，审核二级高校实践教学计划，检查、督导、指导思政课实践教学指导教师（二级高校辅导员兼任）的实践教学活动，审核实践教学的经费使用，总结评价实践教学效果等。

4. 实施部门

各二级高校（系）负责思政课实践教学具体工作，成立二级高校（系）思政课实践教学领导小组，负责辅导员管理的党总支副书记任组长，教科办主任为副组长，教科办成员为组员，领导小组设在教科办。思政课实践教学纳入二级高校人才培养方案，统一管理实施。思政课实践教学指导教师，由二级高校辅导员兼任，负责所管理的学生思政课实践教学指导，履行教师职责，享受思政课兼职教师待遇，包括课时计算和兼课的课酬津贴[1]。

5. 协助部门

教务处、团委、学生处和学校后勤部门，要积极配合、协助有关系（部）开展思政课的实践教学活动。

---

[1] 甘玲.践行渐悟高校思政课实践教学的探索与实践 [M].燕山大学出版社，2017.

（二）实践教学指导教师实施方案

辅导员是高等学校教师队伍的重要组成部分，是高等学校从事德育工作，开展大学生思政课教学的骨干力量，是大学生健康成长的指导者和引路人。高校承担思政课实践教学的队伍主要是两支：一是思政课专职教师，二是辅导员队伍。在高校中，辅导员主要负责学生的思想教育工作和管理工作，应把思政课实践教学同辅导员对学生的日常思想工作结合起来，充分发挥思政课教师队伍与辅导员队伍"教辅结合"的优势。

1. 辅导员承担思政课实践教学的优势

（1）辅导员的作用。辅导员作为承担思政课实践教学的主要力量，与思政课教师形成教育合力。辅导员与思政课教师作为高校思政课教学的两支重要力量应有机结合从而形成强大的教育合力，由专职教师负责思政课的"第一课堂"教育，辅导员负责"第二课堂"教育。

（2）将思政课教学贯穿于育人全过程。辅导员的本职工作应该是思政课教学。而在现实工作中，辅导员从"思政课教学工作者"变成了学生的"保姆""办事员"，工作时间和精力大部分都耗在繁杂的事务之中。辅导员担任思政课实践教学指导教师是其本职工作的回归。

（3）促进理论知识与社会实践的紧密结合。辅导员对学生家庭情况更加了解，便于调动其家长所掌握的资源，开拓实践教学新渠道。

（4）发挥辅导员的组织管理能力优势。辅导员有发动学生参与实践教学的组织管理能力和条件。

（5）完善辅导员的知识结构。辅导员在指导思政课实践教学过程中，不断地提高自身的政治素养和业务素养，逐步完善自身知识结构。担任思政课实践教学指导教师，有利于辅导员理论水平的提高，科研能力的提升。

大学生的思想政治素质如何，与辅导员的思想政治素质也有着直接的关系。辅导员要准确地向学生传播党的路线、方针和政策，这需要通过不断学习掌握较高的理论知识、较精深的人文社会科学知识，才能在实践教学指导中对学生形成较强的吸引力。

2. 辅导员承担思政课实践教学工作待遇

（1）承担思政课实践教学的辅导员享受兼职教师待遇，在教师系列职务评聘、评先评优等方面，与专职教师一视同仁。

（2）课时计算。按实践教学规定的 60 学时，大班教学乘以相应系数计算。

（3）课酬计算。根据学校有关规定，按行政兼课教师计算，无基本课时量，由辅导员所在院（系），根据辅导员的专业技术职务等级统一计算发放。

（4）鼓励并支持辅导员结合大学生思政课实践教学开展教学研究，不断探索和创新大学生思政课实践教学的思路和办法。

（5）鼓励并支持辅导员参加培训、进修，不断提高辅导员的思想政治素质和业务素质。

3. 辅导员承担思政课实践教学工作评价

辅导员承担思政课实践教学工作的评价，由二级高校（系）组织，于第五学期进行，采取自评（30%）、学生评价（40%）、二级高校考评小组（30%）相结合的形式。主要评价下列内容：

（1）思政课实践教学计划完整、规范，教学进度、内容按授课计划与思政课实践教学大纲进行。

（2）学生实践活动内容合理，及时认真完成规定的实践指导任务；按时结束实践课程，登录学生成绩，成绩单填写规范，给分合理，上交及时。

（3）积极参与校内外思政课实训基地建设，积极联系学生思政课实践教学单位（有协议或学生已到单位开展思政课实践活动）。

（4）主动承担思政课实践教学改革工作任务，进行教学方法及教学内容改革，提交完整材料，开发思政课实践教学新项目，项目并得到院（系）认可和应用。

（5）为人师表、教态和蔼，结合课程内容进行育人教育，指导学生社会实践活动，主持校园实践活动，为学生做专题教育和素质教育讲座等。

（6）积极参加思政课教学团队组织的各种会议和活动，交流思政课实践教学经验，完成科研工作任务。

二、实践教学的评价

实践教学评价是依据社会的发展需要和教育活动开展的实践条件，确定教育目的；根据教育的目的、教学对象和从事教育事业人员的愿景、需求以及当前所实施的规章科学制度，构建出以评价目的为中心的评价体系，并依此开展评价活动。

（一）课堂实践教学评价

课堂实践教学评价指的是在系统、有效、全面整合分析课堂教学环境的基础上，判断课堂教学的价值。这样实践的目的能够帮助实施课堂教学改革、提升课堂教学的效率。教学形式指的是以教学理论为实践基础，实现规定的教学目标。这样的教学形式不仅是一种教学手段，还是一种教学原理、教学目的、教学任务、教学对象、教学过程，是一个系统、有效、科学的操作形式。

1. 以学生为主体

"以教师为主体"还是"以学生为主体"，是区别传统课堂教学与课堂实践教学的主要依据。一般课堂教学，无论是理论讲授，还是案例教学，大多是以教师为主，学生处于次要的地位。实行课堂实践教学，就是要实现一个由"以教师为主体"到"以学生为主体"的转变，突出学生的主体地位。但是，强调"以学生为主体"，并不否定教师在其中的地位。相对于学生的主体地位而言，教师起着至关重要的组织与引导作用，是完成课堂实践教学的重要保证。

2. 精心组织准备

要想对课堂中的突发状况有针对性地设计出解决方案，一方面要对课堂教学各方面的细节问题都进行仔细考虑，另一方面要对学生的认知偏差提前做好了解，这样才能使课堂的教学质量得到保障。

（1）教师要精心准备教学内容。教学内容是课堂教学能否完成预期目标的关键。因此，教师除了要熟悉教材之外，还要熟悉学生，只有这样，才能选出最有教育性与针对性的内容来让学生学习。

除此之外，因为课堂教学具有一定的局限性，所以导致其具有规模较小、时间较短等特点，因此，实践教学要精心设计，充分准备。首先，根据教学的内容设置教学主题，要求简单明了；其次，以教学内容为基础，确定教学形式，要求能表达教学内容；最后，确定实践教学的方案，要求教学时间为一课时。

（2）教师要认真安排教学环节。教学环节的安排是教学课程能否完成预期目标的基础。因此在上课之前，教师应该提前做好实践教学的准备，包括两个方面：第一，上课之前需要将本课讨论的材料分发给学生，让学生在课前进行阅读；第二，讨论之前根据学生的人数将其分为四到五个讨论小组，每个小组须选出小组代表，全班一起交流讨论结果。就教师而言，需要做到的是尊重学生、鼓励学生，适当的时候帮助学生总结，提高学生的自信心。

（3）深入讨论和延伸阅读。深入讨论和延伸阅读就是在学生讨论的基础上，教师又提出新的问题，引导学生再次进行讨论，这在教学实践中至关重要。教师通过对学生讨论结果的评价引出新问题，并与学生深入探究问题，将使学生记忆更深刻，然后指导学学生完成学习报告，进一步巩固学习的效果。

3. 课堂实践教学驾驭

（1）监督学生课前学习的进度。教师要对学生课前的学习状况以及学习中的问题做一个全面分析，多与学生交流沟通，引导学生学习。教师可以在上课之前围绕教学目标提出一个问题，并进行课堂讨论。然后就是学生的学习和准备。学生在解决问题时可以查阅资料，做好相关笔记；学生也可以提出自己的问题。

（2）监督、引导、帮助学生学习。一些学生的学习兴趣不高，主动参与感也不强，所以对他们进行引导是很有必要的，会直接影响到课堂教学实践的质量。通过课堂讨论和学生的学习情况，记录学习报告，总结出实践教学的经验，让知识学习转变为能力培养。

（3）抓住课堂节奏，调节课堂氛围。在课堂讨论环节，教师应该做好相应的管理和辅助工作。首先是提出问题，让学生围绕着问题进行讨论；其次是抓住课堂的节奏，调节课堂氛围，提高课堂讨论的质量；最后是鼓励学生发表观点和看法。

（4）激发学生的创造力。教师在教学的过程中，应该关注到每一位学生，从分类关心、分类引导、互帮互助的角度出发，创造出积极和谐的课堂氛围。尊重学生还可以看作是鼓励、欣赏学生。应该找到恰当的切入点对学生进行鼓励和欣赏，激发出学生学习的动力。欣赏不仅体现在学生的学习成绩、努力的态度或者是学习中的进步等，还应该体现在学生的独立创造性、爱好兴趣和长处，欣赏学生敢于质疑的能力和对教师的超越，欣赏学生的创新能力。在这样的教学氛围下，课堂实践教学质量才能稳步提升。

（二）社会实践教学评价

社会实践是高等教育的重要组成部分，很多高校已把社会实践列为学生的必修课。建立科学的社会实践效果的评价指标体系，对大学生社会实践效果进行科学合理的评价，不仅有助于增加大学生进行社会实践的积极性和主动性，真正达到对学生综合素质进行培养的目的，而且促进社会实践教学的不断完善和良好有序发展。

1. 大学生社会实践教学评价指标

大学生在社会实践中的发展需要一个科学的判断体系，可以从教育评价理论出发，运用恰当的评价方式来完成，这样一来，学生在评价过程中能够充分认识自我和发展自我。参考大学生群体在社会实践教学中的规律特点，并使用德尔菲专家征询法，采纳学校相关部门负责人、高校管理学生群体的书记和学生辅导员、学生群体的意见，根据社会实践经历下教育体系的原则要求，确定最终的综合评价指标体系。这样的体系是从社会实践的结果、实践对象的收获、多个对象的评价三个角度建立起来的。

2. 实践者的成长发展

社会实践教学是为了提高学生的综合素养以及多方面的能力，根据这个指标能对大学生竞争力方面受到的教育进度进行一个实时的考核。

（1）团队合作意识。分析学生的集体观念和分工合作精神，每一个成员在社会实践中都很重要，他们应该各司其职、合理有序地完成所有工作，从而具备相应的团队合作精神。

（2）社会责任感。学生通过社会实践活动可以培养社会服务的意识，认识到自身所承担的责任和义务，并树立起对社会的责任感，为社会发展和进步做出自己的贡献。

（3）专业知识强化。社会实践活动能把在学校学到的专业知识和社会实际联系起来，学生在这个过程中能不断地检验自己的专业水平，在一定程度上加强自己的专业实力。

第三章　高校思政课教学改革中虚拟仿真技术融合建设

运用虚拟仿真技术，增强高校思政课教学的吸引力和实效性，成为教育改革创新的必然趋势。本章对高校思政课教学现代化改革、高校思政课教学改革中的VR 技术的理论依据、高校思政课教学平台中的 VR 技术融合、高校思政课教学中的学习框架创新融合进行论述。

第一节　高校思政课教学现代化改革

一、高校思政课教学的现代化机遇

（一）促进高校思政课教育观念转变

1. 思想解放，富有开拓创新精神

在各种思想共存、人们思想开放的社会转型阶段，学生比过去更能接触到多种文化，同时也更有团结以及创新意识，这对于他们突破传统观念、开阔视野具有极大的价值。

2. 主体意识与竞争意识增强

在社会转型的背景下，"后勤社会化""灵活学分制""自主就业、双向选择"等成了高等教育扩招后的新方向。较之过去，当代高校学生更加具有判断力，更加具有主体意识，面对复杂的社会新问题，他们并不盲目跟风。对于自身，他们用一种新的视角重新审视自己以及自身所处的周围现象，这点是可喜的。在市场经济体制影响下，优胜劣汰的竞争机制充斥在社会各个领域，并对社会各个层面都起着巨大影响力，高等教育也不例外。在激烈的竞争环境下，学生更注重自身的创造力和应对能力的提高。

3. 价值取向多元化

自全面开展社会转型以来，人们的就业观念在市场经济的影响下发生了很大的变化。具体而言，传统的血缘以及地域已不再成为人们就业主要障碍，人们不再是被动地等待选择，而是主动依据自身的需求选择职业，人们的主观性得到了极大提升。

（二）为思政课教育开展注入力量与动力

1. 为思政课教育开展注入力量

目前而言，全球化的发展脱离不开强大智力支持——科学知识。反之，全球经济又进一步促进了知识经济的发展。所谓知识经济，是指一种新型的经济形态。该经济形态以信息以及知识为主要资源，把知识阶层作为主体，又把科技创新和人力资本作为主要推动力。该经济形态具有可持续发展的宏观特点，拥有服务业和高新技术产业两大支柱产业。随着知识经济时代的到来，在思政课教育领域，知识、创新、智慧等新的代名词在理论、方法与地位方面起到了强有力的助推作用。

在知识经济的影响下，学生思政课教育在地位上较之前又有了极大的突破。在知识经济时代，提倡以人为本，因此，知识经济对人才最重要的要求就是思想保持先进、道德情操高尚、政治方向正确，以及智慧高级。由于学生思政课教育的方向基本吻合这点，所以随着知识经济的不断发展，在未来学生思政课教育将会越来越受到重视。

在知识经济的作用下，各个学校的学生思政课教育方法都得到进一步改善。受知识经济的影响，近年来，数学模型构建、数据统计分析等先进的教学方法在教学实践工作中得到了广泛应用，特别是在学生的思政课教育领域[1]。

2. 为高校思政课教育注入新动力

不同的社会成员对精神以及价值的追求有所不同，主要原因在于社会成员所处环境、地位的不同。人们逐渐从国内拓展到世界，伴随着视野的越来越大，人们的选择范围也变得越来越大，思维观念中的趋利性的表现也更加显著。面对政治、经济以及文化时，人们的选择变得更加独立、灵活、多样。这就为学校进行思政课教育提出了新的课题，要求学生思政课教育积极吸收和利用各方面的有利因素，来尽快适应新形势。

---

[1] 程瑶. 高校思想政治理论课教学改革及其实效性研究 [D]. 温州：温州大学，2016.11-24.

（三）为思政课教育开展提供开放的环境

全球化一方面意味着在全球范围内文化、经济、政治的交流更加密切；另一方面也意味包括教育资源在内的社会资源将在全球范围内得到有效分配，换句话说，就是教育资源将在全球化的大背景之下实现开放与共享，将会促使学生思政课教育开展有了更加开放的环境。

我们要明确在全球化的影响下学生思政课教育被赋予了新的内涵。具体而言，当下的学生思政课教育要超出自己本国，着眼于丰富多彩的世界文明，即不光用世界眼光重新审视中国优秀文化，还要能够把握住世界文化思想道德建设的前沿。

在全球化的背景下，学生解放思想、更新观念、开阔视野，学生的全球意识以及竞争意识得到进一步强化，这为展开学生思政课教育提供了更先进的思想基础。除此之外，在全球化的背景下，国内之间的交流更加便捷，相较之前，目前对于国外思政课教育先进思想以及先进经验的学习和借鉴，更为方便。下面以主流文化为例，论述全球化背景下中西主流文化。

1. 社会主义主流文化的特点

在任何社会形态中，都有主流文化与非主流文化之分，而主流文化是在社会诸多文化形态中占据主导地位，能对其他文化起到整合和引领作用的文化。当前，我国的主流文化是吸收和整合中国传统文化合理成分与世界文化优秀成果，体现时代精神、具有先进性和为人民服务的建设有中国特色的社会主义文化。

社会主义主流文化是我国的根本价值所在，是社会主义现代化建设的凝聚力源泉。社会主义主流文化是在中国革命和建设具体实践相结合的基础上，立足时代精神和现代化发展需要对中国传统文化和西方文化进程科学选择、合理吸收和系统整合的结果，具有独特特征。

（1）先进性。社会主义主流文化在科学发展中保持其先进性，可以为建设中国特色社会主义提供强大的精神动力和智力支持，能够在前进的道路上结合不断变化的具体形势及随时出现的新问题进行与时俱进的动态修正。

（2）整合与协调性。社会主义主流文化具有整合与协调的文化品质。社会主义主流文化的形成是我党运用大智慧，对多样化和多元化的文化引导、协调、整合和提升的结果。

任何一种文化都具有包容性，且越优秀的文化，其兼容其他异质文化并实现自身升华的品质就越突出。社会主义主流文化之所以能够成为我国主流文化，并得到全国最广大人民群众的认可、支持与信仰，正说明其具有杰出的整合性与协调性。

社会主义主流文化正是在长期的革命和建设实践中，不断与中国传统文化、西方文化等非主流的文化形态进行积极沟通、对话、理解和整合，包容并吸纳古今中外一切优秀文化成果，才得以提炼出具有普遍指导和引领意义的社会主义核心价值理念。主流文化对其他异质文化进行整合与协调的过程也是一个不断拓展党的群众基础的过程，在此过程中，社会主义核心价值体系日益成为各民族、各阶层、各群体民众的价值共识，从而实现了最大限度的力量凝聚和最大范围的身份认同。

（3）动态性与以人为本。社会主义主流文化在动态发展中体现人的需要[1]。社会主义主流文化始终处于与社会主义现代建设的动态磨合中，不断吸收和整合新的时代内容，始终保持与全球化的时代趋势和转型期的时代需要保持动态调整的发展步履。

在社会主义主流文化的培育和发展过程中，那些符合改革创新需要的时代精神、有助国家统一的民族精神和具有较强竞争力的科学精神被不断融入社会主义主流文化的内涵体系之中。社会主义主流文化的核心价值无论如何不断根据变化的实际动态更新其内容体系，其根本目的仍在于促进人的发展、呵护人的生存和关照人的情感，即"以人为本"是社会主义主流文化的核心价值。人的需要不仅分为不同的层次，而且处于不断的发展之中。随着我国经济社会的不断进步，民众需要社会主义主流文化围绕人的现实需要动态调整其价值体系。

2. 发展主流文化，实现文化强国

在社会转型期中，新的社会需要形成新的价值观念与行为规则。在新的价值观念与行为规则的形成与被社会成员认同方面，主流文化应发挥其应有的作用。

（1）掌控意识形态领导权，加强文化整合力。在一个国家里，意识形态必然是统治阶级意志的反映[2]。而最能反映这个社会意识形态的，恰恰是这个社会的主流文化。

①掌控意识形态领导权，就必须坚定不移地坚持其指导思想。

②坚持其指导思必须注重对文化的整合。指导思想地位的确立，是中国革命和中国人民历史选择的必然结果。运用其指导思想的相关理论对有关思潮进行文

---

[1] 姜瑞林 . 主流文化建设中马、中、西三者间的交融与整合 [J]. 人民论坛，2015（32）：224-226.

[2] 姜瑞林，周艳华 . 社会转型期中国主流文化的发展 [J]. 唐山师范学院学报，2015，37（04）：142-146.

化整合，借鉴其中的合理成分，批判其伪科学、不适合中国国情的一面，对各种思潮加以引领，以正视听。

注重对文化的整合，也需要解决好中国传统文化的现代化问题，中国的传统文化是中华民族几千年历史的积淀，有其产生的历史时空。其中以爱国主义为核心的民族精神，更是支撑我们中华民族屹立不倒的精神支柱和精神动力。在新的历史时空里依然有着旺盛的生命力，能够为社会主义伟大实践提供不竭的动力。

（2）推进社会主义核心价值体系建设，促进社会成员接受主导价值，提升中国共产党的文化引领能力。社会主义核心价值体系内涵丰富，意蕴深厚。其理论性、民族性、科学性、时代性和开放性使其具备了获得广大民众普遍接受的逻辑前提和可能，但面对社会转型带来的变动与变革，社会主义核心价值观还面临一个被社会成员接受和认同的问题。

①中国共产党要切实加强执政文化建设。执政文化是执政党执政的灵魂，是执政党运用国家权力在推行意识形态、行为准则、制度规范过程中所贯穿的一整套富有一定意义和一定秩序及规则的价值取向、行为方式、情感态度和道德信仰等。

作为一个执政党，其在执政过程中表现出的价值取向、行为方式、情感态度和道德信仰等，对普通社会公众有着重要的指引与示范意义。中国共产党加强执政文化建设内容包括：

第一，加强法制文化建设。加强法制文化建设，是依法治国战略的必然要求，在社会转型期，政府行政权力过大且不受法律约束、行政执法的公正性一直是普通民众广为话柄的话题。加强法治文化建设，就是要求共产党坚持依法治国，做到有法可依、有法必依、违法必究。能不能坚持依法办事，不仅事关中国共产党的形象，更关乎中国共产党的信用。

第二，加强廉政文化建设。中国共产党要加强腐败文化建设，从思想上建立一条防腐拒变的防线，防止掌权者滥用权力，真正做到"权为民所用、情为民所系、利为民所谋"。

②用创新驱动社会主义核心价值体系建设

第一，站在"文化自觉"的高度进行观念和理论创新。"文化自觉"是我国著名社会学家费孝通先生的观点，它指生活在一定文化历史圈子的人对其文化有自知之明，并对其发展历程和未来有充分的认识。

社会主义核心价值体系建设是一个复杂的系统工程，更面临着社会转型所产生的新情况、新问题，在全球化的背景下，如何让社会主义核心价值体系永葆青春与活力，这就要求我们首先要摒弃传统思维，更新陈旧观念，树立重在建设的观念、求同存异重在引领的观念。社会在发展，情况在变化，这就要求的我们的理论要具有与时共进的品格，不断进行理论的改造与创新。理论一旦不能创新，立即就会僵化，就会失去说服力，就不能够以理服人。

第二，从传播力的高度进行技术创新。传播力决定影响力。没有好的传播手段与途径，理论就无法对人的思想、行为产生影响。因此，社会主义核心体系建设一定要善于利用一切新技术，构建和发展技术先进、传输快捷、覆盖广泛的传播体系，创新传播手段和方式，抢占一切阵地，加强自身的传播，提高自身的影响力与引领力。

第三，从诚信的高度注重制度创新。社会主义核心价值体系作为一个"软"的价值体系，需要一套有约束力的"硬"制度的支撑。我国社会转型期的大量实践证明，"无论是不合理的制度还是制度失效都会诱发非诚信行为，制度尤其是法律制度对非诚信行为不能实现严惩，消解的是法律的权威和尊严，瓦解的是社会成员的法律信念和信仰"。因此，社会主义核心价值体系建设要注重制度创新，建立与社会主义核心价值体系相适应的制度体系，为社会主义核心价值体系建设提供法律保障。

（3）主流文化建设要处理好文化事业与文化产业的关系。文化事业是中国社会主义事业的重要组成部分。文化事业的发展，离不开文化产业的支撑。文化产业的发展，同样也离不开文化事业的繁荣发展所培育出来的良好的文化土壤、消费人群。但文化产业的市场性、营利性特点有时又会和文化事业的公共性、公益性发生冲突与矛盾。因此，主流文化建设要处理好文化事业与文化产业的辩证关系。

①一手抓公益性文化事业、一手抓经营性文化产业。抓公益性文化事业，就是以服务人民为宗旨，保障人民的基本文化权益，通过建设覆盖全社会的公共文化服务体系，让文化发展成果惠及全体人民。抓经营性文化产业，就是在承认文化产业的营利性、市场性的同时，切实加强对文化产业的引导而不是放任不管，就是要强制性地引导文化产业把社会效益放在首位，发展让人民满意的文化产业。引导文化产业以充沛的激情、生动的笔触、优美的旋律、感人的形象，创作生产出思想性艺术性相统一、人民喜闻乐见的优秀文艺作品，不断唱响主旋律，实现文化事业与文化产业的良性互动、协调发展。

②以人为本，发展文化事业与文化产业

第一，承认人民是推动社会主义文化事业的力量源泉，就是要承认人民的首创精神，充分挖掘普通民众的文化创造潜能。人民在生产物质财富的同时，也在用自身的聪明才智"自娱自乐"，立足于民众生产、生活的具体背景，创造出属于自己的民间文化。京剧脸谱、绵竹木版画门神、陕西剪纸就是民间文化的典型代表。

第二，以人为本，就是要坚持服务人民的宗旨，实现人的全面发展。文化事业与文化产业发展的终极目的，为人民提供体裁、题材、形式、内容、手段丰富、多样的满足健康精神需要的文化精品，陶冶人民的情操，给人民带来美的享受，让人民的生活丰富多彩。

3. 全球化背景下中西主流文化间的、交融与升华

（1）全球化背景下中西主流文化间的交融。我国正处于社会主义现代化建设时期，建设有中国特色的社会主义文化是我国的主流文化，在全球化背景下，中西主流文化随着彼此交流和认识的深入，文化交融的趋势也日益明显，如中国主流文化讲究"天人合一"和顺其自然，对当今西方主流文化讲求科学与理性并追求改造自然的生存竞争法则具有救济调和作用，西方各国孔子学院的建立日益受到欢迎与支持便是中西文化交融的最好例证。另外，随着英语在中国基础教育体系中的普及，中国人对西方主流文化的认识和了解日益深入。

（2）中西主流文化在全球化平台下的升华路径

①坚持主流文化的社会主义方向，正确处理中西主流文化关系。全球化是多元化基础上的融合趋势，而非西方主导下的同一化趋势。在经济全球化和文化全球化的时代潮流中，中国应当坚持建设有中国特色的主流文化前进方向，面向现代化、面向世界、面向未来。

中国主流文化讲究"和而不同"，即承认文化只有在多元化和多样化的磨合中才能实现共生发展[1]。在全球化背景下，我国在社会主义主流文化建设中，在处理与西方文化的关系中，形成"和而不同"的文化发展观。

②自觉推进中华传统文化的现代化转化，强化主流文化的民族内核。中西主流文化的交融是当今世界范围内最为引人注目的文化现象之一。因此，我国必须在坚持主流文化社会主义方向的同时，自觉推进中华传统文化的现代化转化，不断强化主流文化的民族内核。

建设社会主义主流文化，培育社会主义核心价值观，不仅需要积极吸收西方文化的合理成分，更应当重视加强民族本位文化的建设，以发挥传统文化在增进

---

[1]　姜瑞林. 全球化背景下中西主流文化间的冲突、交融与升华 [J]. 河北大学学报（哲学社会科学版），2015，40（05）：149-150.

民族团结中的身份认同作用。

③推进西方主流文化中合理成分的中国化，增强文化软实力。随着资本主义生产方式的崛起，西方社会的主流文化也在不断丰富和发展着其文化内核。中国现代文化建设的基础则是几千年儒家主流文化的熏陶。

推进西方主流文化中那些符合现代生产方式发展需要的合理成分与我国具体国情的结合，将之创造性地吸纳到建设有中国特色的社会主义主流文化的建设中。

另外，在全球化背景下，文化软实力对一国综合国力的影响越来越重要。吸收西方主流文化中符合中国国情与发展需要的合理成分，既可以增强我国主流文化的影响力，又可增进西方国家对中国文化的价值认同。

④创新文化交往形态，将中西主流文化的交流与合作引向深入。我国应当推进文化体制改革，推进文化产业发展，引导、鼓励和扶持中西之间的文化服务贸易，逐步推进中西主流文化交往由国家政治层面向文化产业主导的社会化层面转化，让中西方在中西主流文化交往中获得更深刻的彼此了解和价值认同的同时，还能从中受益，以实现文化效益、经济效益与社会效应的双赢互动发展。

目前，在中西方文化服务贸易中，中西贸易逆差巨大，说明中国主流文化对西方社会的影响力有限，对此，我国应当在积极推进文化产业发展的同时，创新文化产业对外贸易的政策扶持体系，加强国内文化产品生产的国际适应性，逐步增强中国文化产品的出口竞争力，加强中国主流文化产品的输出能力。

（四）营造良好氛围

1. 为思政课教育营造良好氛围

市场经济体制是全球化的前提。因此，市场经济体制的建立及稳定性能够为学校思政课教育营造良好的氛围。

市场经济使经济得到了极大的发展，这为学生思政课教育奠定了坚实的物质基础。我国从实行市场经济体制以来，国民经济一直都保持着稳定、健康、持续的增长势头。社会生产力发展迅速，人民生活水平也得到极大提高。

市场经济也从某种角度为学生思政课教育的开展注入了新的活力。长期以来，高校学生在我国高校思政课教育工作者的引导下逐渐树立起正确的世界观、人生观和价值观。随着时代的进步，在市场经济体制的影响下，价值规律和优胜劣汰的理念逐渐影响了学生思政课教育。具体表示为，将学生思政课教育原有内容——公平、自由、正义、民主等概念列为基本内容，促使学校思政课教育获得了新的力量。

2. 为高校思政课教育提供新氛围

在社会转型的背景下，学校的生存环境也出现了，学生思政课教育中加入了许多经由社会大众共同认可的理念，如民主、平等、自由、竞争、合作等。并且在这些理念的作用下，一个符合民主、平等、和谐的创业环境形成了。另外，在市场经济影响下形成的管理模式具有科学性、民主性、高效性、务实性等特点。这对于学生思政课教育管理体制和模式产生了极大的影响。在这种影响下，一种新型的学生思政课教育管理体制以及模式正在形成。社会与学校二者在多层次、多领域进行交流与合作，两者之间的界限逐渐变得模糊。这不仅可以进一步加快了社会主义经济体制的发展节奏，还能加快各个学校教育的改革步伐。

二、高校思政课的教育创新内容

（一）教育创新目的

1. 发展中国理论体系

高校政治思想将中国特色社会主义理论体系作为指导思想，同时它也是高校政治思想教育的重要内容。目前，我国经济发展进入了调整阶段，与此同时，中国特色社会主义理论在实践运用中的发展得到了质的飞跃，在继承发扬中华优秀文化的同时，也在有选择地借鉴世界各国的优秀文化。高校的思想教育活动需要加快中国特色社会主义理论体系的创新步伐，同时还要保证该体系进入课堂、教材，从而进入学生的头脑中，用这一理论把学生们的头脑武装起来，从而更好地为他们的社会实践和日常生活服务。

2. 提高学生道德素质

高校学生必然要提高自身的道德修养，促进自身人格全面发展，同时这也是提高国民素质的基础。在大学这个培养素质修养的重要阶段，基本的道德规范教育显得尤为重要，要呼吁爱国守法、团结友善、明礼诚信、敬业奉献、勤俭自强的相关道德培养。聚焦于高校学生的道德教育，需要结合社会实际，将与社会体制相匹配的国民素质教育渗透到高校思政课教育中，从而为高校道德规范的培养奠定良好的基础。

促进高校的全方位发展，就要求高校必须开展有效的积极的思想教育活动，并且在此过程中，要把高校的发展当成目标，增强该活动的有效性，从而调动学生参加活动的积极性。

（二）教育创新的原则

高校思政课教育内容的创新必须要坚持一定的原则。唯有其坚持基本的原则，才能保证高校思政课教育内容的创新与培养的要求相适应，则该工作才能够井然有序地顺利开展。

1. 以现代中国社会的相关实际为基础

在中国特色社会主义革命和建设的伟大实践中，继承发扬中华民族优秀文化，促进社会主义理论创新发展。中国特色社会主义理论体系贯穿了思想教育在内容创新的全过程，同时，这些理论还对它的创新起到了指导的作用。

2. 突出学生主体地位，从学生实际出发

为突出高校的主体地位，高校思政课教育内容的创新，必须坚持以人为本的理念。促使人全面发展就成了高校思想教育内容创新的基本原则和最终目标，最终使其实现全面发展。高校思政课教育内容的创新，是在实践中得以实现的，开展相关实践活动，必然会推动该内容的不断发展。

3. 坚持继承与创新相结合

发展和创新的前提是继承。高校思政课教育内容，在任何时期，都是对前一个时期成功经验和现实的总结，从而在此基础上建立起来的。因此，其内容的开拓创新也必然是在继承借鉴的基础上完成的。

（三）教育创新的任务

1. 加强思政课教育学科的探索

在思政课教育学科探索时要尊重实际情况，部分的理论工作者偏重理论研究，当然这是有必要的。当学科理论体系初具规模并且得到了学术界大部分的认同后，并不代表思政课教育学科体系已经完备，在得到认同后依然需要进一步深化与完善研究。但这一方法并不符合思政课教育学科研究，在思政课教育学科研究中要把当前的重点理论与实际情况相结合，尤其是高校在校园和社会中面临实际困难的研究，不仅可以将思政课教育学科的价值放大，还可以深化与完善思政课教育学科体系。教育中确立的"核心"与"重点"，不仅由高校成长过程中的理想信念、爱国主义所决定，而且也要根据高校自身发展方向上的实际要求来确立。

在现今开放多元的复杂社会背景下，在市场体制与科技发展所形成的竞争压力和信息压力下，由于许多在校学生缺少社会交往经验，世界观、人生观、价值观并未形成完整和稳定的状态，因而在社会中极易出现迷惘与困惑的感觉，这种感觉可以形容为不知人生方向，面对问题不得解法，面对眼前情况一片茫然。因此，高校思政课教育应指导学生树立正确的理想信念，使学生积极主动地培养爱国主义精神，促进学生不断健康成长和全面发展以适应现代社会的要求。

在现今的时代条件下，高校学生的健康成长与发展，与课堂教育、学校环境和社会条件等因素息息相关，是受多方面的因素作用产生的，如果想要学生健康成长，就要深入研究这些影响因素，特别是社会中的新因素对学生产生的影响，这就要求教育者要广开言路，创造新的教育方法。高校思政课教育要以学生的实际情况为授课基础以满足学生的需要，即在授课中要以育人为本，课程安排要贴近实际生活，贴近学生的要求。

2. 突出思政课教育的重点

（1）实施高校思政课教育专业化。从教育学的观点来看，学生的日常生活充满了非智力因素；从人才学的角度来看，学生的日常交往大部分都属于"情商"的范围；从德育与智育的观点来看，学生的生活内容许多都可以归类于德育范畴。

在当下，社会条件不断地变化与发展，学生进入社会面对的第一个问题就是如何适应社会环境中普遍存在的处事思路与行动适应，如何对各种元素进行准确判断与辨别，如何明确自己的成长发展方向。

（2）保证高校德育工作的进行。人需要在物质与意义的世界中同时存在并生活。

在追求人生意义上一共有两个重要因素：一个因素是人生的意义是以实体的形式存在于生活中，生活构成了人生意义的基础；另一个因素是所有的实际生活都会被人赋予意义。生活的事实大都在生活意义的指导下逐步展开并变为现实，人们结合自身的实际生活条件以及物质基础来理解自己的生活。

在开放校园中应该主动将德育教育与社区生活有目的地结合起来，充分表达社区性，以高校作为圆心，向周围的社区宣传新理念，以人文与科学为工具，向生活与社会蔓延，使社区生活中的教育重新回到学校的计划中，开放学生的日常生活。

（四）教育创新的方法

在全球化时代，知识爆炸，信息网络技术高度发达，无论是知识的获得路径还是人们行为方式和生活方式都越来越趋向多样化。这样的时代条件，客观上要求高校思政课教育方式方法必须实现从单向灌输型向双向交流型转变、从显性型向显性与隐性结合型转变、从单一型向综合型转变，利用信息网络等新技术，实现高校思政课教育方式方法的现代化、多样化。

方法的创新是抽象的不具有凝固形态的创新，方法创新是从方法的模式、结构和输出端方面体现的，要根据方法创新的特点进行具体的创新，通过方法的使用和运行特点，分辨出其中的区别，从方法的结构式样输出中找到方法的模型转向和整体类型的变革方向，分析方法创新的前后因果。从黑格尔提出的理性技巧角度来看，人是方法创新过程中不可缺少的活性力量，发挥新的工具系数的使用，通过其物理限制放大人们体力和突破人的生理极限，提高人的活动效率。创新是人类文明的基础，取决于生产方法的创新和提高社会执行效率。所以，创新教育需要从实现教育主题的方法创新开始。

1. 教育创新方法的必要性

高校思政课教育方法是连接教育内容和教育对象的重要桥梁和纽带。高校思政课教育的过程既与学生的"认知过程"统一，又与学生"人格养成过程"统一。作为对科学知识的"认知过程"，主要着眼于事实判断，是一个求真的过程，其教育的目的是使受教育者熟练而系统地掌握该思想和方法，并能够运用其分析和解决实际问题；而作为育人的"人格养成过程"，主要着眼于价值判断，是求善的过程，其教育的目的是使受教育者认识和理解、体验和认同价值体系的意义，并能够身体力行，形成自己的情感、态度、价值观，确定自己的理想、信念和人生目标。要达到这样的教育目标，教育方法的不断更新就应该成为一种常态。

2. 教育创新方法的原则

（1）循序渐进原则。循序渐进，就是按一定的顺序、步骤逐渐进步。

教学和学习的过程都是具有逻辑性和内在联系的，所以在教学的过程中，教师需要遵循教学逻辑，根据教学系统进行连贯的教学，而且学生在认识新知识的同时，也是从已有知识向前发展而进行的，学生在学习过程中的相关智力和学习能力，也是逐步培养和积累出来的。

将人的现有知识体系作为一个整体，当新的知识作为介质融入进来时，原有的旧认识会进行"自身免疫"，形成一个"防护层"，使得新的思想不能轻易进入，在新思想介入的过程中，如果该思想，被人所感知的意愿越大，则所形成的"保护层"对其防御性也就越大，所以高校在进行思想教育的过程中，首先要改变的是人们的思维方式，浅层次进行思维改造更容易，这样才能够进一步地影响学生的深层思维，这也意味着高校在进行思想道德教育时，不能仅仅将教学局限于课堂之上，也要深入学生的日常生活，要求教工职员们在日常教学和生活中也体现出该思想教育的内容，使得学生们能够在日常生活中和学习过程中体会到思想教育的引导。

具体到高校思政课教育而言，坚持由表及里，由浅入深的循序渐进原则不仅体现在教育方法的创新中，还涉及课程内容设置的循序渐进，核心问题就是要考虑到受教育者的心理承受能力和知识结构的接受能力。就教育方法的创新而言，教育的主体是学生，作为教育者所需要考虑的范围，则是在学生无厌恶反感和抗拒的同时，学生能够承受多大范围的教学广度和教学强度以及相关的教学模式，这也意味着积极进行思想道德教育是十分重要的，只有教师了解学生们的心理和相关状况，才能更好地进行教学活动在教师进行思想教育的过程中，最好采用渐进的模式，在潜移默化中，给学生树立榜样。

就课程内容的设置而言，坚持循序渐进的原则，就是既要考虑到受教育者的知识结构状况，又要考虑不同课程内容之间的逻辑关系。因为每门课程自身内容有一个内在逻辑结构，不同课程之间也有一个内在逻辑结构问题。

（2）疏导原则。高校思政课教育要坚持疏导原则，在思想政治教育的过程中将目的与方式结合在一起，在运用该原则的过程中，需要教育者及时发现问题，使得各方存在的疑虑与观点得到充分的理解与包容，从群众中来，通过观察和研究，做出有指导性的决策；"导"就是基于正确的意见，旗帜明确地表示肯定和支持，以促进其进一步发展，在此期间，错误的意见和认识通过民主讨论、说服教育、批评与自我批评的方法，说服人们，将负面因素转化为肯定因素。

在"疏导原则"中，疏通和引导是密不可分的，不能一味地重视疏通或者引导，只有先疏通才能够进行相应的引导，而教育者所进行的引导就是进行疏通的目的。如果在教育过程中不进行相应的疏通引导，就没有办法帮助学生解决其所产生的疑问，也不能对学生的正确观点进行表扬与鼓励，这些都会对教育者进行思政课教育产生一定的影响。所以遵守"疏导原则"的思政课教育是十分必要的。

对于疏导的理解决定了大学意识形态和政治教育过程中的具体执行步骤，坚持指导原则，促进民主、促进学生的广泛发言，营造自由氛围，坚持平等原则，使得教师和学生能够相互尊重、相互理解；在尽可能和谐的氛围中进行，不包庇忽视错误观点，坚持自我反省、自我认识，通过说服教育和法律纪律执行的作用来进行思政课教育。

在虚拟网络时代，虚拟网络给大学生一种新的身份，大学生们在网上将心中压抑的心情和无法与身边的人倾诉的内容在网上匿名发布，网络成为大学生们发泄的场所，所以在学校论坛中常常会出现一些非理性的发言。但是也正是因为这样，才使得学生们能够将各种矛盾和各种矛盾造成的紧张、压力，都在网络空间中快速释放。所以，在网络上，可以看见许多大学生展示自己的现实冲突和意识形态问题的焦点。在这方面，疏导原则是意识形态和政治教育工作者，通过完整的辩证、说服教育和肯定的指导组合的方式，具体解决大学生意识形态的问题。

实际上，在网络条件下任何堵塞和压制言论的做法不仅不能奏效，反而会使德育环境进一步恶化。在疏导过程中，教育者要注意学生的主观意识和参与情况，并且注重群众的参与和智慧。因此，应采取疏导原则，需要学生能够完整地表达自己的观点和意见。

（3）言传身教原则。还是实施思政课教育，加强和改进思政课工作的保证。意识形态和政治教育需要靠真理的力量和人格的力量来真正说服人们。真理的力量是指，教育工作者说话的内容是现实反映事物的本质和进步的趋势；人格力量就是指教育工作者教育他人的真理，应该是教师自己在行动和语言上的要求，并且第一个带头行动，这样才能够对别人进行相应的要求，同时需要塑造良好的人格，对教育对象起到示范作用。根据人格的力量，侧面影响学生。在思政课教育中，通过教育者"做的事"认识他们"说的事"，判断决定教育者"说的事"是否具有真正的可信任性。坚持自我纪律，带头行动，产生巨大的吸引力和凝聚力。坚持行动胜于语言教导的原则，教育工作者的人格力量也是教育过程中需要发挥的影响之一。

在意识形态和政治教育的实施上，教育者要深刻理解和遵守"君子慎独"，在要求教育对象之前要严格要求自己，自己做不到时，对教育对象也不能有相关的要求，对自己要做到严格要求，做到言辞和行动一致，树立自己完美的人格和高贵的意识形态和道德素质，在教育者的人格力量和影响力下，教育对象的意识形态、道德水平和政治意识被不断提升，在这一过程中学习者的思想道德水平会不断地成长和进步。

3.教育创新方法的内容

思政课教育方法的创新与融合，与我国社会主义市场经济的发展和改革开放的深入有着密切联系，同时也离不开时代的发展与科技的进步。目前，思政课教育方法发展的趋势是教育双方在交流上实现平等互动，其正向着理论体系化、手段现代化、方式潜隐化的方向径直前进。具体而言有以下方面：

（1）单向灌输转为双向交流。现代思政课教育方法正从单向灌输式教育向双向交流式教育转变，这是时代与教育发展的必然要求，也是思政课教育工作的必然走向。传统灌输方式的本质在于开展系统的思想理论教育，主要通过宣传、讲解和答疑等方式。虽然此种方式充分考虑了受教育者的理解能力，对于激发斗志、鼓舞士气、提高思想觉悟也都发挥了重要作用，但时代的变迁决定了此种单向的方式必定要向讨论、咨询等双向交流的方式转变。

①由单向灌输转为双向交流的依据

第一，单向灌输使受教育者难以发挥出主观能动性。单向灌输方式十分强调教育者的主体支配地位，教育者的决定能够完全影响整个教育活动过程，他们对于灌输的目的和内容、灌输的手段和形式都有着绝对的支配权，客观上形成教育者负责输出，受教育者单纯接收的教育模式。在此种模式下，思政课教育者在一定的时间内向受教育者输出大量知识信息，但同时也将受教育者放到被动的位置上，使之只能不断被输入知识理论，被动接受思想观念，没有思考的空间，也没有发表见解的机会，受教育者的地位得不到应有的尊重，很难发挥其主观能动性。

第二，单向灌输很难满足受教育者的实践和发展需要。单向灌输的教育模式在教育实践过程中，极易导致灌输内容与受教育者的实践和发展需要不相适应，造成教育效果不佳的结果。单向灌输的方式虽然比较容易确定符合社会要求的灌输内容，能够引导受教育者向正确的方向发展，但同时也容易使灌输内容不符合受教育者自身的需要，甚至出现完全偏离的状况。这是因为，教育者选择的灌输内容往往是社会的主流意识及精英化要求，但事实上，不同的受教育者具有不同的自身条件，个体之间的发展并不平衡，他们的需要也多种多样，不能一概而论。由此可见，缺少与受教育者沟通的教育内容，会造成内容与实践的严重脱离，影响受教育者的教育感受和教育认同。

第三，从单向灌输方式向双向交流方式转变是教育发展和时代变化的必然要求。

近年来，随着我国市场经济的发展和改革开放的深入，受教育者的思想在独立性、多变性、选择性和差异性等方面都明显增强，受教育者对于主体地位和权利的要求都更加需要得到尊重。因此，继续采取传统的单向灌输方式不仅不能够起到积极的引导作用，反而会引起受教育者的抗拒，甚至严重打击他们的学习兴趣与积极性。这些都使得教育者必须关注受教育者的主体地位，主动将教育方式从单向灌输向双向交流转变，从而充分调动受教育者的主动性与创造性。同时，通过教育者与受教育者之间平等的交流讨论活动，畅通双方的交流通道，增进彼此的信任与理解，加深情感融合，使教育者的引领作用和受教育者的主动性都得到提升。此外，社会物质财富与先进科技的发展，都为教育者与受教育者之间的互动创造便利的条件。

②由单向灌输转为双向交流的要求

第一，突出受教育者的主体地位。从单向灌输模式向双向交流模式转变，需要教育者主动转变教育观念。在过去的很多年中，对于自主意识不强、理论水平较低、信息交流不畅的教育者而言，单向灌输曾经发挥过巨大的作用。但如今，受教育者无论是自主意识还是理论水平都有显著提高，信息交流也更加通畅，因此他们迫切需要突出主体地位，希望能够主动参与到教育活动中，而不是被动地接受知识，他们积极地发挥主观能动性，在与教育者的交互中寻求平等、自由的交流方式。可见，教育者必须认清这一客观情况，从自身开始转变观念，变灌输为引导，尊重受教育者的主体地位，从而加快教育方法由单向灌输向双向交流的转变，促进思政课教育工作的长远发展。

第二，发挥受教育者的主观能动性。在由单向灌输方式向双向交流方式转变的过程中，需要受教育者充分发挥主观能动性。通过受教育者积极、主动、有创造性地参与活动，师生之间的互动才能更加顺畅，思政课教育才能更有效果。

第三，积极创新思政课教育方法。创新教育方法是思政课教育从单向灌输的方式向双向交流方式转变过程中必不可少的内容。创新主要包括三种形态：①继承创新。继承创新是指在继承原有教育方法的基础上为其注入新的活力与时代内涵；②实践创新。实践创新是指将创新融于实践当中，在工作实践过程中以新的教育手段和历史条件变化为依据，创新思政课教育方法，促进双向交流。比如网络思政课教育的方法；③借鉴创新。借鉴创新是指通过借鉴其他学科的教育方法，或借鉴古今中外的思政课教育方法，来丰富教育方法，促进其从单向灌输向双向交流的快速转变。

（2）从传统手段转为现代化信息技术的运用。时代的发展促使思政课教育工作从传统的课堂模式转向多媒体的信息模式，在信息时代传统课堂向新的信息技术课堂转变的过程中，传统课堂的思政课教育仍然占有重要比重，但是信息化教学已经成为现代教学的主流。思政课教育方法随着时代不断更新，传统的思政课教育课堂向新的信息技术课堂不断靠近，思政课课堂的教育已经从面对面的口口相传转变为以信息技术为主的课堂。互联网技术的快速发展促使现代思政课课堂向网络、多媒体移动端的多途径教学转变，使思政课教育课堂的教学模式不断更新。

①从传统手段转为现代信息技术的依据

第一，时代的发展，信息技术的全面应用为思政课教育向现代信息技术课堂的转变提供技术支持。个人计算机（personal computer，PC）端到移动端的变化，5G 网络的全面推进，使人们迅速从工业化时代转向新的信息技术时代。网络的不断更新发展，为新的教育模式开辟了新的途径，现代技术的普及为思政课教育课堂向信息化的发展提供了技术保障。

第二，传统课堂在信息时代的背景下必然要向信息化课堂转变。信息技术的快速发展影响了传统的思政课教育模式，互联网时代，人们的生活已经发生质的转变，生活方式的变化会直接导致一系列的生态变化，而教育模式的变化显而易见。传统的思政课教育模式在信息技术时代已经逐步显现出劣势，信息化的教育模式已经融进学生的学习生活，在信息时代，教育方法的信息化和时代化可以在很大程度上促进传统的思政课教育课堂模式的创新，更有利于思政课教育的传播。

第三，信息技术可以更好地呈现思政课教育要达到的效果。传统的思政课教育方法是传统的课堂模式，面对面的口口相传，受教育者在课堂中学到的知识需要通过有限的课堂时间和大量的课下作业辅助消化，导致受教育者对一些知识的理解比较浅薄，信息化教育模式的发展可以从信息技术手段上很好地解决这些问题。大量的教学客户端运用到思政课教育课堂中，受教育者可以在课下重新对所学知识进行梳理，巩固课堂知识，打好思政课理论基础。

②从传统手段转为现代化信息技术的要求

第一，教育方式要紧随时代的发展。教育技术的现代化丰富了教育者的教学手段，也丰富了受教育者的学习方式。在传统的思政课教育中，教育者需要具备大量的思政课常识，在备课上需要付出更多的时间在疑难解惑方面，而新技术的发展可以为教育者提供便利的备课资源，减少教育者的工作量。教育者和受教育者不再局限于课堂交互，教育者在课下可以通过现代信息社交方式逐一指导受教育者，受教育者也可以通过社交媒体向教育者提出自己的疑惑，解决课下的问题。教育方式的信息化为传统课堂的转变创造了便利的条件。

第二，课堂教学目标的反馈及时。思政课教育课堂的教学目标是教育者在教育教学中首先要实现的教学因素，针对不同教育者的接受能力及时作出教学目标的调整，有利于思政课教育活动的有序开展。现代信息技术为课堂教学目标的反馈提供了条件，传统的思政课教育课堂需要通过纸质版文书收集学生的反馈信息，对教学课堂目标的呈现做到及时有效。现代信息技术的快速发展，思政课教育目标通过高速的互联网直接反馈给教育者，教育者通过这些及时反馈可以迅速调整教学方式，有利于课堂教学目标的实现。

第三，教育者开展思政课教育的方法需要综合传统课堂模式和信息化模式。信息时代促进传统课堂向现代信息技术课堂的快速变化，教育者在这个过程中要及时调整个人的教育方法和手段，综合传统课堂教学模式下的亮点，结合现代信息技术，重新梳理教学方式和目标。思政课教育方式和方法的变革需要教育者在选择课堂模式时充分考虑思政课教育方式方法的多样性，在选择思政课教育手段时应充分考虑要实现的教学目标价值，在此基础上综合运用多种教法，以充分展现思政课教育的内涵和理念。

（3）显性教育与隐性教育方法相结合。思政课教育在教学方式呈现上具有显性教育和隐性教育两方面的内容，现代信息技术的快速发展助推显性教育和隐性教育手段的融合和进步。教育者开展思政课教育活动通过对受教育者进行有计划的教育教学达到一定的教学目的，也可以通过影响受教育者的环境使受教育者在潜移默化中达到既定的思政课教育目标。

显性教育就是通过公开的课堂或者其他形式，对受教育者有目的、有计划地实施教学。其中包括各种媒介的宣传推广，国家的方针政策通过教育者的课堂形式传播给受教育者，也可以通过多媒体的信息技术扩散到每一个接触的社会成员，显性教育具备明确的传播目的。隐性教育手段是在无形中影响受教育群体的思想理念，隐性教育具有自发性和多样化的教育特点。隐性教育是一种潜移默化的影响，相较于显性教育，隐性教育更具备自发的目的。通过社会实践活动或者社会人文环境实现思政课教育。

具体方式可以是通过电影纪录片的形式和实时直播的形式展现国家的建设和伟大，无形之中增加受教育者的爱国热情，也可以是校园文化建设、党企事业机构的文化建设，使受教育者在所处的环境中了解国家建设过程中涌现的先进人物事迹，在无形中提升爱国热情，升旗仪式、纪念展馆的参观和学习也是隐性教育的手段之一。

①显性教育与隐性教育方法相结合的依据

第一，显性教育和隐性教育方法的结合切合现代教育发展的规律。教育方式多样化的主体是人，是教育者对受教育者的教育。显性教育与隐性教育相结合符合受教育者思政课教育的学习发展规律。教育者利用显性教育，将思政课理论传播给受教育者，在这个过程中教育者通过多样的教育教学方式将国家建设中涌现的优秀人物事迹、将国家在改革开放以来取得的重要成就梳理成为具体的理论和思想传播给受教育群体，使其接受系统的思政课教育理念。隐性教育通过显性教育的理论基础呈现教育教学效果。只有受教育者在意识上形成了系统的理念，才会关注到隐性教育内隐含的教育信息。隐性教育通过作用于受教育群体的生活环境和社交信息，在显性教育理论的基础上加深受教育者的思政课教育内涵。现代思政课教育需要显性教育和隐性教育的结合，从而使受教育者在理论认识和感性思维上接受思政课教育的洗礼，以体现现代教育手段发展规律。

第二，显性教育和隐性教育的结合更有利于思政课教育目标的实现。思政课教育的开展必须要结合显性教育和隐性教育。思政课教育是社会的教育，是对社会成员的教育，是终身教育。显性教育可以是校园教育也可以是社会教育，是社会成员必须接受的教育，使社会成员必须形成系统的思政课教育观念和意识。显性教育在社会环境各方面通过环境文化的设置、成员的社会实践活动和其他的隐性方式让受教育者接受思政课潜移默化的教育，这种教育手段作用于不同社会成员的构成群体，通过以上两种教育形式的结合，使受教育者充分认识到国家建设的伟大，增强民族的凝聚力，从而推动国家的建设和发展，丰富社会成员的生活。

②显性教育与隐性教育方法相结合的要求。显性教育是理论的宣传，隐性教育是实践的传播。理论和实践的结合需要多样化，理论的学习可以通过实践的手段和方式实现，实践活动的理论支撑可以通过多元的文化体系实现。简而言之就是运用现代的信息技术有效地将二者结合起来，既可以使受教育者学到系统的理论，又能使其在潜移默化中巩固理念。

在思政课教育中，教育者要善于把两种教育方式联系起来，通过二者的结合充分实现思政课教育的具体目标。

隐性教育相较于显性教育，其理论支撑体系相对薄弱，隐性教育的教育方式和内容需要进一步深化拓展，政府层面需要加强对隐性教育的投入，包括研究人员的增加和具体实施方案的支持。具体而言包括制度上的引导和建设、隐性教育环境的建设和保障、文化模式的引导和制约，从而真正发挥隐性教育在思政课教育中的作用。

（五）教育创新的物质保障

1. 物质鼓励机制投入

需求层次理论中，最基础的需要是生理需要，也就是物质需要，只有低层次的需求得到满足后，大学生的潜力才能够发挥出来，热情地投身于社会主义建设，从而增强新形势下高校思政课教育工作的创新力。在受制于市场经济的大环境下，大学生的家庭经济负担越来越重，就会导致其学习分心，不够专注。

学校应该秉持着以学生为本的原则，创建为大学生服务的物质鼓励机制。学校可以开展定期调查大学生家庭状况的活动，拓宽学校与学生沟通的渠道，关注每一位学生的家庭物质状况，尽力做到帮助每一位贫困大学生完成学业。根据大学生家庭贫困度，采取不一样的扶贫措施，在学校中也要做到"精准扶贫"，帮助贫困生解决实际物质难题。

例如，完善奖学金和助学金发放体系，在公平、公正、公开的基础上，让更多贫困生获得帮助，增加助学金比例；此外，为贫困生开放专门的助学通道，让助学贷款惠及每一位贫困生，延长他们的贷款还款时间；建立专门面向贫困生的勤工俭学中心，为更多贫困生提供类似于图书馆书籍管理员、打扫卫生等工作岗位，不仅可以减轻学生的经济负担，也不会耽误学生的学业。物质激励的目的是精神激励，只有拥有充足的物质，内在精神动力才可以被激发，有了精神动力，就能进一步促进思政工作的有序开展。

2. 硬件设施投入

在新形势下，高校思政课教育工作的重点是培养为社会主义建设贡献力量的全面发展型人才。在德、智、体、美要素中，最基础的是"体"，体是发展德、智、美的重要前提。

（1）为学生提供良好的食堂卫生环境是重要前提，因为它是影响学生健康的首要因素。所以学校要完善食堂卫生环境规范制度，加大卫生保护投入力度，确保食物完成的每一个环节都监督到位。例如，可以开展"透明食堂"活动，在食堂的每一个角落安装监控，将整个过程展现在每一位师生眼前，让他们做食堂的监督者，真正做到监督和守则相统一。

（2）完善学校医疗机制和基础设施建设，解决学生看病遇到的难题；加大学生宿舍安全管理和安全设施建设力度，让学生住得安心；此外，还要完善校园网络建设，为学生提供顺畅、安全的网络环境，让网络真正成为学生学习的重要帮手。

（3）完善教育基础设施建设，为学生提供良好的学习环境。增加图书馆藏书量、加大多媒体教室建设、为学生配备高水平的思政课教育教师、淘汰落后的教学配套硬件设施。

三、高校思政课的教育内容网络转化运用

网络在一定程度上是在互联网信息技术不断发展的基础上打造出来，其类似于某种网状结构，意在推进信息资源的整合以及加强人与人之间的交流和沟通。大学生思政教育现代化发展的重要取向和必然趋势——思政网络教育，网络时代的大学生思政教育与大学生网络思政教育。网络时代的大学生思政教育，侧重强调在网络时代大学生思想道德状况发展的新变化，并且要求重视网络对大学生思

想道德状态所产生的深刻影响，在全面把握各种外在影响和大学生内在思想道德状况基础上，开展大学生思政教育。

高校思政网络教育改变人们以往从工具视角给网络思政教育下定义的做法，从人的本质和网络的本质相结合的新高度，深刻揭示思政教育本质。

利用互联网进行思政教育，一定程度上是因为互联网信息技术已经普及，并且由于课堂教学资源短缺，使得利用网络进行广泛的教学是教学模式转变的重要举措之一。大学生网络思政教育是对以往模式的突破和发展，在该系统中，可供选择的思政教育教学资源是极为丰富的。

大学生思政教育需要转化为网络教育，并运用到实际教育中，在转化运用方面包括：一是要符合大学生网民的接受特点；二是要充分利用网络特点；三是在传播途径和方式上，要选择新颖、独特并易于被大学生接受的形式。追求真实新奇、与众不同与多变是大学生网民在接受特点方面的主要表现。因此，必须坚持三个基本要求，才能使内容的有效转化运用到实践中。一是在正确方向的指引下进行内容的转化运用；二是转化应用的过程要与网络传播的特点相结合；三是转化内容不仅要符合大学生网民的需要，而且不能脱离其接受特点。因为只有实现内容的转化运用，才能使网上教育的有效性得到保证。

（一）转化运用的重要性

教育实践过程。中通过对以下要素的把握而形成:（1）准确把握大学生网民的特点和接受习惯，并从客观实际出发;（2）遵循思政的教育规律并坚持目标原则;（3）在第一方面内容的基础上，再次加工完善。要有效推动大学生网络思政教育的发展，不仅要科学制定第一方面的内容，并以此为基础，还要促进第一方面的内容合理、有效地转化为第二方面的内容。

（二）转化运用的相关建议

在转化和运用过程中，要选择与大学生密切相关的事件进行操作，切勿脱离实际，同时要将内容加以拓展，使其更具广度和深度。加强相关内容的表达方法与其实际教育效果之间的联系，因为将相关内容采用良好的表达方法表述出来，能够让与之相关的接受主体更易于接受，在今后的实践中，要加强和深入这一方面的研究。将现实大学生思政教育内容转化为网络教育内容，在取向方面应注意如下：

1. 深层次加强对事物的认识和理解

将大学生网络思政教育内容讲深讲全，使之更加透彻清晰，从根本上、更深层次上加强对事物的认识和理解。要透彻清晰地将思政教育内容传达出来，施行主体的能力是根本条件，既能深刻认识和理解思政教育的本身内容，又能预见和解决教育过程中可能遇到与思想理论相关的所有问题。因此，施行主体要能够系统、深刻地对事物的提出和发展做出说明，包括思想和理论等方面。另外，大学生网络思政教育内容的转化要将日常生活和政策问题进行紧密结合。

（1）日常生活方面。人们的实践经验大多源于日常生活，而且丰富多彩，这些经验也是人们面对问题、思考问题和处理问题的直接依据，其中大部分因素能够帮助人们加深对思政教育内容的理解和认识。因此，在实践过程中，将大学生网络思政教育内容的转化与日常生活紧密结合是切实可行的，而且日常生活中的这些因素对于大学生思想观念的形成，也起到一定的推动作用。

（2）政策问题方面。大学生普遍关注新出台的政策，并且在对其思考的同时，也会在网上进行讨论。因此，在实践过程中，大学生网络思政教育内容的转化不能脱离当下政策，而是应与之结合，通过对当下政策的分析，与大学生在兴趣和关注点上建立共性，从而推动网络思政教育内容的快速传达。

2. 关注大学生的切身利益

在进行网络思政教育内容转化时，要关注大学生的切身利益，并与之相结合。人们一切行为的产生都与其相应的需要有关，并关联着现实利益。如果思政教育内容能够与人们的利益产生联系，则更易吸引和感召接受主体，其教育效果也会更加明显。大学生网民虽然生活在虚拟世界中，但他们也是有需求的，他们具有虚拟与现实的双面性，如宿舍搬迁、饭菜价格变更、国家给予的生活补助调整等与大学生利益密切相关的网上信息，都会受到大学生网民的关注和重视，并且很多大学生会就此问题在网上展开激烈讨论。因此，关注大学生的切身利益，并将相关问题与网络思政教育内容相结合，同时发挥教师的引导作用，促进教育工作的有效开展和落实。例如，大学生对饭菜涨价问题的疑惑与不解，可以通过网络向大学生网民说明物价上涨的原因、国内物价上涨的幅度以及针对物价上涨国家教育行政主管部门和学校所采取的积极措施等。采取此种教育方式，一是可以解答大学生网民的困惑，消除其不满情绪；二是加深大学生对当前形势政策的理解，使其认识水平得到提升。

3. 关注大学生网民的行为、关注

（1）在进行网络思政教育内容转化时，要关注大学生网民的行为，尤其是网上行为。既然是大学生网民，顾名思义，其网络实践属于网上行为。同理，网上行为本身也包含在大学生网民实践行为范畴中。因此，大学生的网络思政教育开展过程与其网上行为相结合，使亲和力和实效性也能得到明显提升。

（2）在进行网络思政教育内容转化时，要熟悉并了解大学生网民对新闻事件的关注点，尤其是事件的类型和内容，并与之结合 [1]。

（3）大学生网络思政教育内容的转化要与大学生的关注点结合起来，如国际国内的重大事件等。对大学生网民而言，其历史使命感和民族责任感都相对较强，而且具有满腔的爱国热情，时刻关注国内外重大事件。但大学生年龄较小，又处于思想转型期，面对国内外的重大事件，往往会出现不够成熟的认识和判断。因此，教育施行主体应在这方面加以关注，及时有效地引导大学生。

第二节　高校思政课教学改革中的 VR 技术的理论依据

一、智慧教育理论

当代教育在知识经济时代和信息技术时代爆发式增长的进程中，迎来了新的发展目标，也就是实现自身发展由信息化向现代化的过渡，而在实现这一长远发展目标方面最行之有效的办法就是智慧教育，其基本特征在于学习环境、教学方法和学习人才的智慧化。

将智慧教育与信息化的时代特征相结合是现代教育的基本特征，作为一种全新的教育模式，这种深度融合以智慧型学习情景的创建为途径，致力于达成学生思维能力和解决问题能力同步提升的目标。

通过智能化教学设备、虚拟仿真实验与现代化信息技术结合的辅助作用，实验教学主体之间建立起了快捷的交互通路，很大程度上便利了教师对实验课堂全过程和学生学习进度的主导和掌控，同时也为学生培养发散思维、掌握课程知识创造了情景化的学习空间。

二、情境认知理论

作为一种边缘性参与的学习方式，情境学习具有强烈的边缘性特征，边缘性

[1]　冯建辉，李俊青 . 高校思想政治理论课实践教学改革探究 [J]. 石家庄学院学报，2014，16（01）：122-124.

指的是多样性和多元化，由特定的共同体所定义，从而在一定程度上影响着其社会定位。

情境认知理论是与建构主义同期出现，却晚于围绕学习核心的行为主义理论和认知心理学理论出现的一个重要研究方向。从理论知识上来讲，情境认知理论尝试纠正符号学说及刺激反应等内容。虽名为情境学习，但说到底并非只与情境联系紧密，从本质上来讲，情景化的教学建议和教学理论对人类知识的本质进行了深刻探索。

在探索人类知识的发展上，情境认知理论认为知与行是一种相互影响、共同发展和完善的关系。具体来讲，情景化是理论知识的基本特征，但在实际活动的影响下，理论知识可以实现自身的长期发展与内容完善，而实际活动的开展也可以加深人们对抽象理论知识的理解和认识。要实现这一长远发展目标，将概念与特立独行的个体想法混为一谈的做法显然是不合时宜的，相反地，要以概念为媒介，进一步夯实概念和实践活动之间的相互影响关系。而在对身份和意义的建构中，也会对情境脉络产生深远的影响。

以情境理论为依据对学习过程进行设计，需要凸显学习者的关键地位，围绕学习者及与之相关的社会实践活动的核心来安排学习活动和学习内容，比如在现实情境中展开教学活动，同时要确保这些教学活动与人类实践活动的接近性，还要注重对学生实际情况、身份建构与知识体系的融合。

总而言之，在开发学习环境、设计教学系统等方面，很大程度上受到了情境认知理论的影响，除此之外，计算机对学习系统的理论支持，以及整合课程和信息技术的理论指导都受到了情境认知理论的影响。

三、信息化教学理论

信息化教学理论的出现意味着教育已经初步实现了现代化，相较于传统教学方式，信息化教学最突出的特点就在于其信息化水平。但是，在这种浮于表面的信息化特征之上，信息化教学的本质其实是在传统教学中科学、有效运用现代技术，因而是一种先进化的教学理念。教学的信息化过程主要体现在：

（一）问题及相关主题的设计

要完成这一过程的工作任务，首要的一点在于对全部课程或任一单元的教学目标有清晰的理解，尤其是要掌握现阶段所学课程的主题内容。

（二）学习专用情境的创建

学习专用情境创建的根本目的在于服务学生学习，一方面激发学生的学习主动性和能动性，并借助于现代化的网络技术满足学生的学习求知欲和探索欲；另一方面通过专业情境在教学中的合理应用，建构起学生头脑中的理论知识体系，并以此来指导实践活动。总而言之，学习专用情境为学生学习创造了现代化的学习环境，丰富了学生的学习体验。

（三）相关学习资源的设计

学习资源是学生学习和开展相关实践活动、完成意义建构目标等的重要支持，而对相关学习资源的设计则是满足学生对不同学习资源实际需求的重要保障。对相关学习资源进行设计要坚持的一个重要原则就是确保信息资源的种类与学习主题相适应，同时最大化发挥不同学习资源在不同学习主题中的作用。而教师在学习资源设计中的作用就是指导和帮助学生掌握学习资源的获取渠道、获取方法以及有效利用方式等。同时，学习者还应在此基础上拓展学习资源的获取途径，如网络途径（搜索引擎、数据库等），在与主题联系紧密的学习资源设计方面，可以用专题学习网站筛选、整理和加工学习资源。

（四）设计自主学习活动

在行之有效的教学方法作用下，引导学生培养自主学习意识是信息化教学的重要方向。凸显学生的中心地位是自主学习活动设计的重点，做好以下三方面的工作则可以为目标的实现提供重要保障：（1）引导学生自主创新，这同时也是学生学习主动性和能动性的具体体现和最终目标；（2）外化理论知识，使学生学到的理论基础知识转化为指导实践的具体能力；（3）自我反馈，即学生自主反思个人行为所产生的结果，这是学生客观认识现实事物、科学解决实际问题的重要方法。

四、混合式教学理论

建构主义教学理论经过长时间的发展，呈现出来的最新形态就是混合式教学理论，这种教学理论通过融合网络教学和传统课堂教学，在一定程度上弥补了传统教学方式的缺陷。对学习理论的融合并不是混合式教学理论最明显的特征，它还混合了两种不同教学方式的教学资源、学习环境和学习方式。在多种理论的指导下，混合式教学理论呈现出了系统性、平衡性和操作性的基本特征，具体表现在以学习者创设为学习环境的中心，包括热点在内的学习资源以及多样化、自主化的合作式学习方式等。

第三节　高校思政课教学平台中的 VR 技术融合

一、VR 技术融合的教育理念

VR 技术的描写叙述展现出该技术在高校思政课教学中使用的效果明显、具有迫切性。在教学过程中有许多实践性教学内容，它们因为在环境、设备、安全、不可控等方面存在局限性，所以不能进行有效的教学，因而现在炙手可热的 VR 技术恰好满足了高校思政课实践教学的刚性需要。

造成 VR 技术在教学中的创新和深究方面有欠缺、一线教师不能根据实际需要完善 VR、专业公司制造的产品不符合实际教学等现象的主要原因，即教师不能根据实际需要简化有关 VR 技术在教学中有效应用。因此，VR 技术融合的第一步是理念引入。下面重点探讨虚拟仿真课件：

（1）以漫游方式为主的仿真学习课件。这类教学课件是把场景、环境以及目标物等运用电脑屏幕方式以真实、立体的漫游方式表现出来，体验者以第一人称角色通过键盘和鼠标隔着屏幕进行操作，使得漫游画面得以呈现。

（2）漫游互动式屏幕仿真学习课件。这类教学课件在学习者观看漫游画面时，可以依据教学要求，切换漫游画面，并且也可以直接与其互动与交流。

（3）注入相关元素的漫游互动式屏幕仿真学习课件。对教学相关需求进行分析，根据不同的需求，分别将逻辑思维、数理化等元素注入漫游互动式屏幕仿真学习课件中，这便是注入相关元素的漫游互动式屏幕仿真教学课件。这种课件的特点就是将被仿真事物的相关元素全方位注入仿真事物中，这样使用者在运用的过程中可以真切体会置身于此地的感觉。

注入相关元素的漫游互动式屏幕仿真教学课件的教学性和应用价值都是长效与高效并存的，如果能将真实的操作端注入其中，则某种意义上可达到"以假乱真"的训练效果[1]。

（4）可以进行考核考试的屏幕仿真学习课件。这类课件的制作较为简单，只需依据教学的相关要求，在以上三种课件中增加考核考试的功能就可以了。这

---

[1] 朱应雨. 虚拟仿真教学资源与人才培养模式改革 [M]. 上海：上海交通大学出版社，2018.

类课件拥有考试考核的属性，所以一般情况下，可以用这种课件评价学生的学习情况，相比于其他三种课件，其内容较为完善。

（5）能够完成顺序操作和多人联合的屏幕仿真学习课件。此类课件运用相关技术，由多个人参与完成，是将多终端的操作融入上述五类课件中。在这类课件中，多人扮演的多个角色协同控制着同一个屏幕仿真课件，这便形成了这类课件。在一些流水线作业、实习教学等涉及团队性较强的教学中，此类课件最合适不过，它可以检验职场中团队协作的能力，也可以激励使用者进一步形成团队精神。

二、高校思政课 VR 教学平台构建

（一）VR 平台的特点

VR 平台是一个软件可配置、虚拟化的真实网络实验环境，与基于普通 PC 的网络仿真环境相比，该平台有以下特色和创新之处。该平台可以开展各类真实通信网络与协议的仿真，所获得的环境和实验结果更加真实。

VR 平台的特点包括：建成了"大通信、大系统"特色的 VR 平台环境；建成了"虚实结合"的网络化实验平台；VR 平台源自国家科技重大专项等科研成果，拥有完全的自主知识产权，是由本领域专业的科研教学团队建成的专业化的 VR 平台环境。

（二）VR 教学平台的组成

1. 管理模块划分

管理模块划分为：

（1）完成系统管理。完成系统管理包括申请注册、设置权限、发布公告、提供咨询等功能。

（2）教学管理。教学管理涉及学生和教师的基体情况，比如学习情况、课程安排等。同时也包括教师将相关教学信息、管理结果等及时告诉学生，完成交流与管理工作。为学生提供服务的同时，也应保证教学活动的有序进行。

2. 虚拟教学资源库模块

资料丰富、信息便捷的资源库的构建，可以保证虚拟教学顺利进行下去。为了实现多元化的教学要求，可以运用模块化方式推进虚拟教学。科技在不断进步，同时也要兼顾教学的真正需求，不断完善相关教学功能。

3. 协同学习模块

在虚拟教学授课过程中，教师与学生、学生与学生之间可以进行动态或非动态的互动，也可以实时对话或协同合作，这是虚拟教学的明显优势。在动态互动方式下，教师与学生可以在虚拟教学中扮演不同角色，进而对虚拟物体深入观察，并实践操作，体验置身其中的感觉，达到深度剖析问题与互动学习的效果。在非动态互动方式下，师生之间或学生之间运用社交软件、电子邮件等方式互动，进行问题答疑与咨询。

4. 智能评价模块

课程结束后，对学习、教学效果应有相应的教学评价。有了适当的评价体系，才能更好地优化教学服务质量。一般来说，虚拟教学的评价比普通教学更难，因为其评价涉及的指标繁多且复杂。

（三）VR平台的应用效果

1. 系统全面

不论是在通信知识的集成应用方面，还是在知识的展示手段方面，VR平台都全面、多元地为学生营造了选择性较强的学习场所。这也彰显出类似"我的方式""我的选择"的个性化方式。

2. 远程及虚拟实验平台

学生运用虚拟实验平台，可以快速了解相关环境，从而提升其实践能力，这也是软件平台的精华。学生运用远程实验平台可以优化实验室资源分配，进而促进了贵重精密仪器的共享与利用，在一定意义上，这也减轻了现有实验经费、设备以及场地严重不足的巨大压力。平台技术充分培养了学生实验和实践的能力，这也是对传统实验模式的改进和补充，从而使实验教学不再受到空间与时间的约束。

3. 四大知识模块

全程全网认知模块、网上理论课程模块、通信网信息传递过程动态展示模块、典型设备介绍模块统称为四大知识模块。这些模块运用现代通信技术或相关设备，通过图形动画、网络课件、电子文本等形式呈现给学生，以全程全网教学体系为出发点，辅助学生获得多元的学习方法和丰富的文化资源，使得教学质量与效率不断提升。

综上，VR平台在教学过程中投入使用，不但使学生在掌握理论知识后可以快速过渡到实践工作的环节，也使得教学质量与效果有了质的飞跃，这对培养学生动手能力、创新能力以及主观学习能力有着重要的意义。

第四节　高校思政课教学中的学习框架创新融合

一、高校思政课教学中的学习空间创新融合

在学习空间设计领域，行动知识可用于设计和评估的所有阶段，但其性质随发展阶段而变化。在概念发展阶段，学习空间的使用者与建筑师在概念形式化过程中所需要的知识是不同的。它不同于空间建设过程中所需的知识，也不同于评估哪些工作做得很好，哪些没有。一旦学习空间被使用，但被发现并不十分正确，确定对现有空间的功能差距的正确认识并加以解决，即使是以小的方式，也能从根本上改善人与空间之间的关系，为他们提供新的相互关系，以适应所需的学习和协作方式。强调利益相关者的角色、知识使用和知识创造实践、不同的思维方式以及不同方法所采取的哲学立场，所有这些都有助于人们理解可操作知识框架。

学习空间是一种高度整合的学习信息服务模式。无论学习空间在功能上如何先进、服务上如何完备，但只有真正提升学生自身的能力，它才具备价值性。因此，学习空间必须不断改进以适应学生不断变化的学习任务。综上所述，学习空间是一种高度整合的学习信息服务模式，它是以满足学生学习需求，提高信息素养、专业技能，促进学习、研究、交流与协作为目标导向的新型实体空间和虚拟环境。

学习空间是一种新的基础设施。学习空间不单强调学习由计算机及网络等信息技术的支撑所获得，更应该强调一系列项目和服务在学习任务中支持学生。将学习空间简称为一种新的基础设施，利用数字化学习环境围绕提高绩效而特别设计的服务组织和空间。

作为一种教育信息化的空间实体，学习空间所涉及维度从印刷到数字化学习环境的调整，以及科学手段、服务功能和学生需求间的整合，它不仅仅要认识到满足学生学习需求的关键性，更应该深知学习的本质即为改变。这些改变主要包括改变现有传统的教学手段和方法，创造性地提出能够具有改进教学促进学习的教学方法，加强教师与学生以及学生与学生间的协作学习，以及认识到科学技术的进步是满足学生需求、信息组织和传播的核心手段。因此，学习空间模式要求技术专家、教育者和学生共同努力，利用其专业素养帮助学生管理信息知识，使他们的学习和研究能力得到最优化的发展。

尽管不同领域的学者对学习空间的概念做出了不同的解析，但可以从内涵、结构和功能以及服务与特点这三个方面对学习空间进行深度以及全方位的把握。

从学习空间的内涵而言，学习空间是充分实现知识共享和知识创新无缝化信息环境，强调将传统印刷资源与数字化资源有效结合，成功地实现学生信息需求和知识学习的一站式服务。从结构和动能角度看，具有聚集和共享新技术或获取和共享数字信息功能的实体和虚拟空间，是虚实融合的无缝学习场所。从服务与特点而言，学习空间是一个不受时间、空间限制，提供更便捷、便利且专业的信息知识服务的综合性的信息服务平台。

构建学习空间，强调协作交流对认知过程的重要性，并营造一种轻松、和谐和愉悦的学习氛围。所建构的学习空间能够支撑学生学习、研究、交流、协作等活动，体现了学习的协作性。

利用先进信息技术手段装备起来的学习空间具备学习资源的多元化。关于互动的社会物质观点将目光延伸到考虑环境的物质性以及学生与事物之间的任何共生关联。创新学习空间进一步扩展了物质性的概念，以明确处理有形和无形及其交互，同时考虑了物理和虚拟以及学生如何与两者交互和如何跨越两者。

对学习空间采取生态的立场，通过学生和工具的组合，通过要求学生完成在物理环境和虚拟环境之间来回移动的任务，寻找参与学习的方式，这些任务由提供新想法的人和现有知识的不同方式的物质对象引导。

在现代社会，学校、大学和工作场所通过引入各种思想、参与者、技术、教育学和其他因素，创造和影响教学空间，从而造成复杂性。这些空间的中心是"学习"的概念，所有其他要素都需要与"学习"保持平衡，这样参与者才能从中受益。

了解所有这些要素之间的关系、学习与学习空间之间的相互依存关系，是一项非平凡的、不断演变的工作，得到生态思维的有力支持。

（一）学习空间

广义的学习空间指一切可用于学习的场所，包含物理空间和虚拟空间；狭义的学习空间指传统的、相对固定的、封闭的课堂教学空间。人们将学习空间虚实结合的这一特性称之为广泛存在性。

1. 学习空间的分类

（1）个人学习空间。个人学习空间是为满足学生独立自主学习需求而创设的相对安静且资源丰富的个体学习区域，强调学生置身于不受外界干扰的学习空间内且学生之间不需要交流，只需拥有安静的学习环境即可。它的优点是虽然该区域是处在开放性的空间中，但每个桌椅都是相互独立且桌椅之间的摆设不会相互干扰，为学生提供了良好的独立学习环境。

（2）小组协作学习空间。小组协作学习空间主要指为以小组或团体形式的研究者及师范生提供专门的学术研究讨论或交流协作的自主学习活动空间。它的人数比较固定，一般为3—5人的小集体研讨会，形式也相对单一，多以相关专业领域的师范生对其专业方面的知识进行交流和沟通。但这种小集体形式的学习环境对私密性和公共性都有一定的要求，取决于该空间下物理资源设备的陈设和布置。因此，根据小组协作式空间的两种特性可将其主要划分为两个区域：

①封闭式的协作学习空间。封闭式的协作学习空间是指小组协作或研究讨论的场所是一个相对封闭的环境，学生可以自由且无拘束地对学术问题进行相互交流，并不用担心影响或干扰其他的学生而限制协作学习的开展。小组协作学习空间的布局模式突破传统的知识传授者和接受者分离的格局，它的排列形式能够将学生融入协作活动区共同参与讨论，并且这种格局不拘泥于一种模式，所以这种空间下的硬件设置一般都比较灵活多变，可按活动需求随时调整。作为一个相对封闭的学习环境，为了提高讨论交流效果、保证内容的私密性，该空间还具备隔音除噪的功能。协作空间的主要功能是达到协同学习，因此房间内的座椅都是带有滑轮便于移动其位置，可根据不同师范生的学习需求或研讨内容进行调整或改变房间的整体格局以满足主题内容。

②开放式学习空间。开放式学习空间分布在具有公共区域且开放性的环境中，整体布局与封闭式的模式类似。在这个区域，师范生可以开展协同学习、交流学习等，它所营造的学习氛围相比封闭式空间更具有开放性。当所进行的学术研讨中，小组学习的活动内容并不需要在封闭的环境中进行，即活动主题的内容可公开，那么可以使用开放式学习空间进行协作学习。

③虚拟仿真学习空间。学习空间的拓展和情境教学的优势在于能够激发学生主动学习的积极性，而虚拟仿真技术可以为教学活动创造这种特定的学习情境。当虚拟仿真技术应用于教育领域，学习空间中虚拟空间的概念便具体化了。

虚拟仿真学习空间是指通过虚拟仿真技术提供的非同寻常的广阔虚拟场景，用户不受空间和时间的限制，可以瞬间跨越不同的国度，也可以穿越到过去与未来。虚拟仿真学习空间将教育活动、信息技术和空间整合，在传统物理学习空间外延伸出一个通过虚拟仿真技术搭建的仿真环境，让学习活动范围更加广阔，学习时间更加灵活，学习资料更加丰富，置身"真实"环境中，通过沉浸性、交互性、感知性、智能性的体验，激发学习者的学习动机，提升学习者对学习内容的参与度，有助于学习者关注影像背后的理论逻辑，最终完成自身知识意义的构建过程。

2. 学习空间教学特点

（1）学习空间的核心观念。知识共享是指个体知识、集体知识通过各种交流手段或方式为团队中其他成员所共享，同时通过知识创新，实现组织的知识增值。成功地扩大知识共享的范围是实现知识经济时代学生知识获取的重要保障。信息化时代以技术手段为支撑的网络学习空间将"信息资源共享化"作为核心理念，它为广大学生、研究者提供了一个实体环境与虚拟空间相交互的智能化学习空间，让他们充分接收具有针对性、科学性、实用性和冗余度低的教育资源，使其自主学习得到充分的发挥。

（2）学习空间的重要特点。相对于传统的教室和多媒体学习环境，以信息技术作为认知工具的学习空间更加强调协作式学习的重要性。协作式学习是为达到小组学习目标而开展的对话、协商、讨论等形式的活动，是达到学习目标的最佳途径。

学习空间为学生组成团队进行协作学习提供了方便条件，它扩大了学生的范围，不局限在班级或熟悉的群体中，使具有不同文化背景、专业领域、学习经验的学生进行协作，从中获得多方面的收获；网络技术、数据库和人工智能技术支持的学习环境，拥有丰富的资源、各种帮助工具和学习策略支持，使协作学习能够得以顺利进行。同时，协作可分为同步和异步，使学习更加灵活。

（3）学习空间的空间布局满足小组活动的开展。数字化学习空间在空间设计与布局上最大的不同就是支撑各种小组活动的开展。学生可依据小组或团队的研究主题对空间的格局做相应的调整，让各种资源设施最大限度地发挥起作用并有效地支持小组学习活动。在这些学习室里还配备有计算机、多媒体、投影仪和电子内板等具备可移动、可调节的资源设备，以满足不同学生或团队的个性化需求。

3. 学习空间的开发模式

（1）点轴式开发模式。点轴式开发模式是增长极理论的继承和发展，其核心思想是借助据点式开发模式，不断地吸收各种信息资源、信息与媒体技术、学科专家、硬件设备等，利用其自身模式的特性不断地发展和扩充，并将相互之间具有关联的学习空间通过信息间传递的模式联结起来。而这种联结的轴线就构成了物理与物理空间、物理与虚拟空间以及虚拟与虚拟空间的枢纽，当枢纽所联结的空间吸收和容纳的各种资源或空间区域已足够大时，它将会把内部的资源逐步地扩散和转移到周边和邻近区域，从而使原有的学习空间产生一种扩散效应，并利用其优势和特性形成一种扩大式的学习中心。

点轴式开发模式的两大影响——极化作用和扩散效应都在一定程度作用于数字化学习空间。极化作用，简而言之，使增长极周边或邻近区域的资源不断地向增长极集中、靠拢，使中心的学习空间的规模、信息量和基础设施不断壮大，即能够吸引周边要素向增长极集中的行为。但极化作用不会永久性发生，这主要是由于带动学习空间之间发生相互关联的枢纽，即信息的传递渠道是一个双向流动的过程，它将各个学习空间的信息资源、科学技术、学科专家等不断地进行交互与传递，使增长极内部的资源在不断吸收的同时也扩展到周边空间，以带动周边领域的发展。点轴式开发模式最终希望形成一个由功能各异、形式多样的学习空间和空间之间产生联结的枢纽组成的数字化学习空间。

（2）据点式开发模式。据点式开发模式基于经济学领域中的极理论，通过对原有资源匮乏和技术落后的区域提供指引和辅助增长极来带动该区域发展的一种空间开放模式。它的核心思想是不改变原有的空间模型，利用现有资源集中建设，不断地完善和改进原有空间，使构建后的模式满足学生需求。据点式开发模式以学习空间信息资源、硬件设备以及师生需求的实际情况为依据，并在此基础上确定学习空间的结构与功能，将空间的功能建设建立在原有的模型基础上。利用这种模式开发的学习空间能够更好地利用原有的资源与技术优势，使所构建空间具有较强的突出性。

据点式开发模式的优势主要包括：①风险小。它的核心理念是利用现有资源和技术设计和完善原有的模型，不仅减少了投资的风险，而且提高了空间的实用性和功能性；②投资少。由于前期的准备工作已将实施方案、成本计划等做了合理的规划和制订，因此在后期筹备实施时就能够有效地节约工程项目的开支；③缩短开发周期，提高工作进程。这种开发的模式对数字化学习空间的建设在整体上已有了全面的了解和把握，并对其建设达成了一致，主要的工作是将现有资源集中于空间的建设，而不必考虑建设过程中的不可控因素。因此，该模式能够更好地缩短开发周期，加快工作进程；④适用于资源匮乏和技术落后的区域。

（3）网络式开发模式。网络式开发模式是点轴式开发模式的进一步延伸，是其点轴渐进扩散的结果。该模式的核心观点是点轴式学习空间发展到一定阶段，增长极的影响范围在不断扩大，大多数的学习空间已形成了较为完善的结构体系，即具备丰富的信息资源、科学技术、硬件设备、学科专家等要素，在此基础上进行网络开发不仅能够加强增长极与整个空间之间信息交互的广度、密度和深度，而且借助网络的优势能够增强外延学习空间的发展，促使增长极空间与周边空间的信息资源进行合理化的配置和组合，从而扩大学习空间内部的发展。不同于点轴式开发模式强调以增长极空间发展为核心，网络式开发模式更注重学习空间的均衡分散发展，不断地将增长极空间的要素向周边扩散，以缩短网状空间内各学习空间的差距。因此，网络式开发模式一般适用于资金雄厚、技术先进、物资丰厚的区域，它不仅能够借助现有资源对原有的学习空间进行改造、更新，而且利用网络模式的优势加强点、面之间的信息交互，使其他空间也得到发展。正是由于网络式开发模式的核心理念是推进学习空间一体化发展，因此数字化学习空间在结构上总呈现一种网状分布的形态。

4. 学习空间的资源、物理规划与运行机制

（1）学习空间的资源。学习空间的资源可以从两方面进行概括：①信息资源库建设和网站建设。信息资源库建设包括传统纸质形式的文献信息资源，利用科技手段建立的数字化资源索引数据库，零散、无序且具有价值性的网络信息资源（简称网络资源指引库）。网站建设包括主页、功能以及栏目导航设计三个板块，由于学生主要采用网络学习方式进行学习，则可在功能板块加入网络学习模块、资源库以及咨询服务模块。网络学习模块提供学生必须学习的教学课程、学习软件、教案课件等相关资料；资源库则是包括各个领域信息资源且设置检索条实现本地资源以及外地信息的一站式统一管理和检索；②学习空间的人力资源。一个多功能学习空间需要大量专家和专业技术人员的共同参与，除了能够提供学习空间硬件设施以及信息资源库，最具有支撑性的因素主要有参考咨询专家、计算机咨询专家、在线学科专家。参考咨询专家主要负责提供各类相关专业技能指导和帮助；在线学科专家将学生和各类学科专家通过网络技术组建一个专业学科导航系统平台，并进行针对性的授业解惑。

（2）学习空间的物理规划。学习空间的物理规划：①信息咨询服务台。一般位于学习空间主体楼层的核心区，提供专业参考咨询助理以及具备技术技能专员等；②个人学习空间。包括电子阅览室和传统资料阅读室，提供个人学习所需要的空间和软硬件资源，如配备有桌椅、书架、计算机、分布式打印、无线网络、电源等设施；③小组协作空间。提供研究课题以及学习讨论所需的会议室以及相应的软件资源和硬件设备，如计算机、投影仪、放映机等；④开放式学习空间。为方便小规模的学生学习和讨论或课题的培训等提供更为开阔和开放的电子阅览室；⑤休闲娱乐区域。集休闲和学习于一体，配备能够舒缓学生压力的设备，如沙发和茶几、饮料和食品等，使学生在自主学习或协作学习的同时始终能够保持愉悦、舒畅的心情。

（3）学习空间的运行机制。学习空间的内部机制一般分为三层，包括：①信息咨询服务台。将信息咨询服务台作为学习空间运行的核心，其主要职责是为学生提供指引和帮助并参与技术性服务，主要由参考咨询馆员、计算机技术专家、多媒体专家组成；②内围支持层。内围支持层为学习空间内部的部门，由信息咨询部、技术部、参考服务部、教育指导部和管理协调部共同构成；③外围支持层。外围支持层是学习空间外部的部门或机构，其主要职责是提供校内以及校外相关单位的信息资源、智力资源和技术资源，将信息咨询服务台接收到的各类问题指派给相关部门和机构进行有针对性的处理，并将解答后的问题反馈到信息咨询服务台，最后由它传递给学生，使其疑难得以解决。它包括学校内各院系的师资力量、教学设施等，同时也包括学校外部的智力和技术支持等。

（二）基于虚拟仿真技术的学习空间拓展创新

思政课教学内容的核心是对学生社会主义核心价值观的教育，目标是帮助学生树立拥护党的领导和社会主义制度的信念，以及为国家奋斗的理想。虚拟仿真技术把课堂上教师没有办法用语言描述的、抽象的概念和画面，通过具体的、立体的、360°的、全沉浸的场景给学生展示出来。如北京理工大学自主研发"重走长征路"思政课，利用虚拟仿真技术让学生"身临其境"地感受在长征途中红军遭遇的一次次生死挑战，将红军不畏艰难、勇往直前的品质立体地展现给学生，大大提升了学生的参与度和教学效果；又如北京物资高校在思政课教学中尝试进行虚拟仿真情境体验取得了明显效果，学生在情感认同、理论认知、理论联系实际等方面均取得了显著的进步。

在学生的学习活动中，他们借助特定工具形成相关知识的学习经验。虚拟仿真学习空间就是这样一种工具，通过营造"真实"场景，帮助学生更好地理解日常生活中不常见或无法接触的活动。从高校思政课理论课教学需求出发，设计了虚拟仿真技术下高校思政课学习空间拓展创新模型。

1.空间情境创建的基础

高校思政课虚拟仿真学习空间的拓展，主要是指在高校思政课主渠道——思政课课堂之外，再开设一个场馆虚拟仿真学习空间。依据活动理论六要素原则，在构建高校思政课虚拟仿真学习空间的过程中要充分考虑参与学习空间活动的主体和客体，空间情境创建的基础工具选择以及空间活动设计的规则、共同体和劳动分工。

（1）主体和客体。高校思政课虚拟仿真学习空间的主体是使用虚拟仿真技术设备进行自主体验学习的学生。客体的内容包涵范围较广，学习空间的场馆环境、组织者、讲解者都可以归为客体，但是在高校思政课的情境下，该客体是指教师根据教学要求提出的学习目标、学习任务、学习内容和学习问题。

（2）工具。虚拟仿真学习空间的工具是帮助主体到达客体的中介，高校思政课情境下虚拟仿真学习空间是在传统课堂学习空间之外的拓展，场馆实体在虚拟仿真技术下得到扩展，包括硬件设备、课程资源、学习指导等，为学生提供沉浸、交互、感知、智能的情境，学生可以在该场馆实体中通过形式和内容丰富的虚拟仿真技术工具达到知识构建的目的。

（3）规则、共同体和劳动分工。规则主要是学习活动的学习要求、考核标准、进度控制等。高校思政课情境下虚拟仿真学习空间的规则指作为主体的学生，需要按照一定的规则、标准、要求完成学习活动方可到达客体。高校思政课情境下虚拟仿真学习空间的共同体是围绕某一主题开展学习活动的主体、其他学生、教师所构成的结构松散的学习共同体。

共同体有助于提升主体的学习体验，通过知识共享，影响主体的知识构建。劳动分工是指学习活动共同体中不同成员间的工作分配。规则、共同体和劳动分工三者共同构成了虚拟仿真学习空间的交互学习环境。

虚拟仿真技术下思政课教育学习空间拓展创新模型的一大特点是，"人机""人人"交互与反馈贯穿主体的整个学习活动过程。例如，在学习活动开始前，通过技术手段对学生主体的个人信息进行收集，如学生的历史成绩、知识储备水平、爱好等，这有助于共同体中的教师角色了解学生的基本情况，也有助于在学习活动结束后依据规则对学生的学习效果进行个性化的评估并给出针对性的建议。而在学习活动进行过程中，共同体中的不同角色（学生、其他学习者、教师）间实时交流，彼此交换信息与资源，学生主体在互动过程中收集其他共同体给予的反馈建议，影响修正自身的知识意义构建。

2. 虚拟仿真学习空间的优势

虚拟仿真学习空间作为传统课堂教学空间的补充，是未来教育活动的重要发展趋势。除了知识呈现、模拟训练、环境体验等功能外，它还具有以下三点主要优势：

（1）时空的灵活性。虚拟仿真学习空间最显著的优势就在于不受时间和空间的限制，通过虚拟仿真技术，学习者可以选择任意时空的情境进行沉浸式体验。如果说当下人们可以去亲身体验"不到长城非好汉"的壮志豪情，那么虚拟仿真学习空间既可以带领人们去领略1400多年前"贞观之治"的繁荣昌盛，又可以带领人们去亿万年前的白垩纪与恐龙进行一次华丽冒险。时空的灵活性大大丰富了学习资源，让学习者在一次次的"穿越"中完成知识网络的构建。虚拟仿真学习空间的时空灵活性特点的另外一个特点是，可以让学生无限次回到特定的情境中进行重复体验，让学习者在循环往复的体验中发现新问题、产生新感悟。这也是传统课堂教学无法实现的功能。

（2）教育的长效性。以高校思政课理论课为例，课堂上的知识点灌输理论性有余而参与度不足，若要实现将所学知识做到"固化于智""内化于心""外化于行"的教育闭环，必须辅以社会实践类教学活动才能达到更加理想的效果。目前高校思政课教育社会实践主要途径包括社会调查、社会服务、主题教育（如参观革命纪念馆、前往革命基地学习）等。这种传统的社会实践方式依赖客观的环境条件，当离开实践基地后，学生的情感价值必然会有所削弱。同时受经费、学生规模限制，传统社会实践的机会并不多，无法保证通过足够多的实践频次强化学生的情感认同，更无从谈起后续学生的态度转变与自身的行为实践了。

虚拟仿真学习空间则为高校思政课的教学提供了随时可得的主题教育资源，可定期组织学生进行体验，通过虚拟仿真技术还原相关场景、人物和故事，与课堂教学内容形成呼应，并对课堂教学内容起到补充与加深理解的作用，从而对学生的思想起到长效影响。

（3）课程的贯通性。学校教育强调的是知识的全面性，即通常所熟知的"博雅教育"或"通识教育"，而职场所需要的是对具体技能的掌握与熟练应用。虚拟仿真技术缩小了学校教育与职业应用之间的鸿沟。目前虚拟仿真技术在教育领域中的应用正在稳步展开，其情境体验和模拟训练的功能得到了广大师生的喜爱与推崇，如场景化沉浸式英语、焊接训练模拟器等，通过由简到难、由低到高的学习过程，提升教学效果。这些功能帮助学习者将知识学习与职业实践更好地衔接，有助于学生将抽象的知识概念与具体的实践操作相联系，构建"课程学习—自由练习—实景演练—职业应用"的课程贯通体系。

3. 可能存在的问题与挑战

教育技术的迅速发展为未来课堂内外教学提供了技术支持，丰富了教学内容、手段、方式方法，如虚拟仿真学习空间在教育过程中具有时空的灵活性、教育效果的长效性、课程的贯通性等优势。但同时要清醒地认识到，技术只是实现教育目的的手段，倘若单纯追求技术的应用而忽视了教育的初衷，无异于买椟还珠，就会丧失教育鼎革的应有之意。

虚拟仿真技术的高校思政课学习空间构建的初心是为了弥补当下高校思政课

课堂教学效果不理想，让难以入耳、入脑、入心的理论学习通过虚拟仿真学习空间的沉浸式体验过程，通过虚拟仿真学习空间提供的"真实"场景，让学生入眼、切身地去体验，达到直击心灵的效果，帮助学生完成情感上的升华，从而推动其对理论知识学习的理解和吸收，最终转化为行动上的自觉。

从情感认同到理论认知这一发展过程是虚拟仿真学习空间与传统课堂教学相结合的难点。过多地强调虚拟仿真学习空间的趣味性和可参与性，很有可能会弱化学生对知识本身意义的重视。

虚拟现实空间所呈现出的故事化互动式场景，足够"好玩"却不够"理性"，大学生对这种学习模式的体验参与兴趣高涨，但往往缺乏后期的深入思考和研究，造成高校思政课理论素养水平出现"红而不专"的情况，即情感上高度认同，但是理论积累不够，进而必然导致行动上缺乏指导，无法实现将理想信念转化为实际行动的教育目的。

要解决这一问题，就要对现有思政课教学全过程进行改革。虚拟仿真学习空间课程内容的开发和设计，让虚拟仿真学习空间所提供的学习体验能够与课堂理论教学的知识点一一契合，前后呼应。当学生在虚拟仿真学习空间学习体验的过程中，教师和其他同学所构成的"共同体"要积极参与以及正确引导学习者开展有效学习。在这一过程中，教师还要善于通过学生的表现，结合数据分析，发现学生对该部分学习内容的兴趣点或知识盲点，及时做出反馈，给予学生更好的学习指导。

在课程结束后，教师对学生的表现要提供点评，设置一些小组专题讨论，对知识点进行巩固练习，加深对理论的理解。虽然虚拟仿真学习空间让传统以教师为主导的课堂转变为以学生为中心的更加个性化的教学过程，但这无疑对教师的要求更高了，教师需要具备扎实的专业知识、娴熟的教学技巧、良好的沟通能力以及更多的时间和精力。而目前鲜有高校针对这种新颖的教学模式制定相应的激励政策，导致教师的积极性不高。这种技术先行制度落后的现实困境导致一些先进的技术在高校应用的广泛性和深入性上都受到了限制。

二、高校思政课教学中的虚拟仿真技术协同创新

（一）高校思政课 VR 教育的动力机制

在高校思政课教育协同创新过程中，各动力因素会在某种特定的机制下产生一定的关联，即所谓的动力机制。各动力在相互作用的过程中，主要有三个基本

特点：其一，动力要素是构成动力机制的基础，动力机制的运行离不开各种动力要素，两者相辅相成；其二，思政课教育协同创新的动力机制运作完全依赖于各动力因素之间的相互作用；其三，动力机制的功能与运作情况完全取决于动力因素之间的组合方式或各动力因素的整体情况。

1. 协同动力机制的核心要素

动力主体、动力客体、动力介体是动力机制的三个核心要素，三个要素之间相互影响、相互作用，进而形成有机整体，共同推进动力机制正常运行。从某种意义上来讲，此动力机制实质上是由各种动力因素共同作用所产生的相对完整的系统。

（1）动力主体。由于所涉及的层面存在一定差异，动力主体可以分为三种：接受主体、实践主体以及本体性主体。在介绍本体性主体之前，首先需要对哲学中的"存在"相关内容建立一定的认知，在哲学领域中，形而上学作为其核心思想，对于事物"存在"的相关内容做出具体说明。对于思政课教育而言，人的存在以及今后发展就成为此项工作所要研究的核心内容。本体性主体与上述所提到的哲学问题密切相关，具体是指个体在思政课教育中作为一种特殊群体而存在，换言之，个体存在于思想教育过程中，具有一定的特殊性。实践主体以及接受主体是指个体既作为实践活动的主体，又作为接受思政课教育的主体。

（2）动力客体。动力客体主要是指特定的作用物，具体就是思政课教育中协同创新动力的作用物，此作用物可以被进一步划分为有形与无形。对于有形而言，作用物主要指代众多的资源与工具；对于无形而言，则指代一些类似权利、信仰、思想等无形动力要素。无论是有形作用物还是无形作用物，均产生于思政课教育的协同创新过程中。

（3）动力介体。作为思政课教育协同创新发展过程中的核心要素，动力介体扮演着重要的角色，起着承上启下的作用，衔接着动力主体与客体。动力传输媒介多种多样，常见的有思想信息、创新文化等，其均可对动力主体起到一定的辅助作用，在一定程度还能调节整个创新发展的动力结构。此处需要强调动力贮存体的概念，所谓的动力贮存体是指动力主体所具备的全部创新能力，动力贮存体大致可以分为两类：一类是基于创新的软实力；另一类则是基于物质的硬实力。

2. 协同动力机制的形成机理

（1）需要导向。需要导向是创新发展过程中的动力源泉，是产生创新动力的核心。个体在进行任何实践活动或获取认知之前都需要有明确的需求，需求永远作为其开端。需要导向主要有以下内容：

①物质需要。只有具备良好的思政课素养，才能够有效提升个体的创新能力并创造出更多的财富，进而满足个体对于物质利益的需要。

②精神需要。相比于个体的物质需求而言，个体所追求的层面更高，原因在于思政课协同发展的整个过程，不仅具有社会性质，还具有一定的精神性质，为了能够更好地适应社会发展并不断提升自我，个体对于精神发展的需求必不可少。

③社会参与需要。个体应当具备集体意识，并且思政课教育协同创新的过程本身就具备一定的社会性质，对于实践性较强的教育而言，社会参与就是其重要的组成部分。

（2）利益诉求。为利益诉求是创新发展动力的奠基石，动力的产生离不开利益诉求。在思政课教育协同创新过程中，动力主体均具有某种利益诉求，正是存在此种利益诉求，政治教育活动才能够更加顺利地开展。利益诉求对于协同创新的可持续性起着决定性作用，利益诉求的缺失会直接打破协同创新的持续性。

（3）矛盾驱动。矛盾驱动是产生创新动力的真正原因，矛盾实质上是产生动力的根本原因，对于思政课教育的协同发展而言，创新活动中所涉及的全部矛盾都对创新实践在一定程度上起推动作用。矛盾的产生在协同创新过程中不可避免，原因在于协同创新所涉及的内容趋于多样化并且十分广泛。这些矛盾从产生到解决的过程，实质上就是协同创新发展的过程。

（4）学科自觉。学科自觉在创新动力的产生过程中发挥着至关重要的作用，思政课教学作为一门学科，自建立以来，在多方面都取得了重大突破，协同创新对于思政课教育而言，也显得愈发重要。协同创新具体是指充分展现教育人文性的教育新理念，其目标为逐步迈向教育现代化、综合化。从学科自觉的角度出发，教育工作者需要具备一定的自觉性，才能够起到表率作用，更好地推进协同创新工作的实施。除此之外，协同创新的参与者也必须具备一定的自觉性，无论是理论还是实践，都需要不断发现问题、积累经验，充分发挥本学科的全部优势，学习与借鉴相关学科的长处，最后达到学科现代化的效果。

3. 协同动力机制的功能

（1）启动功能。启动功能主要是启动思政课教育协同创新实践，激发协同创新参与者的创新意识以及提升他们的创新能力。

（2）维持功能。维持功能在思政课教育协同创新发现过程中显得至关重要，此功能能够起到很好的引导作用，协同创新实质上风险系数很高，具有很强的不确定性，参与者在此过程中必然会遇到各种各样不可避免的问题，挑战性极强，因此协同创新发展动力在此过程中发挥着极其重要的作用。从某种意义上来讲，维持功能还起到保证协同创新实践能够顺利开展的作用。

（3）强化功能。强化功能能够加快教育协同创新实践的进程，在特定情况下，也有可能延缓实践进程。创新动力的基本性质会直接影响其强化功能的效果，思政课教育协同创新发展过程中会存在正强化与负强化两种情况。对于正强化而言，主要是指协同创新的参与者能够凝聚在一起并产生一定的协同力，进而有效推动协同创新的发展；对于负强化而言，主要是指协同创新的参与者未能产生协同力而是耗散力。

（二）高校思政课 VR 教育的课堂结构优化

1. 教学要素的调配

（1）教学要素调配的必要性。

①课堂教学要素整体功能的发挥。在课堂教学活动中，教师和学生都是至关重要的组成部分，即主体要素，教师在教学时能够展现出其主体地位和作用，而学生在学习时能够展现出其主体地位和作用。然而，教师和学生之间的地位是相对而言的，对于大学生而言，其主体地位的展现以及功能的发挥离不开教师的指导和帮助；当然，对于教师而言，若缺少大学生的学习过程，则教师的教学能力也无法发挥出来；要想实现课堂教学的教学目标，并取得明显的教学效果，教师和学生的主体作用需要密切配合。此外，教师应该采取一些有效措施，激发学生的学习兴趣，学生也应该调动自身的主观能动性，主动参与教学活动。教师与学生之间建立相互尊重、相互促进的良好关系，是课堂教学取得明显成果的前提条件。

②课堂教学模式的合理构建。从教师教的角度分析，教师是教学过程的主体，学生是教学过程的客体，而教学内容和物质条件是教学过程的介体，因此，教师是通过教学内容和物质条件教育学生，此种教学模式是课堂教学中具有代表性的教师中心模式。

从学生学的角度分析，学生作为学习过程的主体，学科知识是学习过程的客体，而教师和教学物质条件是学习过程的介体，因此，学生是通过教师和教学物质条件来掌握理论知识，此种课堂教学模式既是课堂教学中具有代表性的学生中心模式，同时也是教育改革中大力提倡的认知模式。

综上所述，在课堂教学中，合理有效调配课堂教学要素，会对课堂教学模式的构建和运用产生积极的影响。教师要结合实际情况，按照教学改革的要求，运用科学的教学理论，构建合理的课堂教学模式，从而取得良好的教学成果。

③教师自身专业发展的促进。教师专业发展是社会发展的需要，也是教师自身发展的需要。随着社会的发展，人们对教育的期望提高了，对教师的期望也越来越高，教师专业发展问题日益成为社会各界关注的焦点。现代教师不仅要有广阔的知识视野、良好的道德修养、健康的心理素质，还要有勇于开拓的创新精神、精湛深厚的教学艺术等。因此，教师必须在职业生涯中不断丰富自己、发展自己，通过终身专业训练，习得专业技能，提高专业素质。也只有不断更新自己的教学观念和方法，汲取各方面的文化知识，提升自己的专业素养，才能适应教学改革的需要，引导学生全面发展。

教师的专业发展表现在多方面，其中专业技能是不可或缺的重要方面。合理调配课堂教学要素，既是教师专业技能高的重要体现，又是教师专业技能训练和提升的重要途径。在课堂教学中，教学要素的调配，直接影响到教学目标的制定和达成、教学内容的组织与编排、教学方法和教学媒体的选择与运用、师生作用的调动和发挥等。通过教学要素的合理调配，可以促进教师正确定位教学中的师生关系，恰当制定教学策略，提升课堂教学技能。

（2）教学要素调配的要点。

①以人为本，促进学生全面发展，是现代教育的主流。在思政课课堂教学中，教师在课堂教学要素的调配中要做好以下三方面：

第一，在教学活动组织上，引导学生积极参与教学。

激发参与热情，引导学生参与。是否具有参与的热情，是学生能否积极参与教学的前提，兴趣是最好的教师。学习兴趣是推动学生学习的重要心理因素，能够有效地激发学生参与教学的热情。为此，教师要力求教学生动有趣，通过生动有趣的教学，激起学生的求知欲望，保持学生的好奇心，引导学生从已有知识经验出发参与教学过程，体验学习成功的愉悦，真正做学习的主人。

营造参与环境，吸引学生参与。要努力形成平等、和谐的教学氛围，创造教师与学生平等交流的机会，消除学生对教师的防范、敬畏的心理，打消学生参与教学活动的种种顾虑。同时，要留给学生参与教学的空间。包括思维的空间、想象的空间、创造的空间、思想升华的空间等。有的教师表面上要学生参与教学活动，但是学生的发言内容、表现方式等都必须按照教师的理解来，如有不同就马上干预，这样会挫伤学生参与教学活动的积极性。所以，教师要善于做一个倾听者，尊重学生的不同意见和看法。

第二，在教学内容选择上，坚持从学生的实际出发。

从学生的已有知识和经验出发。学生的已有知识和经验是教学不可忽视的方面。如果不考虑到这种学情，结果可能是有的教学内容过深过难，学生接受不了；有的教学内容学生已经掌握，却投入大量教学时间和精力。因此，教师必须了解学生的已有知识和经验，进行针对性教学。

从学生的思想实际出发，思政课课是一门德育性质的课程，要解决学生的思想认识问题，提高学生的思想品德和思政课素质。如果思政课教师不了解学生的思想实际，仅凭自己的主观臆断或者经验进行相关问题的教学，必然难以引起学生的共鸣，更无法使学生将所学的理论知识内化为自己的思想观念，转化为自己的实际行动。

第三，在师生关系上，体现对学生的尊重和赏识。

尊重学生。教师和学生在人格上是平等的，教师要尊重学生的人格；就一些问题进行讨论和交流时，学生会有各种不同的看法，教师要尊重学生的不同意见，鼓励学生大胆发表自己的思想和见解，善待学生的"新""异"想法和观点，以平等的态度对待学生，以民主的态度宽容学生。这样才能实现师生之间的相互信任，营造民主和谐的教学氛围，搭建师生互动平台，促进教学相长。

赏识学生。赏识的特点是注重学生的优点和长处，发现并进行表扬，促进学生更好地发展。在课堂教学中，教师要赏识每一位学生的特性，包括兴趣、爱好、专长等，以强化学生的自我价值；要赏识学生的行为结果，包括学生所取得的极其微小的成绩，以强化学生的行为活动；也要赏识学生的行为过程，以激发学生的兴趣和动机。

②角色定位，发挥教师主导作用。强调学生的主体地位并不否认教师的主导作用。教师经过了专门的训练，系统了解学科专业知识，掌握教育教学的基本理论和方法，能够准确认识学生的身心状况和特点，恰当地选择教学内容和教学方法，合理地开发和利用教学资源，组织实施都由教师进行，学生学习活动的开展也离不开教师的有效指导。因此，在课堂教学要素的调配中，要恰当定位教师的角色，发挥教师的主导作用。

"角色"一词起源于戏剧表演，指演员在舞台上所扮演的人物。在社会学中，此名词用于指处在某种社会地位的个体或群体，在实现与地位相匹配的权利和义务过程中，其展现出来的行为和态度符合社会期望。在传统教育中，教师被公认为知识传承者，从而导致教师的角色不够多元化。

教师要在学生的学习过程中提供帮助。帮助学生检视和反思自我，明确自身所要掌握的理论知识，制定切实可行的学习目标；为学生提供先进且具有创新性的学习资源；帮助学生组织行之有效的学习活动；除此之外，教师还要帮助学生将所学的知识应用到实践之中，从而帮助学生实现自己的人生价值和社会价值；还有更重要的一点是，教师要帮助学生激发自身的内在潜能，提高自身的综合能力和素养。

教师要加强自身的引导功能。引导的内容包括学习方法、思维方式和自我价值的实现。引导时以启迪和激励方式为主。比如，若学生处于迷茫状态时，则教师应该引导学生如何辨明未来的发展方向，而不是直接告知学生方向；再如，学生遇到困难时，教师应该激起学生的精神动力，培养学生战胜困难的勇气和决心，以及提高学生解决问题的能力，而不是直接帮助学生解决问题。

③研究教材，有效选择教学内容

第一，教师用教材教，教材是教师教的材料。教材内容不等于教学内容，教师要在研究教材的基础上，对教材进行分析、综合、加工、创造，构建具体教学的内容结构和实施进程。不同的教师对于同一教材可能会有不同的创造与加工，他们在分析教材、处理教材时也会存在差异，教材只是为教师教学提供了基本的"脚本"，如何表演，还要靠教师的创造性发挥。

第二，学生用教材学，教材是学生学的材料。教材内容不等于学生的学习内容，学生的任务不仅仅是学教材。教材只是为学生学习提供了一个平台，在这个平台上，学生可以进行多种形式的演绎，不仅对教材内容可以根据自己的实际情况在学习上有所侧重，还可以将学习的触角延伸到课外，开阔自己的视野，提升自己的素质。如果把教材作为学习的目的，必然是死记硬背，脱离生活实际，盲目崇尚书本，这不仅与教材的真正用途背道而驰，也不利于学生综合素质的发展。

第三，教材承载着课堂教学的主要内容，是实现教学目标的工具。教师要充分发挥自身的创造性，从实际出发来灵活处理教材。首先，灵活处理教材内容。教材只是提供了教学活动的基本内容，这些内容在教学中如何处理，哪些该重点关注，哪些可以一般对待，哪些要补充，哪些可以舍弃等，教师要根据不同地区、不同学生的实际情况来确定。其次，灵活安排教学进程。教材只是提供了教学的基本线索，以框为单位安排课时内容，一般一框一课时。但毕竟各框内容有多有少、深浅不同，教师要灵活处理，从总量上控制教学内容。最后，灵活运用教材所留空间。教材通过情境问题、活动设计等，给师生教学留下大量的思维空间、活动空间，教师要针对不同层次的学生和不同认知风格的学生灵活处理，提出不同层次的要求。总之，教师在课堂教学中，要做得既尊重教材，又不囿于教材；既凭借教材，又跳出教材，对教材进行创造性使用。

2.教学程序的优化

（1）教学程序的特点

①课堂教学程序的多样性与复杂性特点。任何一门学科教学都需要有一定的教学程序，教师在教学过程中需要安排课堂教学时间和内容，要科学地规划教学内容。教师在开展课堂教学之前，要有与课程相对应的教学方案，在实施教学之前，要合理安排课堂时间，要明确不同教学内容所需要的时间和讲解环节，同时，教师对课程内容的讲解要抓住重点，让学生能够快速掌握难点和重点，相对而言比较简单的教学内容，教师要简单带过，这些都需要教师在课前合理地规划，但是，对教学程序的提前规划并不代表教师必须严格按照已经确定的教学方案开展课堂教学，而是要随着课堂的发展灵活调整。与其他教育阶段的思政课课程不同，大学阶段的思政课课程比较复杂和多样，就意味着教师需要更多地灵活性教学，其原因主要在于以下方面：

第一，课程教学目标。不同的课程有不同的教学目标，教师在教学之前需要确定教学方案，而教学方案的确定是基于教学大纲中的教学目标，课堂教学安排最终的目的是实现教学目标。每一堂课都有不同的教学任务与目标，但是都与总体目标一致。例如，如果教学目标是让学生巩固之前的学习知识内容，那么教师通常需要采用复习课程教学模式，教学内容的安排也主要针对之前学过的知识。为了让学生更好地掌握知识，一般教师会根据不同的教学内容和目标划分不同的教学类型。

第二，采用的教学方法。不同学科、同一学科的不同内容都需要采用与之相适应的教学方法，不同的方法有不同的教学环节，每个环节的顺序也有所不同。课堂教学方法并不是单一的，教师可以根据教学的需要加以选择，也可以在课堂教学中，通过学生的学习情况和特点，从中总结适合所教授学生的教学方法，按照不同的教学步骤确定教学程序。例如，情景教学法是指由教师创设特定的情景，让学生参与其中展开情景分析。

第三，教师的影响。教师作为教学活动的主导者，其个人的教学方式和理念会影响课堂教学，不同的教师有不同的教学风格，其教学能力也存在一定的差别，对同样的教学内容，不同的教师有不同的想法，所采用的教学方法也不同，使得教学方法更加多样，教师之间可以通过互相交流，分享教学经验，提高教学质量。

②课堂教学程序的整体性与衔接性特点。大学思政课课堂教学操作程序虽然复杂多样，但不论教学如何具体展开，都是一个相对完整的实施过程，在教学程序上具有整体性和衔接性。这种整体性和衔接性主要表现在时间上的整体安排、

内容上的上下衔接、步骤上的环环相扣等方面。

第一，教学时间上的整体安排。课堂教学是在特定的时间进行的，一般一节课40—45分钟。虽然课堂教学的实施程序不同，但都需要从整体上合理安排教学时间，努力提高教学效率。一方面，在课堂教学设计中要整体规划教学时间。要根据教学内容的深度、难度和学生的认知水平等，合理安排一节课各个教学环节的展开顺序和时间分配，既争取在较少的课堂教学时间内完成规定的教学任务，又要在顾及学生学习承受能力的前提下尽可能节省时间。另一方面，在课堂教学实施中要整体调配教学时间。课堂教学并不一定完全按教师的预设进行，在实际的教学中往往会出现很多意想不到的情况，生成各种各样的问题，这也就意味着教师在教学中要根据课堂教学的实际，对课前规划的教学时间进行合理调控。

第二，教学步骤上的环环相扣。课堂教学的具体展开都是由若干环节组成的，虽然各自的展开环节大不相同，但都强调环节与环节之间的步步深入、环环相扣。在常规的课堂教学中，明确教学目标、阅读感知教材、讲授解疑、问题讨论、作业演练、复习小结等，都可以是课堂教学的环节。由于教学目标、教学任务等的差异，课堂教学的环节会各不相同。一堂课究竟应由哪些环节组成，需要教师根据学科特点和教学的实际需要来确定，在确定基本的教学环节后，要具体设计课堂教学各环节的组织和编排，将各教学环节进行有机组合，安排各环节的先后顺序，使之前后衔接，形成合理的整体教学结构，保证整个教学过程连贯一致、脉络清晰。

（2）教学程序的优化方法

总结广大教师的教学实践经验，理清教学思路、创新教学模式、突出重点难点、注重教学衔接等，是值得关注的重要方面。

①厘清教学思路。思路，即思考问题的线索、脉络、路径。教学思路，教师课堂教学的流程，即一节课从哪些地方开始，怎样一步一步地展开，最后达到怎样的终点。教学思路既是教师的"教路"也是学生的"学路"，是课堂教学展开的基本步骤和程序。好的教学思路集教学过程的流畅之美、教学内容的组合之美、教学时空的造型之美、教学双方的活动之美等于一体，对优化课堂教学程序具有重要的意义。

理清教学思路，要符合两方面的基本要求：a.教学思路要清晰。清晰的教学思路能够清晰地表明教学的基本步骤和环节，而且各个步骤、各个环节之间的关系处理恰当，符合学科知识的特点要求，符合学生的认知发展规律；b.教学思路简明。简洁明了的教学思路既体现出教学的层次性，又便于实际操作。如果教学思路过于复杂，教学步骤过于繁琐，往往难以具体落实。

厘清教学思路，要坚持规范性与灵活性相结合。教学思路有一定的规范性，要与课堂教学的类型、运用的方法等相一致。例如，授新课通常按照教学导入、新课教学、教学小结等步骤展开，复习课往往按提出复习目标和要求、教师示范、模拟训练、总结交流等环节进行；情境教学通常按情境创设、情景分析、情境回归等步骤展开，案例教学往往按案例选择、案例呈现、案例分析、总结评价等环节进行。但这种规范性并不否认其运用的灵活性，在实际的课堂教学中，教师对教学思路的设计要以因人而异、因课而异。针对不同的教学目标、教学内容和学生实际，应该采用不同的教学思路，即使是同样的教学目标和教学内容，也可以有不同的教学思路，突出教学思路的个性化和特色化，是教师厘清教学思路的重要追求。

②创新教学模式。教学模式是在一定教学思想或教学理论指导下，在教学实践基础上形成的比较稳定、简明的教学结构、活动程序及其实施的方法论体系。作为活动程序，突出了教学模式从整体上把握教学活动的基本流程及有序展开；作为方法论体系，突出了教学模式从实际运用上的可操作性。显然，教学模式的选用和创新直接影响到课堂教学程序的优化。

大学思政课课堂教学的模式多种多样，如讲授式、学导式、探究式、案例式、情景式等。而且随着思政课课堂教学改革的发展，广大教师对思政课课堂教学模式的理论研究和实践探索不断深入，教学模式也越来越呈现多样化趋势。不论是怎样的教学模式，都有相对完整的基本结构和操作要领，都对广大教师设计教学程序、开展教学活动有一定的指导和借鉴意义。但教学模式毕竟只是一些基本的"范型"，教师在实际教学中绝不能生搬硬套，而是要从教学的实际出发，考虑学科的特点、教学的内容、现有的教学条件、师生的具体情况，灵活运用，大胆创新，体现个性，凸显特色。

③突出教学重难点。教学的重点，包括两方面内容：课堂教学的重点内容和课堂教学的重点环节。课堂教学涉及多方面的内容，从教学目标、学科知识体系、学生实际情况等来看，这些内容会有主次之分，其中学科的基础性知识、核心观点、要使学生重点形成的情感态度价值观等，无疑是教学的重点内容。课堂教学也包括多个步骤和环节，不仅每个环节各有自己的特点和要求，而且这些教学环节存在重要程度的差别，相对于教学导入和教学小结，新课教学环节无疑更为重要和关键。无论是课堂教学中的重点内容还是重点环节，都在整个课堂教学进程中占有更为重要的地位，需要教师和学生给予更多的关注，需要在教学中赋予更

多的时间和精力。

教学的难点，也包括两方面内容：课堂教学的难点内容和课堂教学的难点环节。课堂教学的难点内容是相对于学生的认识水平而言的，是由于学生认识水平的局限或者客观事物发展尚不充分，因而使他们难以理解、难以接受、难以分辨、难以运用的学科知识和道理，是学生在接受知识、发展能力过程中遇到的主要障碍，以及情感、态度、价值观形成中碰到的困惑。课堂教学的难点环节是相对于教学实施而言的，是由于各方面因素的制约而在具体实施中可能面临各种困难的教学环节，如由于学生知识和能力的制约，探究活动难以展开、讨论辩论面临困境等。

④注重教学衔接。课堂教学不仅仅是完成教学内容的讲解，更重要的是要让学生能够听懂学会，能够充分理解所学的知识，这就需要教师发挥重要作用，教师在教学过程中，除了要选择正确的教学方法之外，还要起承转合的不同教学环节，不同的教学环节需要一定的过渡，而各个环节直接承接需要有一定的方法，要灵活过渡，而不是强行过渡，过渡强硬的教学方法会导致学生无法充分理解这部分教学内容，所以教师要优化教学程序。除此之外，课堂中各个环节的教学内容之间有一定的联系，知识的学习是循序渐进的过程，是有机的整体，教师在教学过程中要把握知识之间存在的内在联系，搭建各个环节之间过渡的桥梁，形成系统的学科知识体系。

大学思政课课堂教学衔接的方法多种多样。可以利用学生的求知欲望和好奇心理，设置疑问衔接，如在"市场配置资源"的教学中，在讲完市场调节的优点以后，可以设置疑问"市场调节有这么多的优点，那么，市场调节是不是万能的呢"来进行衔接；可以抓住新旧知识的内在联系，以旧引新衔接，如在"唯物主义和唯心主义"的教学中，可以抓住哲学基本问题，通过哲学基本问题第一方面内容的不同回答是划分唯物主义和唯心主义的标准来衔接。此外，还可以创设情境、激趣衔接，演绎论证、分析衔接、启发类比、比较衔接等等。

在课堂教学中，无论采用怎样的方法衔接过渡，都要注意两方面的基本要求：第一，衔接过渡要自然。一堂课的教学内容、教学环节都是一个有机的整体，要抓住它们之间的内在联系，自然地衔接起来，使其融为一体。第二，衔接过渡要引发学生的思考。衔接过渡是引发学生思考的重要契机，不能满足于内容与内容之间的连接、环节与环节之间的转换，要尽量富有启发性，能够启发学生进行新的思考，引导学生开展新的探索。

3.教学空间的营造

（1）课堂教学空间营造的重要性。空间有很多种不同类型，如宇宙空间、网络空间、思想空间等；也有很多种不同的解释，如物理学、哲学、数学等对空间的界定都各不相同。讲的课堂教学空间，是指在课堂教学中，教师在明确基本内容、保证基本目标和要求的基础上，通过一定方式营造的学生在认识、思想、行为等方面自由活动的空间，包括思维和想象拓展、知识和技能迁移、思想和行为延伸等方面的活动空间。

①对于课程目标而言。大学思政课课程有特定的教学目标体系，主要包括知识、技能、情感态度与价值观。为了实现思政课课程的教学目标，教师要厘清三个目标之间的关系，同时也要明白三者的重要性。知识是课堂教学的基本目标，但不是课堂教育的重中之重，最重要的是情感态度与价值观和能力目标的实现。对于思政课课程而言，教师要在课堂教学中引导学生提高解决问题的能力，树立正确的价值观，这些目标的实现都需要营造一定的课堂教学空间。

②对于课程理念而言。与其他课程不同，思政课课程主要是为了培养学生思想方面的思维和能力，与学生的发展密切关联。思政课课程的理念来源于实践，所以思政课课程的教学也需要以社会现实为基础，要将思想理论与社会生活相结合，更为重要的是，教师在讲解课程内容过程中，需要结合与学生相关的事例进行讲解，让学生能够更加容易理解理论内容，不同的学生理解能力等有一定的差异，所以，为了满足学生的多样需求，教师需要营造课堂教学空间，提高教育质量。

（2）教学空间营造的具体方法。教师在教学过程中不仅需要讲解知识，还要为学生创设一定的学习空间，让学生能够在这一空间中积极参与，发现自身在学习过程中存在的优势和劣势，通过自主学习提高学习能力，这也是引导学生学会正确思维的过程。

①营造思维与想象空间。课堂教学空间的创设必须与课堂教学内容和目标相一致，同时课堂教学空间在创设的过程中也要依托一定的教学情境，要充分考虑学生的学习情况和对知识的掌握情况，要针对性地开展教学，考虑到不同学生之间存在的差异。除此之外，教学情境的确定要符合社会现实，要贴近学生生活，所创设的课堂情境要反映生活特点和状态，同时也需要营造一定的情感氛围，引起学生的共鸣，让学生感同身受，在此情境中，引导学生在生活化的情境中感悟和思考。

教学情境有多种类型、形式，有现实情境和模拟情境，有问题情境、活动情境、实物情境、语言情境等。教学情景的创设要符合真实性，要符合社会发展实际，要有一定的现实依据，而不是凭空想象，还要有探究性，要有一定的知识含量，值得学生去探究，最后还有启发性，教学情景的创设不仅仅是让学生学会知识，更重要的是让学生从中受到一定的启发，能够启迪思维，教师要用具有启发性和典型性的问题推理情境。

②营造探究与生成空间。激发学生勇于探索、创造和追求真理的科学精神。可以以由浅入深提出问题的方式，引导学生讨论问题，发表不同的观点，互相交流、启发，共同解决需要回答的问题。例如，教师可以先讲一个故事或先描绘一个场景，将问题生动化、形象化，然后要求学生理解故事所阐明的道理或场景所反映的问题。当问题本身能够引起学生学习的兴趣时，学生才会积极主动地分析和解决问题。

问题情境教学法的核心是教师针对具体情境，将教学内容设计成一个或多个问题，由教师引导学生在解决问题的过程中学习，提倡学中做与做中学，让学生主动认真地参与到对问题的分析和解决中，激发学生的学习动机。需要注意的是，一方面，所提出的问题要有针对性，要结合学生的学习水平；另一方面，问题情境教学法的问题要有明确性，要有学习和探究的价值，与学生的生活息息相关，能够激发学生的学习兴趣。

③营造互动与创造空间。教学活动的顺利开展需要教师和学生共同协作，学生必须参与到其中，常见课堂教学活动有以下方面：

第一，角色体验活动。在这一教学活动中，教师需要通过创设与教学内容相符的情境，让学生作为情境中的人物进行角色体验，通过学生亲身体验，让学生感受身为这一角色的思想和行为，以及他人的相处过程，培养学生的集体意识和协作能力。

第二，讨论辩论活动。教师在课堂教学中创设一定的问题情境，让学生针对特定的问题展开讨论和辩论，开阔学生的思维。

第三，自主设计活动。这一教学活动是为了通过让学生自主设计以一定知识为主题的方案，提高学生的创新能力。

课堂教学活动的开展和营造互动与创造的空间都是为了让学生通过活动参与学习知识，同时提高各方面的能力。

④营造实践与求证空间。理论与实际的关系密不可分，思政课课程需要学生学习很多理论知识，而知识的学习需要与社会实践相结合，所以，在课堂教学活动中，教师要营造实践与求证的空间，让学生能够将学习的理论在实践中得以运用。思政课理论的学习是为了培养学生正确的世界观、人生观和价值观，能够用理论分析、解决问题的同时指导实践。此外，学生通过理论联系实际，也能够通

过实践检验理论的适用性和科学性。

⑤营造知识与技能迁移空间。理论的学习需要以实践为基础，思政课课程的学习并不是从无到有，而是在学习思政课课程之前，学生就已经有了一定的生活基础，学生的生活中也有许多思政课课程的内容，所以教师在思政课课程教育过程中，需要借助学生熟悉、感兴趣的事物引入所需要学习的新知识，换言之，要在学生已有认知的基础上构建新的知识体系，让学生能够逐渐接受新的知识，进而掌握学习方法。

4.教学节奏的调控

课堂教学节奏表现为课堂教学中的抑扬顿挫、起承转合、轻重缓急、强弱快慢、高低起伏、张弛疏密等，在一定程度上体现着课堂教学的结构及变化。优化课堂教学结构，要善于调控课堂教学节奏。

（1）教学节奏调控的必要性。大学思政课课堂教学作为教学活动的一个方面，也应该具有自身的节奏，思政课教师需要认真对待，合理调控。调控教学节奏，有利于增强教学的吸引力，提高教学的效率。教学富有节奏，能够集中学生的注意力，消除学生的疲倦感，使学生感受到课堂教学的轻松愉快，体会到教学内容的生动有趣。因此，合理调控课堂教学节奏，不仅能够使师生情感交流融洽，形成积极的课堂教学氛围，而且能够有效地调动学生学习的积极性和主动性，促使学生主动参与课堂教学活动，积极思考课堂教学的内容和问题，从而有效地实现教学目标，提高教学效率。

调控教学节奏，有利于增强教学的美感，对学生实施美育熏陶。教学节奏本身就是一种美，具体可以表现为和谐之美、变化之美等。各种教学要素相互协调，各个教学环节环环相扣，教学语言使用抑扬顿挫，教学内容安排系统有序，师生交流顺畅融洽等，形成了教学节奏的和谐之美；教学风格、教学素养等因教师而变，教学内容安排、教学方法选用因学生而变，师生的情感投入、情感起伏因内容而变等，形成了教学节奏的变化之美。合理调控教学节奏，可以使教学节奏的和谐之美、变化之美等得到充分体现，增强教学的美感，也可以借此引导学生感受美的力量，增强学生欣赏美的能力，实现对学生的审美教育，促进学生更好地成长。

（2）教学节奏的具体分类。教学节奏有多种类型和具体表现，可以从不同的角度进行划分。但不论如何分类，一般而言，都包括语言节奏、思维节奏、时间节奏、内容节奏、情感节奏、氛围节奏等。

①教学的语言节奏。从教学口语而言，语言节奏主要表现为语调高低、语速

快慢的变化。在课堂教学中，教师根据教学需要恰当地变换语调、语速，使之高低相间、快慢交叠、抑扬顿挫，就形成了教学的语言节奏。事实上，语音语调语速的变化，是集中学生注意力、增强教学吸引力的重要手段；有节奏的教学口语，会像一首和谐的旋律，令学生处于兴奋状态，不知疲倦。

从教学书面语而言，语言节奏主要表现为教学板书的层次分明、重点突出、书写流畅、运用恰当。在课堂教学中，教师教学的书面语主要是教学板书。作为教学信息的载体，教学板书在内容上简洁明了、重点突出；在书写上自然流畅、准确清晰；在设计上布局合理、整体美观；在运用上与教学口语、体态语恰当配合，这样就在书面语层面形成了教学的语言节奏。

从教学体态语而言，语言节奏主要表现为教师教学中举止和表情的变化，在课堂教学中，各种手势、身体姿势等灵活运用，各种严肃的、诙谐的、兴奋的、悲愤的表情适时变换，并将这些举止和表情与教学口语、书面语恰当配合，就在体态语层面形成了教学的语言节奏。如果教师面无表情，或举止呆板，会造成课堂气氛的沉闷。当然，在实际的课堂教学中，教师不可能完全面无表情，也不可能长时间原地不动地照本宣科，关键是要根据不同的教学内容和学生的不同表现，神情举止富于变化。

总之，语言是课堂教学中传递教学信息的重要手段，教学语言的主要魅力就在于节奏。有节奏的教学语言强调根据教学的需要变化，尤其是根据教学内容的变化而变化，根据教学进程的变化而变化，根据学生的不同表现而变化，通过变化形成节奏。合理的教学语言节奏，体现一个教师课堂语言技巧的成熟程度，反映一个教师教学语言技巧水平的高低，也影响课堂教学效果的好坏。

②教学的思维节奏。教学的思维节奏，是指课堂教学中学生思维活动的强弱、疏密、张弛等变化。在课堂教学中，要积极引导学生开展思维活动，形成思维活动的节奏，追求思维活动的质量。

第一，在思维活动强度上，强弱交替。对于一节课而言，如果学生无问题思考，思维松懈，不利于他们的潜能开发；但如果思维强度过大，学生会长时间处于高度紧张状态，不利于学习的持续发展。学生的思维活动一般是在外界刺激下进行的，课堂教学中，教师既要通过设疑提问、讨论辩论、组织探究等引导学生积极思维，深入思考，又要通过知识回顾、一般描述、风趣幽默等使学生紧张的神经得到调节，实现学生思维的强弱交替，张弛有度。

第二，在思维活动频率上，疏密相间。学生思维活动的疏密，是学生思维活动状态的重要表现。学生注意力集中的时间是有限的，最佳的思维活动时间也是有限的。如果思维频率过高，长时间处于紧张状态，学生容易产生疲劳，难有好的思维效果；如果思维频率过低，长时间处于松弛状态，学生容易产生懈怠，也影响学习效率。要努力通过疏密相间的思维活动，形成良好的思维节奏。

第三，在思维活动形式上，相互结合。学生思维活动的形式多种多样，大体可以归为形象思维和抽象思维两大类。一般而言，高校学生更关注抽象思维，但这并不意味着二者的割裂和分离。在实际的课堂教学中，可以通过有效地变换思维形式，形象思维训练和抽象思维训练相结合，形成思维节奏。

③教学的时间节奏。教学的时间节奏，就是教学时间的合理分配。将教学时间恰当分配到课堂教学的各个内容、各个环节、各个活动，使教学时间分布合理，学生学习张弛有度，就形成了课堂教学的时间节奏。

从教学内容而言，每次课堂教学都涉及多方面的教学内容，包括基本概念、基本原理、基本观点、典型材料等。其中有些是重点难点内容，有些是一般内容；有些是与现实密切联系的热点焦点问题，有些是只需学生简单了解的一般问题。在课堂教学中，教学时间的分配要符合教学内容的实际。一般而言，重点难点内容、热点焦点问题等要多花时间，多投入精力。

从教学环节而言，每次课堂教学都由若干教学环节组成，要考虑各个教学环节时间的分配。例如，传授新知识的课通常由教学导入、新课教学、教学小结等环节组成，其中的主体环节无疑是新课教学，要多花时间和精力。教学导入、教学小结虽然很重要，教师需要予以高度的重视，但毕竟不是课堂教学的中心，不宜花太多的时间，否则会本末倒置。

从教学活动而言，每次课堂教学也是由若干教师和学生的具体活动组成的，教师的教学活动主要有讲授、提问、演示等，学生的学习活动主要有观摩、思考、讨论、探究等。课堂教学中各项活动的时间如何安排与衔接，也是值得关注的。在教育改革的背景下，尤其要强调改变教师"满堂灌"的现象，充分调动学生参与教学的热情，让学生成为学习的主体，让学生成为课堂的主人。

④教学的内容节奏。教学的内容节奏，是指课堂教学内容的多寡、主次、难易、虚实等的变化。具体而言，主要表现在以下方面：

第一，教学内容多寡适度。每次课堂教学内容的多少，要符合学生的认知结构。教师总希望学生多学、学好，但事实上教师教了学生不一定学了，教师教得多学生不一定学得多，教学效果最终要通过学生的学来衡量。教学内容太少太单薄固然不合适，教学内容太多太繁杂同样不恰当，这样会使学生疲于应付，不能有效地思考和消化。

第二，教学内容主次明确。课堂教学内容有主有次，教师教学中对教学内容的处理也就要有详有略。一般而言，主干知识、基本观点、与现实联系密切的热点、对观点形成有重要影响的典型材料等，是课堂教学中需要关注的重点内容；而一些非主干知识、课程标准仅做一般性了解要求的知识、一般性的教学素材等，是课堂教学中可以淡化甚至忽略的内容。教师教学中要善于驾驭和处理教学内容，突出重点，抓住难点，做到有放有收，详略得当。如果不分主次地平铺直叙，是无法达到强烈感人的节奏效果的。

第三，教学内容难易适度。课堂教学中，教师对教学内容的安排要难易适度，体现一定的难度和坡度，能够有效地激发学生的积极思维。

第四，教学内容虚实相间。"虚"是指学科理论和知识，"实"是指社会实际和学生实际。理论联系实际是思政课课堂教学的基本要求。用学科知识分析实际问题，以学科理论指导实际行为，用事实材料论证学科知识，借生活实际生成学科观点，都是理论联系实际的重要方式。在思政课课堂教学中，教师既要注重学科知识的传授，又要关注生活实际的引入，实现理论与实际的有机联系。

⑤教学的情感节奏。教学的情感节奏，是指课堂教学中师生情感的流动和变化。课堂教学中鲜明的情感节奏，可以形成强大的教学感染力，引起学生强烈的共鸣，产生很好的艺术效果。

课堂教学的情感节奏首先表现为情感强弱的变化。教学总是富有情感的，师生在课堂教学中的情感表现又应该是有强有弱的。只有情感强弱得当，起伏合理，才能形成良好的情感节奏，也才能使课堂生动感人，使课堂充满活力。

课堂教学的情感节奏同时也表现为各种不同情感的转换和变化，如激昂、平静、愉快、悲哀、得意、紧张、悠闲、愤慨、同情等。一般而言，各种不同情感的转换与变化与教学内容、教学进程、学生表现等密切相关，要与教学内容同步，随教学进程发展，因学生表现而异，当喜则喜，当怒则怒。针对不同的教学内容，表现出喜、怒、哀、乐的变化；伴随教学流程的发展，时而慷慨激昂，时而宁静安详，时而凝神思虑，时而滑稽幽默，时而严肃不苟，时而故作糊涂；也针对学生在课堂上的学习情况，表现出喜悦与忧伤、紧张与轻松、热情与冷淡等变化。

⑥教学的氛围节奏。教学的氛围节奏，是指课堂教学中冷与热的变化。这种课堂教学中的冷热变化，重点体现在教学方式和师生关系两方面。

就教学方式而言，知识教学是冷，趣味教学是热；理性分析是冷，激情表达是热。单纯的知识教学，单一的理性分析，会造成课堂氛围的沉闷和教学活动的枯燥；一味地趣味教学，过分的激情表达，也可能空有课堂热闹的气氛，偏离教学目标。总的来看，教师需要追求生动活泼的课堂氛围，需要营造热热闹闹的课堂场景，但也需要追求教学目标的真正落实，需要学生学习确有收获。因此，课堂教学在方式上要有冷有热，使学科知识的分析掌握在趣味教学中进行，使课堂教学的目标在活泼的课堂氛围中落实。

就师生关系而言，严格要求是冷，信任赏识是热；批评是冷，表扬是热。在课堂教学中，师生的相互交往和关系处理直接影响到课堂的氛围，尤其是教师对学生的态度和处理方式，更直接影响到学生的情绪和行为反应。因此，教师在教学中对学生要恩威并重，严慈相济。既严格要求，又充满关爱；既积极肯定学生的成就和进步，又明确指出学生的问题和不足，从而形成良好的课堂氛围节奏。

5. 教育内容处理

（1）教学内容的选择。高校思政课课堂教学内容是指根据教学目标，有目的地选择并按照一定的逻辑思路组织编排而成的知识体系。这种知识体系主要通过教师为教学实施而设计的具体教学方案表现出来，体现了教师对教学内容的选择和安排。

①学科教学知识的选择要求。

第一，科学性。科学性指教学内容观点准确、论据确凿、表述规范。教学内容中涉及的基本概念、基本原理和基本观点，都应该是经过实践检验过的，具有科学性和真实感。科学和真实，是思政课教育的重要特点，也是提高思政课课可信度的重要基石。只有教学内容科学真实，才能使学生相信并践行，起到教育人、感染人的作用。

第二，基础性。一方面，思政课课堂教学内容应该是本学科的基本知识和技能，应该是有关社会科学的基础知识、社会生活的基本规范；另一方面，思政课课堂教学内容应该能够使学生终身受益，能够为学生终身发展奠定基础。所选择的教学内容能够为学生形成基本的思想品德和思政课素质奠定基础；迁移性是所选择的教学内容与其他学科理论、现实有较强的关联，能够在新的情境中解决问题，并在解决问题的过程中提高学生的知识、能力和思想素质。

第三，可接受性。把握好教学内容的广度和深度。广度是指教学内容的宽广程度，广度控制不好，内容太多，学生难以消化；深度是指教学内容的难易程度，教学内容过深过难，学生不易理解，会挫伤学生学习的积极性，影响学生的学习兴趣。

②高校思政课课堂教学内容的编排。教学内容编排，是指对选定的教学内容进行合理的组织和安排，使之形成系统化的教学内容体系。课堂教学内容选定后，

就需要对这些内容进行恰当的编排，以使大学生能够快速有效地掌握知识，顺利地达到教学目标。

第一，教学内容编排的取向。在教学内容的组织编排上，长期以来存在着多种不同的认识和取向。了解这些教学内容编排的取向，对于掌握教学内容编排的方法，开展教学内容编排的实践都具有重要意义。一般而言，教学内容组织编排主要存在以下取向：

第二，学科知识序与学生认知序。知识序是指学科知识本身内在的逻辑性。任何学科的知识都是一个有机的统一体，其事实、概念、法则、原理之间是相互联系的，具有内在的逻辑性、系统性、连贯性，这种内在联系即为知识本身的"序"教学内容的组织编排，要尊重学科知识本身的系统性，不能完全脱离学科知识的内在逻辑体系。

认知序是指学生学习活动内在的认知规律。学生的认识发展是从已知到未知、从感知到理解、从巩固到运用、从具体到抽象、从易到难、由简到繁、由近及远的过程，而且只有当教学活动与学生原有的经验、知识、能力等联系起来时，才能在最大程度上诱发学生的学习兴趣与学习积极性，这就是学习者的认知"序"教学内容的组织编排，必须考虑学生现有的智能水平和心理特点，遵循学生的认知发展规律。

学科知识的序与学生认知的序是不一样的，它们各有特点和优势，以往我国思政课课堂教学中，往往更多的是强调知识序，忽略或淡化认知序，这种做法虽然有利于学生对学科知识的系统把握和完整理解，但难以激发学生的学习热情，难以调动学生学习的积极性和主动性。随着教育改革的发展，现在强调知识序与认知序结合。教学内容的组织编排既要考虑知识的"序"，又要遵循学生认知的"序"，通过对教学内容的合理组织，把学科的知识结构和学生的认知结构很好地结合起来，促进学生的发展。

第三，横向与纵向组织。横向组织是指打破学科之间的界限和传统的知识体系，探求选定的教学内容之间的横向联系，并根据这种新的联系对内容加以整合，形成一个有机整体。教学内容的横向组织是与学科发展综合化的趋势相一致的，它有利于消除学科之间彼此孤立、壁垒森严的对立局面，设计出不同于学科知识结构的综合性内容体系；也有利于把学生的需要、兴趣、经验等整合在一起，激发学生的学习积极性和主动性，提高学习效果。

纵向组织是指把选定的教学内容按照一定的依据和标准进行先后顺序的排列，既可以按照学科自身的知识体系进行排列，也可以按照学生的认识规律进行排列。通常比较一致的做法是按照学科内容的逻辑顺序，兼顾学生认识发展的规律，遵循由浅入深、由易到难、由简单到复杂、由具体到抽象的原则进行组织编排。

过去我国思政课课堂教学内容组织编排主要是从纵向进行的，强调按照学科自身的逻辑结构和学生的认识规律，构建课程与教学内容体系。近年来的思政课学科教学改革则在保持纵向组织的同时，特别重视横向组织，形成一个立体的教学内容编排方法。事实上，思政课学科具有很强的综合性特点，加强教学内容的综合性，重视学科知识与社会实际和学生经验的整合，实现纵向组织与横向组织的有机结合，应该是教师们坚持的方向。

第四，直线式与螺旋式。直线式是遵循学科自身的逻辑联系，按照教学内容在学科体系中的先后顺序进行线性排列。

螺旋式要强调教学内容在不同学习发展阶段的层次性，根据不同阶段的教学目标，对教学内容进行不同程度、不同层次的组织编排，形成一个随着学习阶段的发展，教学内容螺旋式上升的内容体系。

直线式与螺旋式也是各有利弊的，一般而言，直线式可以避免不必要的重复，螺旋式则容易照顾到学生认识的特点，两者的长处也正是对方的短处。以往我国思政课学科教学内容的组织编排主要是线性排列，现在则更注重螺旋式的思维特点，力求形成直线前进与螺旋上升并重的教学内容体系。

（2）教学内容编排的常见方式。编排课堂教学内容，传统的做法往往是教材内容结构的简单复述，呈现的是教材中的知识线，是线性的、平面的，往往很难引起学生的思维冲突，很难唤起学生的参与意识。

随着教育改革的发展，现在对教学内容的编排，强调从既定的教学目标出发，根据学生的认识规律、情感与能力发展的规律，设置问题情境，激发学生的思维，以任务驱动的方式，让学生完成一个个学习目标。在这种改革的背景下，呈现出多种多样的教学内容编排方式，每种编排方式都各有利弊，教师们要善于权衡利弊、恰当选择、取长补短、综合运用。总结广大思政课教师的教学实践经验，教学内容组织编排的常见方式主要有以下三种：

①以教材思路为中心编排教学内容。教材是教学的主要材料，承载着教学的主要内容。同时，教材本身就是兼顾学科知识和学生认识发展规律而编排的内容体系，有系统的逻辑结构和密切的内在联系。因此，教师在确定教学内容的基础上，可以依照教材的编写思路和内容线索，对教学内容进行组织编排，形成教学内容体系。

②以基本概念和原理为中心编排教学内容。每节课教学都是以一定的概念、原理为基本内容的，因此，以基本概念和原理为中心编排教学内容，是课堂教学中组织编排教学内容的一种重要方式。教师可以在全面系统地研究教材的基础上，以基本概念和原理为核心，设疑激趣、精心点拨、重点突破、带动全局。以这种方式编排教学内容，其基本结构是：一般性概括引入—论述—一般性概括总结。

③以案例为中心编排教学内容。思政课课堂教学离不开案例，案例教学有利于充分调动学生学习的积极主动性，引发学生的思考和联想，也符合学生的认知规律。因此，以案例为中心编排教学内容也是可行的，教师可以以案例承载教学内容，通过教师或教师引导学生分析案例，总结出基本结论。以这种方式编排教学内容，其基本结构是：呈现案例—分析案例—得出结论。

（3）教学内容的呈现。将选择、编排好的教学内容呈现出来，是高校思政课课堂教学内容处理的一个重要方面。在传统的接受式教学中，教师呈现教学内容的手段主要是借助自己的语言，不仅是教师传授知识的主要方式，而且在引导学生学习、启发学生思维、实现教学目标等方面也具有重要作用。

在现代课堂教学中，教师的教学语言仍然是教学内容呈现、教学信息传递的重要手段，尤其是教学口语。大量的教学内容和教学信息，都是教师以口头语言向学生呈现和说明，并使学生理解和接受。教师运用教学语言呈现教学内容，必须语言规范流畅、内容科学有序、表述情理交融、语言生动形象等。

随着教育改革的发展，教学内容除了借助语言呈现以外，广大教师还适应改革发展的要求，对教学内容的呈现方式进行了大量的探索，形成了呈现方式多样并存的局面。

①教学内容情境化。教学内容情境化，就是创设生活化的教学情境，寓教学内容于教学情境之中，通过引导学生对教学情境的感知、体验，领悟其中蕴含的道理。教学情境是教师根据教学目标、教学内容和学生实际，引入或创设地反映生活特点和生活状况、具有一定情感氛围的教学环境。

教学内容情境化，需要教师在深入分析教材、了解学生特点和需要的基础上，有效运用各种教学资源和手段，为教学活动的开展创设特定的场景和氛围。这种场景和氛围形象逼真、情深意长、知情意行融为一体，能够使学生产生一定的内心感受和情绪体验，开拓广阔的想象空间，促进学生在情境感悟中深刻地理解和掌握学科知识，形成情感态度价值观。

②教学内容问题化。教学内容问题化，就是以问题的方式呈现教学内容，让学生在问题情境中，通过对问题的不断思考、探究，获取学科知识和技能，养成

情感态度价值观。一般而言，教学内容都是"定论"性的陈述性材料，教学内容问题化的实质，就是要将这些"定论"性内容转化为引导学生探究的"问题"，让学生通过对问题的分析和探讨达成学习目标，变被动接受式学习为主动探究式学习。新的教育课程改革关注过程与方法，注重培养学生的问题意识以及问题的提出、分析、解决的能力。

③教学内容可视化。教学内容可视化，就是教师利用展示实物、模型、图表等直观教具，或运用板书、板画、数字化媒体等教学手段将教学内容形象化、具体化。思政课有很多教学内容比较抽象，学生不好理解和把握；思政课也不只是向学生传授知识，还需要激发情感、引导行为。这种教学内容和教学任务的特殊性，要求教师在教学中要借助各种直观手段，更好地实现教学内容的直观形象。尤其是随着现代教育技术的发展，各种现代教学媒体为教学内容可视化提供了良好的机遇和条件，广大教师要善于运用。

上述探讨的教学内容呈现方式，需要注意的是，这些教学内容呈现的情形并不是孤立的，而往往是相互联系、互为补充、同时并存的，如教学情境往往是生活化的情境和问题情境，随情境而来的往往是问题的提出和探究；活动设计也往往需要创设情境、关注生活、包含问题。因此，要注意研究各种呈现方式的特性，力求取长补短，综合运用。

（4）高校思政课课堂教学内容的升华。教学内容的升华主要是主题部分，下面就以主题为例，具体探讨高校思政课课堂教学内容的升华。

主题，即核心、焦点、主旨、中心，一般指文艺作品或者各种活动中所表现的中心思想。教学主题，就是教学活动中的中心思想或核心内容。思政课程的每一次课堂教学都围绕一定的主题展开，都致力于学生在特定方面的发展。为了更好地提高教学的实效，促进学生的发展，教师在教学中不仅要揭示教学主题，深化教学主题，而且要努力升华教学主题。

升华教学主题实际上是教师在对教学内容进行的进一步处理和创新性运用，是教师创造性劳动的一个重要方面。在高校思政课课堂教学中，每一次课堂教学都是有主题的，也需要围绕主题进行分析论证，这样才能真正更好地使学生学有所得、学有所思、学有所感、学有所用。换言之，教学主题是课堂教学的灵魂，最能体现课堂教学的价值和课堂艺术的魅力。表现主题不能流于空洞的形式，而必须通过多样的方式，如借助典型材料表达、运用思维方法概括提炼、通过富于理性色彩的语言点拨、运用现代化手段进行情感渲染等，将学生的思维引向一个更深邃、更崇高的境界，使教学主题得以升华。

思政课课堂教学中，升华教学主题具有重要意义。从课堂教学本身而言，升华教学主题可以扩大课堂的容量，使课堂的境界更加开阔、更加高远，仿佛"升级换代"。从对学生的影响而言，升华教学主题会增强课堂教学的吸引力，提高学生的学习积极性和参与热情，既巩固知识、加深印象，又陶冶情操、催人奋进，课堂教学中升华主题的方法有很多，总结教学实践经验，以下方法值得参考：

①在情境渲染中升华主题。在教学过程中，教师通过创设情境，使学生在特定的情境中获得情感体验，由境及情、触景生情，是升华教学主题的有效途径。特别是随着社会的进步和科学的发展，多媒体作为一种辅助教学手段，已较多地运用到教学活动中。多媒体教学以其鲜艳逼真的动态画面和丰富的音响效果，刺激学生的视觉和听觉，使学生眼见其形、耳闻其声，会给学生带来较强烈的刺激，使学生产生强烈的探究欲望，使学生积极主动地思考问题。

②在层层分析中升华主题。思政课学科的教学内容有些比较复杂和抽象，教师教学时可以采取层层推进的教学方法，引导学生拾级而上，达到主题的升华，也把学生思维逐步引向深化，学生听得轻松，理解深刻，这种层层分析升华主题主要表现为以下方面：

第一，由点及面地扩展。课堂教学中的很多理论观点、事实材料都是具体的、典型的，是对一定具体事物或现象的描述或表现，往往都可以成为升华教学主题的"点"。由这种具体的理论观点或事实材料的叙述推及包含这一类事实的全部或部分，就是由点及面的扩展。

第二，由浅入深地深化。思政课课堂教学要尊重学生的身心特点和认识规律，由浅入深，步步推进，带有层次性和逻辑性，这就是由浅入深的深化。这种由浅入深的深化往往通过问题的设计和分析来具体实施，通常在教学中用到的一种设问模式是：是什么（含义概念）—为什么（原因或意义）—怎么样（建议或措施）。

第三，由表及里地探寻。思政课课堂教学中运用有大量的事实材料，都反映的是事物的现象，蕴含着深层的学科知识和道理。经过教师的提示与提炼，可以有效地引导学生认识这些现象背后的本质，催人感悟，发人深省，这种透过事物现象认识本质的方式，就是由表及里的深化。

第四，由此及彼地延伸。在思政课课堂教学中，有时可以以某一典型的事物或现象为出发点来加以延伸，联想到另一相关事物或现象，以此来升华教学的主题。

③在幽默风趣中升华主题。思政课课堂教学忌讳平铺直叙，缺乏生气和活力。幽默具有形象、生动、夸张等特点，蕴含着深刻的哲理，极富趣味性，借助幽默可以夸张地展现生活情境，引发学生的思考和联想，达到对教学主题的升华。幽

默可以通过故事、漫画、数字、比喻、夸张、谚语等来制造。

④在激励鼓动中升华主题。教学中教师必须善于捕捉教育时机，将教材理论与学生实际生活相结合，或提出目标，或给予榜样，或使命呼唤，或信任感召，在晓之以理的基础上动之以情、导之以行，达到主题的升华

⑤在活动参与中升华主题。新课程改革倡导开放互动的教学方式和自主合作探究的学习方式，强调要使学生经历过程，掌握方法。因此，在教学中，教师可以加强活动设计，让学生在讨论辩论、方案设计、角色扮演、问题探究等活动中展示观点、识别观点、确认观点、提炼观点，升华教材的主题。

总之，升华教学主题，是思政课课堂教学的重要策略，它不仅可以使课堂掀起波澜跌宕的教学高潮，时且能够使师生之间形成时起时伏的和谐呼应，增强了课堂教学的感召力、鼓动性和艺术魅力。

6. 教学管理策略

课堂教学的正常进行，必须建立在良好课堂秩序的基础上。在课堂教学中，教师必须根据课堂情况，采取一定的手段，集中学生注意力，维护课堂纪律，形成良好的课堂氛围，以保证教学有序进行。因此，课堂教学管理也是广大教师需要关注的重要问题。

（1）教学的常规管理。

①常规管理的意义。

第一，有利于集中学生的注意力。学生注意力的特点是有意注意逐渐发展，无意注意仍起主要作用，情绪易兴奋，注意力不稳定。为了有效地组织学生学习，教师必须随时唤起学生的注意。在课堂教学中，学生有时可能思想不集中，也可能由于外来因素的干扰导致学生注意力分散，通过有效的课堂管理，可以很快地集中学生注意力，集中精力进行课程内容的学习。

第二，有利于引发学生的学习兴趣。学生的学习兴趣，总是在一定的情境中发生的，在课堂教学中，教师根据学科特点、知识特点和学生特点，进行恰当的课堂管理，可以激发学生的学习兴趣。

第三，有利于形成有序的课堂秩序。课堂作为教学的场所，良好的秩序是课堂教学正常进行的基础，也是课堂教学优质高效的保证。课堂教学管理的重要功能就是实现课堂的井然有序，进而形成良好的课堂气氛。

②课堂教学常规管理的要求。课堂教学常规管理是课堂教学中的经常性工作，也体现教师的教学素养和管理水平。教师进行课堂教学的常规管理，一般需要注意以下方面问题：

第一，明确课堂教学管理的目的。一般而言，课堂教学管理是为了保持课堂的有序性，使教学活动能够正常地进行。但值得注意的是，有序不等于就是要学生保持安静，有时也需要学生保持活跃。尤其是在教育改革背景下，要求教师要转变教学方式，关注过程与方法，鼓励学生自主、合作、探究学习。为此，课堂教学中往往需要学生动起来，感受情境、体验生活、讨论问题、质疑观点、扮演角色等。不论是保持安静还是要求活跃，都是为了完成教学任务，提高教学效率，促进学生发展。因此，教师要正确看待和处理课堂上安静与活跃的关系，力求动与静结合、张与弛协调。

第二，强化课堂纪律。课堂纪律是维护课堂秩序的重要手段，也是教师组织教学的重要依据，一旦有了一定的课堂纪律规定，就要坚持不懈地加以贯彻，并经常进行强化，使学生养成遵守课堂纪律的习惯。强化课堂纪律的方法很多，在课堂教学中，表扬和批评无疑是两种常用的手段。

对课堂上做得好的、有进步的学生可以进行表扬。表扬的方式多种多样，可以是语言肯定和鼓励，也可以用微笑、点头、鼓掌等动作表示赞许和认可。教师应根据班级、学生的不同情况，灵活采用多样化的表扬方法。

批评也是维持课堂纪律的重要手段。对课堂上违反课堂纪律、影响课堂教学秩序的同学可以进行批评。批评的方法应视具体情况而定，或正面交锋，或暗示含蓄，或寓批评于幽默之中等，要讲究批评的艺术性。

第三，严爱结合，尊重学生。在课堂上教师要对学生严格要求，对学生、课堂放任不管是不负责任的行为。但同时学生是有感情、有自尊的，教师课堂教学管理的行为要体现出对学生的爱，以友善的态度，尊重每一个学生。

（2）教学问题行为管理。

①问题行为的类别。课堂教学中的问题行为多种多样，这里所探讨的是学生在课堂上的问题行为，即学生在课堂上表现出来、与课堂行为规范和教学要求不一致、并影响课堂教学正常进行的各种行为。把握这一概念，需要明确以下四点：

第一，课堂教学中的问题行为是学生的行为。从问题行为的主体看，有教师的问题行为，也有学生的问题行为。这里所讲的问题行为主要是在学生身上表现出来的行为。

第二，课堂教学中的问题行为是发生在思政课课堂上的行为。从问题行为发生的场所看，有课堂上的问题行为，也有课堂外的问题行为。这里所说的问题行为只是指学生在课堂上表现出来的问题行为。

第三，课堂教学中的问题行为是与课堂行为规范和教学要求不一致的行为。

从问题行为的本质看，表现为违反课堂纪律，不遵循课堂教学要求。这一点也正是这些行为之所以成为"问题行为"的关键所在。

第四，课堂教学中的问题行为是影响课堂教学正常进行的行为。从问题行为的影响看，问题行为会扰乱课堂正常的教学秩序，影响教师的教学活动的开展，也影响自己和他人的学习活动的进行，从而对课堂教学的效果和质量带来不好的作用。

②问题行为的产生原因。学生课堂问题行为产生的原因是多方面的。学生课堂问题行为的产生受多种因素的影响，一般可以归结为教师、学生、环境等方面。

第一，教师因素。从教师的教学来看，教师的教学观念、教学准备、教学水平等方面的问题都可能成为学生问题行为的诱因。从教师的课堂管理而言，教师的管理不当也是问题行为的重要原因。在课堂常规管理中，管理过于宽松，会使学生产生麻痹思想，导致课堂纪律涣散，无视规章制度；管理过于严格，也会使学生神经过于紧张，导致消极应对，甚至对教师产生抵触和抗拒。在课堂偶发事件的处置中，尤其是学生问题行为的管理中，教师如果对学生缺乏尊重和关爱，很容易激化矛盾，引发学生对教师的不满，造成学生与教师的摩擦和对抗；如果教师对学生的问题行为不闻不问，放任不管，则可能滋长不良风气，导致问题行为愈演愈烈。

第二，学生因素。学生在课堂上的问题行为有很多是学生自身的原因导致的。在大学阶段，学生生理发展明显，身高体重明显增加，大脑的机能也显著发展。伴随着生理的发育，在心理上成人意识、自我意识加强，喜欢在各种场合发表自己的意见。

第三，环境因素。学生学习和成长的环境，包括课堂环境、学校环境、家庭环境、社会环境，也是影响学生课堂上问题行为发生的重要原因。

从课堂和学校环境而言，教室的布置、座位的安排、班级的学风、学校的校风等，都会影响到学生的学习行为。例如，坐在教室后面或比较偏僻区域的学生，自由的空间相对比较大，教师不容易观察到，如果自制力不强，就容易产生课堂问题行为；班级的学习氛围不浓，学习风气不好，学生很容易受到感染，导致问题行为的产生和扩散。

从家庭环境而言，父母的教育、家庭成员关系等，也会影响到学生的学习和生活，包括课堂上的行为表现。例如，一些学生家庭成员关系不和谐，经常吵闹，会导致学生在课堂上孤僻自闭，焦躁不安，有的甚至干扰课堂教学等等。

从社会环境而言，当今社会是一个信息社会，各种各样的信息通过多样的渠道渗透到学生的学习和生活中，其中也包括很多不健康的信息。学生如果不能有效地对这些信息进行辨别和筛选，很容易给他们带来负面影响，导致课堂上问题行为的发生。

③问题行为的防控策略。在大学思政课课堂教学中，如何对学生的问题行为进行有效的管理，每位教师都有各自的管理特色和管理方法。总结广大教师的教学实践经验，基本上可以归结为以下方面：

第一，实施预防，避免问题行为。由于各种原因，学生思政课课堂上总会有问题行为的产生，但如果措施得当，这些问题行为是可以减少或尽可能避免的。因此，教师对课堂问题行为管理的最好方法就是在问题行为产生之前，实施预防性管理，避免或减少问题行为产生的可能性。问题行为预防性管理的具体方法很多，其中比较典型的有以下三种：

建立教学常规，明确课堂纪律。有效的课堂管理，是建立在教学常规和课堂纪律的基础上，是通过建立有序的课堂规则来实现的，在课堂教学中，教师面对众多的学生，如果没有教学常规的要求和课堂纪律的约束，学生就可能各行其是，教学也会无法有序地展开。因此，教师要注意课堂教学中规章制度的建立。

加强交流互动，形成和谐氛围。课堂教学是师生之间交流互动的过程，加强交流互动，形成和谐的课堂氛围，无疑有利于学生积极参与到课堂教学之中，降低问题行为发生的概率。为此，在课堂教学中，教师要注意通过课堂提问、问题讨论、合作探究等方式，加强师生之间的积极互动：通过自己的情感投入和对学生的关爱呵护，用心去维护学生的自尊，用爱去滋润学生的心田，增强师生之间的情感交流。这样，才能使学生更好地感受到教师的可亲可敬，体会到自己的成功喜悦，形成积极向上的良好心态，从而有效防止问题行为的产生。

提升教师素养，提高教学水平。学生的很多问题行为都是由于对思政课课程与教学缺乏兴趣所导致，因此，增强思政课课堂教学的趣味性和吸引力，也是有效防范问题行为产生的重要途径。

第二，及时管控，终止问题行为。学生在课堂上的问题行为可以积极地预防，但不可能完全消除。有了问题行为后，教师要及时制止，以防止问题行为的扩散和更多负面影响的产生。因此，及时管控，终止问题行为，是课堂问题行为管理的重要方面，及时管控问题行为的方式很多，比较常见的有以下两种：

巧妙暗示：暗示是教师以间接、含蓄的方式，有针对性地对学生在课堂教学中问题行为进行提醒、纠正的教育技能技巧。这种问题行为的管控方式多用于一些比较细小、影响面不大的问题行为，暗示的具体方法多种多样，教师的含蓄的暗示，使学生受到深刻的启发和教育。例如，提高讲课的声音或加重语气，或讲课中忽然停下来保存沉默等，以告诫那些注意力不集中的学生；用目光和学生对视以集中学生注意，用眼神提醒学生对教学的关注等。

　　语言提醒：针对学生课堂上的问题行为，教师可以通过直接或间接的语言进行提醒，加以管控。直接的语言提醒是通过语言直接指出学生的问题行为，以引起学生注意。间接的语言提醒则是旁敲侧击地指出学生的问题行为，引起学生的注意。在这方面，恰当的提问、幽默的语言等都可以起到间接提醒的作用。

第四章　高校思政虚拟仿真教学的资源共享与实验创新管理

在高校思政课教学中，对虚拟仿真教学资源的建设与应用的研究也成为目前教育领域的热点。本章对高校思政虚拟仿真教育的资源支持、高校思政虚拟仿真教学的资源共享、高校虚拟仿真实验管理启示、高校思政虚拟仿真实验优化管理进行论述。

第一节　高校思政虚拟仿真教育的资源支持

一、人才培养体系的支持

（一）在创新人才培养中的作用

1. 创造实验环境，有利于学生知识面的拓宽

为学生实验操作创造了更多的环境，有利于学生知识面的拓宽。当今时代技术发展飞速，出现了很多新型的仪器，企业为了更好地发展，会追随技术的进步，不断地更新仪器，可实验室却做不到紧跟时代发展更新器件，但是又不能因为这个原因耽误学生对市场主流产品、对新技术的了解，虚拟仿真实验的出现很好地解决了这个问题，而且与在真实的环境中做实验相比，虚拟仿真实验能够为学生提供更多的情境和内容，有助于学生知识面的拓宽，也能够节约实验经费。

2. 创新教学的方式，有利于培养出具有创新性的人才

虚拟仿真实验的出现创新了虚拟仿真教学的方式，有利于培养出具有创新性的人才。在传统的实验操作中，学生往往是按照固定的原理、固定的步骤操作实验，这种方式使得实验缺少设计性以及创新性，不利于学生创新能力的培养，也不利于学生思维的开拓。虚拟仿真实验可以使学生更灵活地设计实验，可以让学

生将自己对实验的想法付诸实践。学生可以通过自己的实验操作获得不同的实验结果，还可以对实验结果展开具体的分析，这一过程极有利于学生思考能力的培养，与此同时，还提高了学生的实践动手能力。

3. 激发学生的探索兴趣，让学生形成创新意识

（1）虚拟仿真实验能够激发出学生的探索兴趣，能够让学生积极参与实际的实验操作。创新能力的养成需要学生具备发散思维以及归纳和总结问题的能力，虚拟仿真实验的引入有助于培养学生的学习兴趣，让学生具备开展科学研究的能力和水平。

（2）虚拟仿真项目的设计能够培养学生，让学生形成创新意识。教学中实验是非常重要的一部分，和实验相对的是理论方面的教学，学生可以利用实验验证学过的知识，通过实验活动，学生能够更加深刻地理解、掌握书本中的理论知识。除此之外，实验操作也能够培养学生的创新意识，实验操作的科学和严谨也有助于学生日常学习的态度转变，而且受到真实环境、学校经费等方面因素的影响，有很多实验都无法操作，这时我们就可以利用虚拟仿真技术。

（二）人才培养模式创新

1. 多层性与递进性

多层次性主要指的是基础课程层次、专业课程层次以及实践深化层次。递进性指的是课程设置以及教学内容方面存在递进。

（1）在人才培养方面应该明确人才培养要按照基础课程到专业课程再到实践深化的层次制定培养方案。

（2）教师需要通过虚拟仿真教学资源让学生在开始学习时就意识到层次性和递进性的重要作用，让学生对接下来的学习有一定的规划，让学生展现出更多的学习主动性。

2. 循环性与创新性

循环性指的是在人才培养的过程中，应该让知识学习和技能掌握更好地连接起来，形成循环。人才培养可以利用虚拟仿真教学资源合理地安排、调整、优化教学顺序，更好地规划教学内容，让每一个教学环节都能够培养学生的能力，最终实现学生素质的全面提升。举例来说，在学习导论课程之后，可以利用虚拟仿真教学资源，让学生更深刻地认识基础知识的作用，让学生重视基础知识的学习，从而有目的性和主动性地去学习基础知识。

要继续引入具有创新性的课程和项目，还要开发出更多有创新性的教学资源，

让教学可以跨越时空的阻碍，尽量让学生在较短的时间内获得更多的知识，让学生对创新性活动的各个方面、各个环节、各个时期都有充分的认识。

二、实践教学的支持

传统的理论教学和实践教学之间一直存在着矛盾，高校更侧重于理论教学，而忽视了对学生实践能力的培养。为了加大实验教学的深度和广度，也为了让理论和实践之间的结合更加紧密，我们可以利用仿真技术开发出来的软件，通过网络和多媒体为学生搭建虚拟仿真实验教学平台，让学生获得更多的真实感，让实验操作更加精准，而且平台的建立能够减少实验操作带来的危险，也能够降低学校开展实验操作的成本，平台的建设是学校实践教学方面的一次重要创新。

虚拟仿真实验教学有非常多的优点，比如经济、实惠、效果直观、安全性高、精准性高、能够反映客观现实、能够为学生再现实验情境等。使用虚拟仿真实验教学能够减少学校的成本，也能够为学生提供丰富多样的教学环境，打破以往实验受到的时空限制，也能避免出现过大的实验误差，还能够提高互动性。但是，我们也需要注意到虚拟仿真实验教学存在的不足，虚拟的环境使得学生对实物的感性降低了，不利于学生对实验操作器件有更加深入的认识，也不利于学生实践动手能力的培养。除此之外，误差的降低不利于提高学生对实验误差的分析能力。

（一）包含内容

1. 实践教学场地与手段创新

虚拟的方式使用的仪器也是虚拟的，打破了以往实践教学场地对实验操作的限制，使得实践教学不再受场地条件的约束。通过使用虚拟仿真系统，无论在教学方法方面，还是在教学手段方面，实践教学都实现了创新，学生有更多的渠道、更多的机会参与实践教学，这也有利于培养学生的创新意识。

2. 实践教学的内容与形式创新

在真实环境中，需要等待具体的周期才能够得到实验结果，但是虚拟仿真实验教学的技术能够让学生在短时间内获得实验结果，能够让学生在短时间内了解企业的具体操作过程，学生可以根据具体的企业情况，选择适合的经营方式，然后观察企业的经营效果。虚拟仿真的形式让学生看到了真实环境操作中看不到的变化过程，而且极大地缩短了学生了解其运行知识的时间，虚拟仿真技术的加入使得教学内容和教学形式更加丰富，也提高了学生参与实验的积极性，有利于提高学生的实践动手能力和培养学生的创新精神。

（二）核心要素

学生利用虚拟仿真技术进行学习主要涉及三个要素：一是学习者体验，二是资源与 VR 设备，三是 VR 教学法。学习者体验是影响学生学习以及是否能够促进学生学习的最重要因素。体验涉及学生使用虚拟仿真进行学习的具体感受，还涉及学生是否认同虚拟身份、虚拟设备、虚拟环境，能否和虚拟的技术产生交互。

如果学生能够成功地和虚拟技术产生交互，那么在虚拟技术模拟出来的非常真实的环境中，学生会更愿意学习，也能够亲自观察、亲自操作，还能够和其他学生共同学习，这无疑加速了学生的认知过程，有利于学生知识的构建，同时也能够促进学生对知识的深层理解。

资源与 VR 设备、教学法这两个因素之间的联系紧密，资源与 VR 设备是开展虚拟学习的前提和基础，只有具备了资源和设备，才能为学生创设虚拟的环境，为学生提供学习的平台；VR 教学法为使用虚拟技术开展学习提供了具体的教学策略和内容，与此同时，它也对资源和 VR 设备提出了技术层面和内容层面的要求，这无疑促进了资源和 VR 设备的优化、完善。这两个要素相辅相成、相互制约、互为条件，共同影响着学生获得的学习体验，也是这两个因素的存在让教学和 VR 能够得到有效地结合，成为一种新的教育模式。资源和 VR 设备主要影响学生在虚拟环境中的交互体验，也就是学生从环境中能够获得的感受；VR 教学法主要是针对学生的学习行为，能够指导学生在虚拟环境下的学习，能够让学生在科学的引导下进行实验；学习者体验能够反映出以上两个要素的具体水平，能够促进资源和 VR 设备、VR 教学法的健全发展，能够促进二者优化和创新。

总而言之，必须综合考量三个要素，只有综合考量了三个要素，才能实现整体全面的发展，才能够为学生构建出包容性强、扩展性强的虚拟学习环境，也只有这样才能让这项技术和其他技术充分地融合，才能让虚拟仿真学习环境发挥出它的真实作用。

三、教学方法的支持

（一）以学生为主体的教学

因为使用的是虚拟仿真技术，所以学生能够接触到的学习设备、学习部件都是以虚拟形式存在的，这使得学生可以充分发挥自己的自主性，可以根据自己的需要创造新的设备，这种学习体验就像玩游戏，学生是环境中的一个角色，学生可以全身心地投入到虚拟环境中。

虚拟仿真技术使得以学生为主体式的教学目标真正地实现了,这种教学形式最大化地激发了学生的学习兴趣,充分调动了学生的学习主动性、积极性,让学生有了创新意识。与此同时,递进性地增加教学内容能够提高学生的动手能力、创新能力,能够让学生对知识和专业有更加深刻的认识。

(二)教师和学生互动形式的教学

利用虚拟仿真教学资源能够更好地让教师和学生进行互动,教师可以在虚拟环境中设置任务,为学生设置不同的任务关卡,学生完成任务可以实时获得结果。

关卡的设置有利于引导学生积极参与,也有利于学生集中注意力,能够让学生仅仅关注教学进程,实现教师和学生的良好互动。

此外,系统也能够提醒学生按照操作规定展开实验,学生可以在系统的引导下模拟其他的实验操作,可以说,这种互动形式激发了学生的学习主动性、能动性,提高了学习效果、教学效率。

四、考核方法的支持

试卷的考核方式主要考核的是学生的理论知识,这种考试形式无法对学生的动手能力、操作能力进行考核,不利于学生动手能力的发展和提高。

训练仿真实验教学中心的建设能够为学生考核提供途径,教师可以利用仿真系统设计相关的考核题目,选择具体的考核方式,考核方式可以是多种多样的,可以通过具体方式的选择考核学生的动手能力、策划能力、创新能力、操作能力以及综合分析应用的能力,这有效地提高了学生对动手操作的重视,有利于学生将知识应用在实际中,而且学生的创新能力、合作能力在这个过程中都得到了提高,除此之外,虚拟实验系统还能够记忆学生的操作,这有利于老师更好地进行考核。

虚拟实验系统教学既结合了远程教学,又结合了课堂实验教学,所以,利用虚拟实验系统能够更好地推进信息化教学。具体而言,教学的内容要便于操作,要能够增加师生之间的互动,要能够直观地体现教学目标,在不同的阶段,教学内容也要体现出层次性,要由浅入深;教学的设计一定要遵循知识的发展规律,还要注重学生实践动手能力的培养,最好是循序渐进地增加难度,由浅入深的形式能够激发学生的探索欲望,能够让学生逐渐获得突破的成就感。

基础的教学阶段主要是让学生掌握实验操作的具体注意事项、实验操作的具体过程和步骤，让学生了解一些基本的实验仪器以及仪器使用的原理方法。在学生掌握了知识之后，再让其进入到虚拟仿真实验中，以此来培养和提高学生的实践能力，虚拟环境中的训练也能够检测学生是否掌握了知识。

第二节 高校思政虚拟仿真教学的资源共享

一、虚拟仿真教学资源共享的意义

（一）能够让教学资源得到更好的利用

高校在建设之初会确立自己的办学特色，经过长久的发展也会形成学科优势，虚拟仿真教学资源的共享机制能够让高校的高质量资源得到整合，能够让资源更好地被利用，能够有效避免低质量资源的重复建设。

新技术的出现和发展使得资源之间的优化和整合更加快速，也能够让资源被更高效、更便捷地管理和应用，不同区域、不同院系、不同专业的资源也实现了整体而全面的共享，新技术也让虚拟仿真实验教学中心更好地发挥了示范作用、辐射作用。

（二）能够提高学校的教学质量

虚拟仿真技术的出现使得实验教学有了更多的教学材料，也让实验教学的方法更加多样化，可以说资源的共享有效地提高了实验教学的水平，也让教学模式得到了优化和升级，在共享的条件下学生能够获得更多的学习资源，也能够直接在线上进行虚拟实验，无论是从教学的角度来说，还是从学习的角度来说，虚拟仿真技术都有重大的促进作用，在教学上促进了教学目标的完成，在人才培养方面培养出了更高质量的人才，可以说虚拟仿真技术所带来的资源共享能够让不同地区、不同发展水平的学校都获得优质的教学成果，能够从整体上让所有的学校协调发展、共同提高。

（三）能够让校企合作更加深入、让社会资源得到良好整合

虚拟仿真教学资源的共享既涉及专业的知识，也涉及信息技术，对信息技术的需求能够吸引企业参与到虚拟仿真教学资源共享的建设中，专业知识本身就是高校的优势，可以说虚拟仿真教学资源共享的出现使得高校和企业的联合更加紧

密，校企之间的合作逐渐走向深入，这有利于学校和企业之间建立长久的合作机制，进而有利于学校长久地开展教学资源建设工作。

虚拟仿真教学资源工作的开展，除了依靠理论支持、理论创新之外，还需要技术力量的加入，需要投入经费、人力、物力，还需要社会资源的支持，只有这样才能建设出高质量的资源库，也只有这样才能在社会上营造一种共建共享的氛围[1]。

二、虚拟仿真教学资源共享的类型

（一）静态模型

静态模型是基于真实物品制作的数字化模型或为实现某种需求构建的虚拟模型，是开发其他类虚拟仿真教学资源的元素，既可以采用平面设计软件，又可采用三维设计软件。模型的维度、大小、精度、复杂度决定开发的工作量与成本。

（二）虚拟场景

虚拟动画是利用动画开发软件，通过一定流程和交互环节，将静态模型连接起来的动画程序，方便运行于多种操作平台上。这类资源的开发主要是模型构建和编程，通常由美工和程序员合作完成。这类资源方便整合，因而共享的意义更大，一般只需要一台服务器并接入互联网即可实现。

（三）仿真软件

仿真软件是根据物理、化学、数学等模型以及相应的条件参数来模拟真实情况、特定功能或机理的算法程序。相对虚拟动画资源，它更侧重仿真、计算、模拟，是基于某种知识理论的计算编程。

仿真软件资源丰富、功能强大，不断有新的插件、模型、接口，可以完成建模、仿真、可视化、交流等功能，能以更快的速度和更低的成本设计更好的产品。这些资源大多是商业开发，所以有知识产权和授权安装许可量等方面的限制，对共享有一定制约。

（四）软硬件文互程序

软硬件交互程序是借助硬件、接口模块、传感单元等来实现软硬件交互功能的仿真程序。它功能强大、多样，效果也更逼真，但是要依赖

---

[1] 胡今鸿，李鸿飞，黄涛 . 高校虚拟仿真实验教学资源开放共享机制探究 [J]. 实验室研究与探索，2015，34（02）：140-144+201.

硬件配置，脱离硬件环境将无法完成仿真操作。目前，这类教学资源也较多。

三、虚拟仿真教学资源共享方案

（一）建立教学资源开发建设体制

虚拟仿真实验教学中心的优点是不容易受到外界条件的影响，能够实现不同学校、不同区域的资源整合以及资源共享，但是实际的整合效果却并不理想，这是因为目前的资源共享还受到了一些因素的约束，有一定的发展局限。所以，我们要从上到下建立统一的体制，将教学资源分为不同的层次，以此来推进虚拟仿真教学资源共享工作的实施。

虚拟仿真实验教学中心在建设时，应该考虑到学校的专业特色、不同地区学校的差异、学校学科的开设和分布情况，除此之外，还要考虑到中心建设涉及的技术和成本，省教育厅教学指导委员会应该参与到建设中，并且指导示范中心对外开放，促进资源的共享和使用。

（二）构建共享平台

1.建立模型素材网上共享平台

模型素材的特点是不会受到平台以及系统的限制，模型可以在网上像商品一样被交易，模型素材的价值是由它的类型、复杂程度、分辨率、尺寸以及外观决定的，用户可以自行上传模型素材，如果素材得到了认可，那么用户可以获得和模型价值相对应的积分，而且还可以根据模型被共享的指数再次分配利益，用户可以通过支付货款的形式获得模型素材，如果高校实现了共享，那么高校也可以使用积分来获取想要的模型素材。

2.建立虚拟仿真实验共享平台

不论是二维虚拟动画、三维虚拟动画，还是二者结合形成的虚拟动画，都可以被放在共享平台中，资源的共享需要建设单位有该资源的知识产权，通过共享机制，不同单位的资源可以被整合在一个平台，单位可以根据自己为平台提供的资源的数量和质量来获取相应的积分，还可以据此获得相应的账号数量，资源的整合有利于使用者的访问，也有利于平台对资源进行更新和维护，随着平台资源的增多，平台的使用用户也逐渐增多，平台有了更多的资源，也有更多的资源被分享出去，极大地提高了资源的使用率和系统的使用率。

3. 建立远程访问仿真共享平台

仿真软件资源主要针对的内容是资源的仿真、模拟以及计算，一般都是商业软件。使用商业软件需要采用账号密码登录的形式，而且硬件会有加密锁，还会和计算机网卡进行绑定，这是为了保护知识产权，这使得资源只能在一台电脑上被使用，或者只能在特定的局域网下使用，难以共享。商业软件又有非常强大的资源功能，教学非常需要这个软件，但是如果所有的单位都去购买这样的软件，需要花费大量的经费，所以，为了更好地利用这样的资源，人们开发出了一种远程访问的形式，也就是在拥有资源的电脑上设置远程访问，这台电脑就像是一台虚拟服务器，用户可以根据这台电脑的 IP（网际互连协议，Internet Protocol）地址实现远程登录，用户需要输入账号和密码，在电脑的开放时段进行访问，除此之外，用户也应该掌握操作说明，还应该提前预约，等待审批，使用资源之后，还应该按照收费标准付费。

四、虚拟仿真教学资源共享制度

（一）激励与考核制度

1. 激励制度

高校在向平台提供虚拟仿真教学资源的时候，可以从平台获得相应的报酬，这是为了补偿高校在开发资源时投入的人力、物力，除了获得报酬之外，学校也可以根据自身投入资源的质量和数量获得相应的平台内其他资源的访问权限。

在共享周期内，学校投入的资源被用户使用的频率也应有相应的奖金或积分，学校可以将获得的奖金或积分分配给提供这些资源的个人，以此来激励个人开发更多的教学资源，形成一种多投入、多受益、多使用的资源开发氛围，激励教师主动进行虚拟仿真教学资源的开发。

2. 考核评估制度

考核评估制度的建立能够在制度上督促学校共享教学资源，尤其是资源共享不充分或者是存在壁垒的资源。考核与评估应该由教育主管部门以及专业的委员会来进行，如果虚拟仿真实验教学中心的建设水平较高，资源共享的程度也较高，获得的效果也比较好，那么实验教学中心可以获得奖励和表彰，反之，如果做得不好，水平比较低，那么主管部门和委员会也应该给教学中心提出整改建议。

（二）教学资源分类与开发标准

1.资源分类管理制度

需要注意的是，虚拟仿真教学资源在开发、配置、执行方面以及资源的外在形式方面都是有差异的，必须对资源进行分类，不同的资源制订不同的管理制度，只有这样才能够保证资源共享可以具体落实，只有这样才能够让资源被不同地区的学校有效利用。

2.资源开发技术标准

为了让高校更好地利用平台中整合的资源，也为了资源未来的更新和优化，应该在资源开发时制定相应的技术标准和开发规范，标准应该涉及模型的开发、模型程序的编写、模型交互环节的具体设计、模型数据库的选取、模型网络协议的制定等方面，只有建立了标准才能让平台应用在不同的设备和系统中。

（三）教学资源评价制度

1.知识和技术结合的评价制度

虚拟仿真实验教学既涉及专业的知识，也涉及信息技术，如果缺少了信息技术的支持，那么开发出来的资源只能被划分到一般数字化资源的范畴，所以，在制度方面应该建立专业知识和技术融合的双标准，只有这样才能够让开发出来的虚拟仿真教学资源有更高的质量。

2.资源分级制度

资源共享平台在接受虚拟仿真教学资源时，应该按照资源的类型确立资源的标准，将资源进行分级，不同级别的资源获得的收益也是不同的，级别越高，获得的收益越多。建立资源分级制度有利于激励学校教师开发出更加优质的资源，也有利于激发学生对资源使用的兴趣。

3.用户评价制度

共享平台应该有评价机制、反馈机制，机制的建设能够让用户发表自身对平台使用的感受，也能够让用户表达自己对平台的需求，也有利于平台根据用户的评价来改进平台内容，有利于资源的完善和优化，能够让虚拟仿真教学资源的建设可持续发展。

（四）专业人才队伍的建设

虚拟仿真教学资源的建设要求资源开发者有专业知识，还要有信息技术，这对开发资源的教师提出了更高的要求，为了让资源开发能够持续发展，学校应该招收有专业知识、懂信息技术的复合型教师，从而打造出一支有能力、基础扎实的师资队伍。

学校应该建立激励机制，机制的存在能够鼓励教师积极参与虚拟仿真教学资源的开发和建设，能够提高教师资源开发资源建设的能力。

第三节　高校虚拟仿真实验管理启示

对于高校和科研机构而言，利用计算机来辅助进行各自具体领域的实验和研究是较早就开始的，但那时的方式只停留在对实验信息的管理和最终数据的记录上，极少数会涉及对实验结果进行简单的数学分析。这时的计算机由于处于发展的阶段，对于实验过程的参与，无论在横向上还是在纵向上都非常有限。

随着计算机硬件的不断提升，语言和算法的不断优化，更重要的是计算机在图形渲染上的飞速发展，虚拟仿真技术发展成熟，并能参与到实验的大部分流程中。虚拟仿真可以为实验创造一个虚拟的时空，并创建实验所需的全部材料、设备及对应的功能，通过触发将所有的实验可能编写为程序，最终让实验人员进入虚拟实验室进行实验。通常实验者在虚拟实验室中会有逼真的感觉，虚拟实验室的基本交互界面会以一种主观视角，直接操控虚拟实验中的各种工具和材料，这与实验的基本过程所差无几。

一、虚拟实验室的功能

虚拟实验室相对于传统实验室而言在成本上拥有比较大的优势，对于实验需求量较大，实验过程比较各项数据相对可控的实验拥有很大优势。虚拟实验室的主要功能包括：

（一）教育功能

学生通过使用虚拟实验室中的模拟设备进行试验，从而掌握相关技术和经验。近些年学校经费的限制与学生对于实验教学需求的巨大增长形成了一定的矛盾，虚拟实验室可以缓解这种矛盾，让学生可以方便、快捷地熟悉实验设备和实验流程，加速实验教学成果的获得，提升教学质量，促进教学改革。

（二）仿真研究功能

对于一些便于用数学模型模拟和推演的实验项目或者带有销毁性质的实验，

虚拟仿真技术中的数字化编辑方便人们根据一些现实实验的数据进行推算和模拟，从而一定程度上能起到多次的模拟研究作用。

（三）协同实验功能

虚拟实验室由于所在的计算机平台与互联网拥有非常紧密的联系，从而获得了数据信息在互联网传输上的巨大优势；实验中的情况可以实时地通过互联网进行传输，从而呈现在世界上任何一个其他位置的互联网实验室中，甚至影响那里的实验进程。这就拉近了远程协同实验的时空距离，加速了世界各地研究人员的联系，使一些重大课题的研究更加活跃。

二、虚拟实验室的分类

（一）根据网络运行层次划分

1. 单机版虚拟实验室程序精简，运行方便。

单机版虚拟实验室主要应用为教学实验室和仿真实验室。这种虚拟实验室往往是将已经基本实现全程可控的实验进行数字化、虚拟化，实验中的逻辑与流程非常清楚并已经被编写成内部程序，只等待实验者登录后自行按照实验的流程进行即可。

2. 网络版虚拟实验室的文件存储。

在服务器中，数据库可根据实验项目提供信息，从而构建不同工作平台并协同开发各种虚拟实验。同时，使用这种虚拟实验室的过程中各种关键节点的试验数值均可以传输到服务器，其他的实验者在登录后可以进行查询或使用，然后进行自己的实验。实验的各种关键性数据是不确定的，是动态发展的，这样可以在有限的范围内做到实验数据的最大化扩展，实验分工更加方便，实验的效率得到提升[1]。

（二）根据实验侧重层次划分

1. 基础性虚拟实验室

基础性虚拟实验室主要便于学生学习教学内容中的基本技能和思维，内容大多是教材中的基础实验，但是在数字化后更加便于提炼实验中的知识体系，突出

---

[1]　朱应雨.虚拟仿真教学资源与人才培养模式改革 [M].上海：上海交通大学出版社，2018.

教学内容在学生学习过程中的连贯性。一些技术性工种的简单职业技能培训现在开始出现在虚拟实验室之中，一些需要熟悉固定操作流程，同时又需要应对突发事件的工作，虚拟实验室可以较为简单地为工作人员提供环境，不断实践并熟练技能的各种应用，比如电梯维修人员的岗前实验培训等。

2. 研究性虚拟实验室

研究性虚拟实验室主要是为了培养能灵活运用现有的专业知识和最新成果，并探索新手段、新技术，创造和搭建新平台，建立新理论的科研型人才而设计的虚拟实验室。这类虚拟实验室所承载的信息要比基础性虚拟实验室范围更加广，体量更加大，层次更加丰富，对于实验中的一些程序和结构也更加自由，模拟的逻辑也更加复杂。

（三）根据沉浸技术层次划分

1. 桌面型虚拟实验室

桌面型虚拟实验室是通过三维图形技术进行建模，然后在虚拟空间中搭建一个和真实实验室相似的虚拟环境供实验者在其中完成实验。这类虚拟实验室的信息交互主要是依赖现有计算机的输入和输出设备，如屏幕、鼠标、键盘等，相对而言缺乏沉浸感，但是基本能够满足最基本的实验需要，并且结构简单，易于制作和推广，是现在应用最广泛的虚拟实验室系统。

2. 增强型虚拟实验室

增强型虚拟实验室在真实的实验环境中加入一些虚拟环境，从而获得更加良好的实验观测和模拟效果。这种虚拟实验室比较完整地整合了传统实验室和虚拟实验室的优点，是现在最具有效率的实验室。

3. 投入型虚拟实验室

投入型虚拟实验室是最复杂的系统，加入了最新的虚拟成像设备和人体工学交互设备，比如虚拟眼镜、手柄、空间坐标感应仪等。这些系统的加入让虚拟实验室变得更加真实，同时在实验空间范围内可以从事的研究更加具体，与人体的感应方式更加贴切，当然这也更加复杂，成本更高。

三、虚拟实验室的特征

虚拟实验室虽不能完全取代传统实验室，但是因为计算机数字手段的可复制和易修改使得虚拟实验室有着非常灵活的表现形式和非常强大的适应性。对于普适性较强的实验方法和实验逻辑，不同专业的虚拟实验室搭建非常方便，所需注意的仅仅是实验设备差异和数据之间的逻辑差异。虚拟实验室的主要特点可以归纳为以下方面：

（一）成本较低

在计算机构建的虚拟世界中，物品的所有信息均被数据化，对于虚拟物品和环境的安排可以非常自由轻松，这点是以实体为基础的传统实验室无法做到的。虚拟实验室基本没有设备及材料的损耗，虚拟实验室如有内容增减只需要升级或者重新编辑原有系统即可。

（二）无安全危险

许多实验因为操作失误或者设备老化带来了许多危险，这些危险往往会直接对实验操作人员的人身安全造成威胁，也有可能产生小范围的环境污染。这些人为原因的风险在虚拟实验室中可以得到完美的解决，确实保障实验过程中的安全。

（三）便于模拟极限

有些实验的环境非常极限，实验的观测必须借助一些记录设备才能部分完成，而有些实验由于现实世界物理原因的限制导致某些因素无法被推向极限。这些限制在虚拟实验室均可以进行部分程度的模拟还原，并且比较方便。

（四）教学一体化

虚拟实验室对于教学过程具有重大的辅助作用，可以更加深入发展实验教学一体化的教学改革。

四、虚拟实验室的发展现状

（一）国外发展现状

国外著名的虚拟实验室有佛罗里达中央大学的公众教育虚拟实验室，德国汉诺威大学虚拟实验室、意大利帕瓦多大学远程虚拟实验室等。由于人口密度和网络建设起步早等原因，国外的虚拟实验室基本上均为在线远程实验室，并且覆盖面广，覆盖人口较多，在线传输速度非常快。

在高等教育的实验内容，由于国外高等教育普及率高，传统实验室的申请往往要等待较长时间，实验室的建设和投入无法满足需要，而虚拟实验室可以轻松安排并解决大量的基础性实验，从而缓解了传统实验室紧张的问题，提升了实验教学的吸引力。

（二）国内发展现状

国内虚拟实验室在这几年的建设中涌现了大量成功的案例，其中比较著名的有北京航空航天大学国家重点实验室、中国科高校计算机技术研究所虚拟实验室以及中国科高校遥感应用研究所虚拟实验室等。这些单位主要是从计算机的角度直接研究虚拟实验室技术与功能的潜力，也有一些院校和科研所非常敏锐地发现了虚拟实验室的价值，把应用虚拟实验室技术与各自的专业相结合，进行虚拟实验室的个性化实验探索。

虚拟实验室的发展现状不仅有具体的虚拟实验室，同时也有自身的技术环境。这些技术有一个共同特点就是不依赖环境，并充分利用网络，结构简单易用，同时它们都有很强大的图形接口，支持一定效果的三维图形渲染，并且支持计算机多媒体的播放。这些强大的功能满足了虚拟实验室高水准、个性化的要求，使得虚拟实验可以更好地为科研教学服务。

总之，现阶段虚拟实验室在教学上的价值已经初步显现，它打破了时空的限制，为学生提供了生动的学习环境，激发了学生在实验学习方面的积极性，提高了计算机技能和实验中的动手能力。但是不足之处是虚拟实验室可以发展的努力方向，下面就对此进行阐述：

（三）虚拟实验室的未来发展方向

1. 虚拟实验室的网络协同

虚拟实验室的网络协同是未来虚拟实验室的一个重要发展方向。随着重大科学实验的全球化合作更加紧密，影响人类历史进程的科学实验也更加需要攻坚，对于大型实验的虚拟实验室也更多地承担了实验中部分数据的交流功能。虚拟实验室的建立将会让实验的很多步骤，包括前期的设计、试验中的数据监测和交流变得更加方便，这将极大地促进实验的进度。

2. 虚拟实验室是更加完善的多媒体接口

其中不仅包含了原有的各类传统媒体的信号和数据接口，也包括了一些新的输入输出设备的接口，如新兴的体感设备如数据手套、感应手柄、便捷化的运动捕捉服装、虚拟眼镜头盔以及各种产生声光电和气味的装置等等。当各种音视频、图片、动画，虚拟的场景都可以借助非常贴近人体自身运动原理的输入设备进行试验互动时，虚拟实验室的沉浸感会更加强烈，实验对于现实时空的依赖会更加淡化，产生的学习效果也会更加明显。

通过虚拟仿真教学法对于学生产生的内容记忆要比传统方法高出 70%。现代计算机技术已经为人们的工作、学习带来了很多非常便捷的工具和手段，对于学习而言，虚拟实验室无疑将是一个重要成果。

总之，虚拟实验室网络化、可视化的特点使得它非常适于远程教学，同时也解决了教学中实验室建设资金不足、设备老旧的问题，并且有利于进行危险性大的实验研究。虚拟实验室具有直观、方便、灵活的特点，对于培养学生的创造力和创新精神有着非常重要的作用。

第四节　高校思政虚拟仿真实验优化管理

一、虚拟仿真实验教学新体系建立

为了进一步构建可以与虚拟仿真实验相匹配的教学体系，高等院校应厘清建设的相关理念和发展定位。更要意识到人才培养的过程中离不开虚拟仿真教学体系。目前，一些高校的实验教学安排缺乏合理性，应进一步完善和优化，同时在教育信息化建设的过程中，不断提升信息化技术和课程专业的融合程度，进而构建"以虚促实、虚实互补"的教学新体系。

教育改革在逐步进行着，高校为了实施创新型、个性化的教育理念，应在课程设计方面优化实验教学体系的配置。适当减少理论课比例，提升实验课程的教学。按照实验要求，可以合理提升虚拟仿真实验课的学分，并且根据专业现状，规定实验课程的最低分值。

根据信息化技术对人才的需求，应摈弃与时代不符或是早已过时的相关实验内容，运用多种方法，全面探索实验项目和虚拟仿真实验课程，进而达到优化虚拟仿真实验教学资源的效果。还应积极培养创新型人才，重视专业特点，完善虚拟仿真教学体系[1]。

在创新实验体系中，应以发展学生个性化为主，从最初的只注重学生纵向知识体系，过渡为横向多学科内容相互融合的综合知识体系。所以实验教学体体系的改革应从创新型、基础性和综合性三个实验层面着手。引导学生参与虚拟仿真实验活动，进一步提升学生的综合潜能，进而构建一个注重学生能力提升，附加

---

[1]　计小羽 . 地方高校虚拟仿真实验室管理研究 [D]. 福州：福建师范大学，2017.

理论教育，各学科知识横向渗透的实验教学体系。

二、加强虚拟仿真实验教学管理制度

新公共管理重视相关的规章制度和法律法规，注重高校实验室的制度建设，以实现人事、行政管理制度化。制定并完善虚拟仿真实验室相关的规章制度在实验室的规范化建设、科学化管理以及制度化运行过程中起着重要的作用。

长效的实验教学管理体系可以充分激发实验室的动力。但是虚拟仿真实验室突破了传统的封闭管理实验室，拓宽了开放力度，致使其相关的管理任务繁杂且重大。虚拟仿真实验室的实验性质和方式与传统实验室大为不同，相关管理人员不但要依据实验教师的课程要求对实验教学平台进行分类，还要依据学生的现状，了解其在不同地域、不同时段的需求，以上情况均是对实验管理人员综合能力的考验。

应以高校的统一化管理为切入点，积极优化现有的实验教学管理体系，包括制度的建设、机构的设置、经费的保障以及信息化管理等。从宏观层面来看，虚拟仿真实验室的管理主体应为学校，但每个实验室还应有各自的主管权利，实验中心负责适配实验室的管理、升级、改造等，一体化管理可以使资源达到物尽其用的效果，实现资源共享，节约大量资金；从微观层面来看，对于虚拟仿真实验室的相关使用情况、操作人员等内容应制定相应的管理制度以及工作计划，进行实现实验室的全面管理。

虚拟仿真实验室应进一步优化其管理制度，尤其是教学管理制度。此外，还应进一步完善经费、耗材、采购、设备、资产、共享仪器、实验档案等方面的管理制度。严格执行教学实验室准入制度，进入实验室的师生应参加考试考核，进而使师生熟练掌握安全技能和操作规范。

完善严谨的虚拟仿真实验室项目管理体系，应最先建立项目资源准入机制。虚拟仿真实验虽然拥有丰富的教学资源，但是其质量却各不相同，实验室建设方面也有重复现象。因此，审查工作是项目开展的前提，否则将给项目建设带来浪费。此外，相关建设项目的管理意识应渗透在项目的每一过程中，特别是项目验收及汇总管理等内容，也就是说从立项之初直到相关部门对建设项目审核的全部过程，都应有建设项目的管理制度约束。只有严格管控实验室建设项目，实验室建设项目的常规化管理才能有条不紊地进行。

完善高等院校虚拟仿真实验室评价体系。虚拟仿真实验室建设评价体系可以促进实验室科学、有效地运行。为了进一步实现社会所需的创新型人才，应制定并完善涵盖实验室建设过程、建设结果和效益分析等内容的综合评价体系，以实验效果、教学资源、信息平台、保障体系等为切入点，将其细化为评价标准体系、评价组织体系、评价指标体系等。要有侧重点地进行评价，并且要全方面覆盖。

完善高校虚拟仿真实验室反馈体系。用户体验了虚拟仿真实验室后，应就应用感受给予反馈意见，这样管理者便可以进一步掌握用户的体验情况，进而对实验室的改进与完善有一定的促进作用，同时也可以作为虚拟仿真实验教学资源项目开发的有力依据，完善不足，实现教学质量的提升。此外，学校还应充分完善开放机制，实现实验室的有序开放。在安全运行的基础上，开放所有的实验室。也可以按照实验室的特性，制定定期开放、预约开放的规则。学校在经费和场地上进行支持与鼓励，对于一些覆盖面大、维护率高、开放时间长的实验室应进行奖励与资助，并在期末评优中依据其开放情况酌情加分。

三、推广与促进虚拟仿真实验教学管理模式

虚拟仿真实验室的建设与运行一定程度上提升了高校的教育和科学研究水平，也实现了理论知识与实验操作的高度结合。高校要引导虚拟仿真实验课的开展，增加对虚拟仿真实验课题研究的支持度，从而将其融入专业建设、实训过程、教学内容中，进而探索出创新的虚拟仿真实验室相关模式，使虚拟仿真实验室实现其应用价值。

高校应对虚拟仿真实验室的相关科研工作应进行评估审核，关注实验课题研究进展情况，对科研过程中有突出表现的管理人员和实验教师给予奖励。对有致力于虚拟仿真实验教学研究的科研工作者给予表彰或资金补助。

四、整合实验室

虚拟仿真实验在某种意义上填补了实操实验的不足，它可以使学生运用虚拟的方式演练实验过程，并得出实验结果，学生可以拥有立体的实验感知，同时教学模式也得到了创新，学习质量与效果也有所提升。因此，虚拟仿真实验室是传统实验室的有效补充和延伸发展。虚拟仿真实验与传统实验相结合，便是"虚实"结合，优势互补，注重实际，密切结合学科知识，进而优化了实验教学资源。

五、加强实验的师资队伍

虚拟仿真实验室具有一定的专业性，因此实验教师和维护人员在使用和维护时，应具备全面的知识与专业性。为了对所有的实验仪器特别是昂贵的仪器做到物尽其用，实验队伍的优化便成为迫在眉睫的任务。

实验教师应改变传统的观念，把虚拟仿真思维充分融入相关教学中，引导学生优化学习安排和实践课程，在实验教学过程中成为引导者、监督者和执行者。注重改善实验教学管理结构，形成一支结构合理的实验师资队伍。

受聘人员应根据学历、年龄层次、技术特长应聘相应的工作岗位。筛选综合素质过硬的实验教师，来研发实验项目和开展虚拟仿真实验教学的相关工作。相关的实验教师不但要具备扎实的专业功底，而且要熟知各种先进的技术，教学过程中善于调整授课方式，改良虚拟仿真实验教学的不足，获得应有的授课效果。

综合素质优秀的海外研究人员可以作为我国人才资源的必要补充，海外科研工作者所拥有的先进技术和理念，是高校人才补充的宝贵资源，可以通过多种渠道合理引进高层次人才，助力我国高校实验教育的发展。与此同时，借助海外工作者的资源，可以保持与国际高校的交流，进而提升国际高校间协作实验的可能性。

制定合理的实验教师培养方案，秉承实验室中传帮带的学习传统，实现实验室的长效发展。根据高校的实际情况，有条不紊地运行实验教学、科学研究以及虚拟仿真实验室的管理制度。此外，高校要积极把握相互间的合作互动机会，并相互借鉴虚拟仿真实验教学中的经验。

第五章　高校思政教学中的红色文化教育实践

　　红色文化作为中国特色的思想文化之一，因为蕴含着丰富的高校大学生思政的教育资源，具有天然的思政育人文化内涵，而对高校思政教学的建设和开展有着独特的意义和作用。本章对红色文化教育的必要性、红色文化教育的高校思政课价值体系进行论述。

第一节　红色文化教育的必要性

　　思政教育是高校教育的重要组成部分，是将现代大学生培养成社会主义事业合格建设者和接班人的重要手段。党和国家历来重视高校思政教育工作，对高校思政教育提出了一系列纲领性的指导意见和要求，对于规范各大高校的思政教育指明了方向。可以说，除了宏观性的指导外，党和国家主要地将思想教育工作的重任交托到了各大高校手中。高校思政教育可谓任重道远。

　　在新媒体时代，当代大学生受教育环境与传统媒体时代发生了很大变化。新媒体的产生、发展及其被广泛地运用，为高校加强思政教育带来了相当的困难，提出了新的挑战，也为高校思政教学带来了新的机遇。新媒体时代，高校思政教育可以说挑战与机遇并存。这就需要全国各高校，从上到下，乃至最基层的思政教育的教师，都要适应新媒体时代的环境，把准新媒体时代的脉搏，用好新媒体，充分发挥红色文化在高校思政教育中的作用，提升高校思政教育的实效性[1]。

一、依托新媒体打造以红色文化为核心的精品课堂

　　改革开放以来，在传统媒体的环境下，我国高校形成的一套思政教育模式虽受到了新媒体环境的挑战，但其主体部分依然适用于当今的高校大学生思政教育。以课堂为主要阵地的高校思政教育模式，依然是主导模式。在新媒体环境下，面

---

[1] 陈九如、张烨烨. 新时代高校红色文化教育的逻辑理路 [J]. 思想理论教育导刊, 2019（07）: 114-117.

对新媒体带来的冲击，将思政教育做得更实、更牢。而要真正打造以红色文化为主体的红色课堂，就必须专注于课程与教材建设，开出红色课程，研发红色教材。在此基础上，利用新媒体，将红色课堂变成适应新媒体特点的网络课堂。

（一）培育网络课堂

在新媒体环境下，利用新媒体将红色文化简单地引入课堂教学只是打造精品课堂的低级层面，是为了更好、更深入地利用新媒体打造精品课堂做准备的。

红色课程的开出与红色教材的研发，是红色课堂维系的重要依托。在此基础上，我们可以充分利用新媒体，特别是网络媒体。

将现实的课堂转变为网络课堂，进而使得课程的利用率提高，并且能够延伸现实课堂的广度。在新媒体环境下，当代大学生不再愿意扮演简单的信息接受者的角色，他们需要互动和参与，而网络课堂正好适应了这一要求。

以临沂大学的"红色文化与沂蒙精神"课程为例，该课程在开出了7年多的时间后，已经形成了固定的讲授人员、教材以及相关的教学手段和模式等。为了适应新媒体时代下的现实需要，学校加强了对课程的培育，力争将之打造成一门网络公开课程。也就是说，将现实的课堂搬到了网络上。这样，就冲破了以往时间、地点的限制，只要学生对其感兴趣，他就可以在互联网或者手机网络畅通的条件下随时随地听教师授课。这样，就实现了传统课堂与新媒体的对接。

（二）打造网络红色讲坛

在传统媒体环境下，高校除了要主动建设好思政理论课主阵地之外，还利用红色资源的精神价值，邀请对红色文化颇有研究和具有学术成果的本土专家或教授，来做报告、做专题讲座等，我们可以统称之为红色讲坛。

以临沂大学为例，学校每年坚持邀请相关的人员来做红色报告，以此来推动大学生的思政教育。可是，从受众的覆盖面而言，就我们所请的专家和教授及其讲授的内容而言，真正能够当面聆听教诲的学生数量不是很多。这主要是受空间的限制所致。沂蒙大讲堂，是临沂大学各种报告会的重要场所。但是，沂蒙大讲堂的一楼和三楼仅能够容纳千余人。对拥有三万多名学生的整个学校而言，一次报告会或者讲座无论如何也不能满足大部分人的需要。

新媒体时代的到来为我们解决这一难题提供了途径。我们完全可以将每一位前来做报告、进行专题讲座的专家和教授的报告和讲座录制下来，然后在校园网中专门开辟一个"红色讲坛"栏目，将他们的视频放置其中，让感兴趣的学生自由选择。这样，这些资源可以永久性的循环利用。

二、利用新媒体建立和维护高校思政教育交流平台

传统媒体环境下，信息的传播多是单向的。一边是信息的发布者，一边是信息的接受者，两者之间界限分明。

在新媒体环境下，由于新媒体具有的信息传播多元性与互动性的特点，使得信息传播者与接受者的界限越来越模糊。不仅如此，利用特定的媒体形式，人们可以扮演信息的传播者和接受者双重角色。

在新媒体时代，高校思政教育的工作者们已经不能再完全扮演信息传播者的角色。不仅如此，当代的大学生也不再甘于扮演纯粹信息接受者的角色。因此，在新媒体形式多样，大学生日趋青睐新媒体的形势下，高校从事思政教育的工作者们或者主管部门，应当认识到这一现实，能够通过利用新媒体，调整学生在思政教育中的角色，使得他们能够以更平等、自主的方式参与其中，这将更加有利于调动他们的积极性，提高高校思政教育的实效性。要实现这一目标，就需要搭建教师与学生之间交流，以及学生自主学习的平台。这里，网络和手机新媒体及其他们演化出来的微博、微博、微信、QQ 等工具，为我们提供了必要条件。

（一）开设红色文化专题网站

利用红色文化对当代大学生进行思政教育，应当让当代大学生切身体会到红色文化的内涵。而这就需要高校思政教育的管理部门或者教育工作者充分挖掘本地红色文化，将之呈现在学生面前，对学生形成直接的影响。而开设红色文化网站就是最为直接、便捷，并且是最容易为学生接受的方式[1]。

现在来看，在新媒体环境下，很多高校开设了红色文化相关的专题网站。临沂大学向来重视红色文化在高校思政教育中的作用。因此，为了能够让学生更好地了解红色文化的内涵及其表现形式，临沂大学较早地建立了红色文化专题网站。临沂大学的红色文化网站以专注沂蒙红色文化为核心。

同学们可以在相关网站欣赏经典歌曲、经典影视剧，了解沂蒙地区的革命遗址、遗迹，了解沂蒙的革命斗争史，了解在临沂地区战斗过的革命先烈以及党和国家的领导人，了解沂蒙精神的本质、内涵及其传承等等方面。可是说，该网站是学生整体上了解沂蒙红色文化的重要门户，而这一门户也确实受到了学生的认可。根据我们对 100 名大一到大四学生的随机采访，其中 70% 有过浏览该网站的

[1]　马静 . 红色文化教育理论与实践研究 [M]. 天津：南开大学出版社，2015.

经历，并表示从中了解到了不少以前不了解的东西。

应该说，从现在来看，建立红色资源专题网站相对而言只是工作的开始，而日后的维护以及更新才是最重要的工作。红色文化网站的开设拓展了大学生获取知识的空间与渠道。

（二）创立师生交流平台

在新媒体环境下，当代大学生经常用于自我表达和交流沟通的媒介有微博、微信、QQ 等等。这些媒介因为其方便快捷，集声音、视频等功能为一体，备受当代大学生的信赖。当今的高校思政教育部门乃至普通教育工作者也应当紧跟形势，利用这些媒介铺就利用红色文化之路，以之与学生交流，并对它们进行潜移默化的影响和示范性教育。

通过相关数据的分析，教育功能是高校微博的重要组成部分，但是并不是主流部分。而当下从事思政教育的主管部门、从事教学的教师要做的，就是在微博迅猛发展，大学生热衷于微博之际，能动地利用这一新媒体传播形式，充分发挥其引导作用。高校院系部门、教师、团支部等通过创建微博，重点收听本院学生或学生微博，深入了解学生思政动态，分析思政教育存在的薄弱环节。由此，高校思政教育的主管部门和从教教师可通过微博主动与学生互动，针对存在的问题对症下药，有意识地进行话题交流，向他们传播正能量，拉近师生关系。同时，思政教育的从教教师们也可以通过微博发表自己的观点博得学生的关注。

此外，微信、QQ 也是教师和学生保持联系，对他们进行思政教育的重要平台。从红色文化利用的角度而言，QQ 的功能比微博更为强大。授课教师可以通过建立相关的 QQ 群与学生实现互动，学生可以请教问题。教师也可以根据情况，采取文件共享的形式向学生推荐红色经典影片、歌曲以及著作等等。

三、高校思政课的文化融合创新

（一）高校思政课教育价值的特殊性

价值是指在哲学范畴中在一种特有的理论视野、解释原则和哲学思维方式的指引下，人们对于世界的理解以及把握。这一过程体现了客观世界和对个人成长作用的探求。价值作为一种认识，源于实践过程中人们对于主客体关系的深入理解以及把控，在这一认知过程客体的作用以及特点以及主客体在发展过程中的适应状况完整的展现出来。

就目前而言，学界对于思政课教育价值的内涵主要存在两种见解。其中，一种见解将思政课教育活动的价值看作在个人实现成长和发展的历程中，发挥其引导作用将个人影响正确的发展中。换言之，思政课教育的价值时针对于个人而言的。同时，这也是开展思政课工作的现实意义。另一种见解将思政课教育的价值与文化价值、经济价值三者均属于一种价值存在，在地位上三者是等同的。在范围上，价值具有极其广泛的含义，只要一方能够满足另一方，那就意味着所谓的一方是存在一定价值的，具有一定意义的。在此处，思政课教育的存在价值被整体价值观念所涵盖，具备教育主体方满足教育客体方的价值。因此，一个人如果想要在实现个人成长的同时促使个人能力得到社会的认可，并促使社会需要得到满足，就势必需要接受一定的教育，也只有这样一个人才能满足社会发展的要求成为一个对社会有意义、有作用的人。

作为一种具有独特性的文化活动，思政课教育具备其特有的价值。众所周知，价值是文化存在的前提。价值是文化存在的依据，是文化性质以及作用的显现。"文化化人"实际上就是指凭借文化所具有观念来发挥其引导作用，进而对人们的思想意识产生积极的导向，指导人们有意识提升自身的精神境界，进而使自身的人格取向于完美。

开展思政课教育工作并不特殊，在我国历史上可以是屡见不鲜，唯一不同的是在不同阶段、不同背景、不同时代下的人们对此的称呼是不一样的。思政课教育的实质目的就是"文化化人"，即将特定的文化以教育的形式进行传承和发扬。

思政课教育的本质是某一个阶段借助一定形式将自身的价值观念传递给受教育者。这点与"文化化人"具有共同之处，即都是以自身的价值观为立足点和出发点来对别人展开影响。教育活动要想具有教育意义，首先就要具有实效性，即能够凭借一定教育手段来传播符合集体价值的价值观念，并使其成为主流趋势，进而为集体培养社会所需要的社会人才。从这个层面上说，思政课教育属于一种实践活动，这项活动是具有特殊性的文化性活动。

（二）文化思政课的教育价值

坚持将文化融入于社会主义核心价值观。在历史的不同阶段，由于时代背景、自然条件等因素不同，所以价值观也存在不同。这一价值观应该是能够反映这一国家以及这一民族的现状。为了能够将思政课教育的育人功能充分发挥出来，一定要坚持弘扬优秀文化。在中华民族优秀文化中，以探索物质和精神之间的关系为指导来转换行为模式是主要内容。

教化的实质意义是借助一定形式让受众对于该伦理以及观念进行深入理解以及认识，进而将其吸纳到自身的价值观，最终实现上下和谐的境界。在优秀文化中，人生境界以及理想人格是优秀文化的核心内容。由此可见，优秀文化对于高校思想培养人才这一目标上具有极其重要的作用。因此，在开展思政课教育的过程中，高校一定要注意吸收优秀文化的精髓，只有这样才能培养出真正满足社会需求的高素质人才。

（三）高校思政课与优秀文化融合的可行性与意义

1. 融合创新的可行性

我国的优秀文化以人的意义为中心，从出现至今，均以人的发展及实现为目标，以教化育人为发展文化及传承文化作为重要意义。同样，对于大学生进行的思政课教育与普通教育一样都是围绕着育人而展开的教育工作。在教化育人这方面，二者的教育目标所指向的都是人，都是指向提升人的思想道德素养，除此之外，他们的最终目标指向属性也均是政治，这两点均能体现出二者在目标上的一致性。除在目标设置及指向属性上的一致性外，二者在很多的方面也都有着相似之处，但是由于他们的教育模式是不一样的，导致二者之间拥有了互补性，而这些均为优秀文化与思政课教育的融合共创提供有可能性。

（1）思政课教育与优秀文化融合目标的一致性。在我国，思政课教育的根本目的是围绕着进一步的提升人民群众的道德素养，并以此为基础来促进人民群众的全方面发展，在他们心中树立起以建设具有中国特色的社会主义、真正地实现共产主义的伟大目标，并为此不断地进行奋斗。

第一，提升人民群众的道德素养。使人们能够拥有高尚的道德品质，以及崇高的理想，将爱国之心融入身体的骨血之中，万事以国家的利益为最高优先级，不断地为国家建设做出积极的贡献，不断地提升自己的思想品德，以此来进一步在社会之中形成一种高尚的思想道德氛围，在群体之中形成对于价值观以及社会品德的正确认识。

第二，促进人民群众的全方面发展。因为，思政课教育是对于人所开展的一项教育，能够解决人在成长过程中所遇到的问题，能够影响人的思想，提高人的水平，最终实现人的发展，而这便是我国思政课教育工作的最终目标。因此，现阶段中最应该关注的问题，便是如何在社会主义的背景下，实现人才发展。

第三，我国的思政课教育方向是以共产主义为主的。不管是提升人们的思想道德素养，还是促进人们的全面发展，主目标都是为激励人们为创建具有中国特色的社会主义而奋斗，全面实现共产主义。将个人理想与国家层面相结合，努力地在国家的"大我"中发展，以便实现"小我"目标。而这也足以说明我国的思政课教育的根本属性是政治属性。在优秀文化中还十分注重培养个人与家庭、国家与社会之间关系。尤其是对于人的全面发展，其终极目标依旧是融入社会环境之中，实现个人价值，为国家集体的发展贡献力量，这也就是人们常说的"修身养性、家庭治理、世界和平"。因此，人们可以发现二者在终极目标上也是具有一致性的。

（2）思政课教育与优秀文化融合的内容相通。从思政课教育与优秀文化教育中的具体内容来看，在与科学方法及理想方面，存在着众多的有关联的地方。因此，他们之间可以在很多地方都可以实现融入。

第一，我国优秀文化中的"大同思想"与现代社会思政课教育之中所勾勒的理想教育之间存在着互通的关系。其中，理想教育的终极目标实际上所指的就是对学生进行共产主义教育，因为，在理想的共产主义社会之中是不具备私有制的，同时也是没有阶级之分的，所有的一切都是公共财产，归所有人共有，每个人发挥出自己最大的贡献，获得自己所需要的物品，所有人都是平等的。

第二，思政课教育中的世界观是由辩证唯物主义与历史唯物主义作为基础而构成的，其中辩证唯物主义又是以世界之中物质的统一性来作为基础，采用辩证法，以对立统一、质量互变以及否定之否定这三大规律作为中心，坚信人类社会是一个从低级发展到高级、从简单发展到复杂，不停进行发展的社会。而在历史唯物主义中则强调了，由于人类社会处于不断发展的状态，所造成的最后结果便是发展到某一程度的人类社会经济，所以它便认为正是经济才导致了人类社会出现变化，所以说社会意识是由社会存在来决定的，其物质的诞生不仅是导致社会逐渐发展的一个基础，还能够决定社会意识的诞生。在我国优秀文化中，特别注重将学到的知识运用到国家大事之中，历史的兴盛与衰败需要从眼前的事物及民心所向来进行衡量，但是人们要想对社会道德以及社会文明进行的研究则必须要以物质生活为基础开始。

（3）思政课教育与优秀文化融合具有互补性。目前，对于学生所进行的思政课教育方法普遍有理论灌输法、实践锻炼法、自我教育法、榜样示范法、比较鉴别法、咨询辅导法等，其中，理论灌溉法所具有教育强度大、灌输力度强的优势，令它成为运用最为广泛的一个方法。

思政课教育作为一门极具意识形态的学科，便需要运用理论灌溉法来对学生进行理论教育。但是通过分析目前思政课教育的研究，可以发现，我国对于思政课教育功能中的德育功能过于强调意识形态功能，从而忽略掉了它所拥有的文化功能，而这便造成思政课教育工作者在进行思政课教育时过分强调进行空洞的理论说教以及直接灌输其所蕴含的意识形态。尤其是面对大学生时，这一种灌输式的教育方法及教育模式则很难真正地展现出它所具有的功能。因为大学生本身就拥有着强烈的自我意识及怀疑精神，越是僵硬的对其进行灌输，越会受到激烈的排斥。而且通常高校在进行设计思政课理论内容时就较为枯燥和简单，导致大部分地区的高校，只是采用大课的教学方式来进行教学，难以在大学生群体之中获得成效。

另外，思政课教育工作者一般在实施思政课教育过程之中是不会主动地去思考每一名学生的具体情况，通常是从共性层面来进行考虑或者是对教学方法及内容进行再设计，并不会对思政课教育进行个性化的设计。这种教学方式造成了大多数教育者对于任何学生都采用传统的教育方法，教育过程十分不民主，不但不注重学生的接受程度以及感受，甚至是采取漠视及压迫学生具有求知心的行为，这些现象所反映出的不仅仅是这一些思政课教育工作者自身教育观念以及教育模式的落后，更是反映出了这一些思政课教育工作者其在整个教学过程之中丧失了对其进行创新的想法。这一种教学方法以及教学内容，不光丢弃思政课教育本身所具有的规律以及要求，也不符合学生的身心发展规律，学生仅仅只是被动地去接受这些知识，而非积极地去汲取知识。

优秀文化中所蕴含的教育模式则正好能够补足思政课教育模式中存在的不足之处。

①我国的优秀文化所重视的是"以文化育人""以文化育人"，而非强行将知识灌入到学生脑海中。这一种文化传承的形式以及特点，更加容易被大众所接受。当人们一旦从心中接受了这一种传播方式所带来的思想观念，则会生成一种强烈的价值认同感。倘若是直接形成了人格品质、思想意识、行为方式等个体因素，那么便会渗透进人们的内心深处，且不会轻易地受到影响而改变。

②我国的优秀文化与西方国家中的一些思想不同，优秀文化更加重视人的自觉性，希望人们可以自己主体地去感知优秀文化中的核心。通过运用"自省""内省""慎独"等方式，来引导人们对自身进行反思，反思自己的不足，从而在反思中获得真正的知识，不断地增加自身的道德修养，令自己更加接近圣人之境。其所具有的传播特性能够更好地补全思政课教育中，受单项传播影响的人群接收意愿薄弱的问题。教师通过文化体验、思维碰撞和自我觉醒的整个过程，带领学生将所学的思政课教育内容进行内化、外化为价值观正确的思想认识，从而共同

提升教师与学生的思想道德修养。

③我国的优秀文化十分重视理论与实践相结合。从古至今，在整个优秀文化的发展过程中，明朝思想家王阳明提出了"知行合一"的观点，"知行合一"与传统的说教是不一样的，它是我国优秀文化通过几千年来的经验总结而来的一个具有中国特色的思想教育方法。自秦朝开始，众多的学术著作均强调在学习知识中实践是十分重要的。由此可见，我国的优秀文化不但重视人们对于自己道德教养的内省，还重视人们在进行自省的基础之上再进行道德实践，从而做到真正的"知行合一"。倘若这一思想能够真正运用至思政课教育中，那么将会对解决思政课教育所遇到的僵硬、机械化的现状有着很大帮助。

总之，若是能够真正将优秀文化中所倡导的教育模式及教育理念运用至思政课教育体系中，那么便能令思政课教育过程中所遇到地一系列问题得到改善，如思政课教学模式的单一，内容无趣，缺少文化属性等，从而有助于提升思政课教育的实效性。

思政课教育作为一门独具特色的学科，其终究无法脱离灌溉式的教育模式，但人们依旧无法忽视他对于人们的思想道德素养所起到的教育作用。人们忽视优秀文化对思政课教育而言的一个内在渗透力，忽视掉了学生本身的自我意识，忽视了教师与学生在整个思政课教学过程中的实践，却过于强调对于学生进行思政课知识的灌溉，可是不管对学生所灌溉的知识力量就算再大，由于教育形式的单一，不仅很难会获得人们的认同，也很难将其所要表达的教育内容清晰的传递给学生，从而难以达到预计的目标，甚至有可能获得与预期相反的结果。因此，思政课教育应当借鉴及汲取优秀文化中所提倡的优点，借此补足我国现阶段中教育模式的不足之处，并且引导人们能够自觉地进行反思，不断地提升自己的道德素养，增强国家的思政课道德水平。

2.融合创新的意义

（1）高校思政课教育与优秀文化融合的实践意义。通过对我国优秀文化进行分析研究可以发现，其历来都是注重于伦理价值的，注重对于"德、智"的统一，特别看重运用"德"来更进一步发展人的智力水平，并经过长时间的发展形成了一个十分系统且具有民族特色的教育理论。因此，我国的思政课教育便应当以此为根基，充分的汲取优秀文化中积累了数千年的优秀经验，在高校思政课教育中发挥出优秀的道德教育作用。

从教育目标上进行分析，可以发现，在我国历史上众多的教育学家们都认为，要想形成高尚的道德品质，实际就是一个靠自己的过程。因此，对于人们而言，

"立志"便是人自己为自己制定一个明确的方向,而这便是对人进行思政课教育的第一要务。

我国对于大学生的思政课道德培养目标便是将其培养成为一名拥有理想、拥有追求、拥有担当、拥有作为、拥有品质、拥有修养的能够跟上时代发展的大学生,传承优秀文化,培养符合时代要求的优秀人才的必要选择。

从教育内容上进行分析,可以发现,在我国优秀文化之中所具有极其丰富的文化思想内容,而正是由于这些内容的存在才形成了具有独特风格的优秀文化及我国独有的教育体系。

我国的优秀文化都十分注重学习方法的创新,并且积攒了众多优秀的经验。但自从步入近代,我国在教育领域变得更加看重西方所传入的教育方法,不断地将希望放置于西方的教育模式,而不从优秀文化中寻找解决问题的方法,甚至是对优秀文化的全面否定,这样的做法是完全不对的。要想对高校思政课教育进行创新,就必须要从旧的教育方法之中找寻具体的答案,对其进行思维创新,改良旧办法,运用新办法,再结合当代大学生所具有的独特特点,充分地做好调查研究,明确学生的学习特点、学习需求等,以便可以对大学生的思政课教育体系进行针对性的创新设计,只有这个样子才能够有效地激发出学生的学习兴趣,让他们愿意自发的去进行学习,而非只是强硬的将这些知识灌输给学生。

总之,要想在对大学生所进行的思政课教育的教育内容中运用优秀文化,便要寻找到两者之间最好的契合点及实现途径,而其中需要特别注意的是要对我国优秀文化中的优秀思想、优秀的教育目标、优秀的教育方法进行创新性的再次创造,令其能够适应时代的变化。

(2)高校思政课教育与优秀文化融合的应用价值。我国将"育人"看得会更加重要,这是因为,从古至今,我国所推崇的观点便是崇德尚礼,该观点表明要想成为一个合格的人,首先要做的便是要拥有高尚的思想。存在于我国古代优秀文化之中的道德教化在整个传统教育中均占据着重要的地位,并随着时间的推移发展成为比较完善的体系,以此为基础,诞生出了众多的传统优秀思想,如孝敬父母、谦恭有礼、爱国爱家等。

在我国的优秀文化中除去具有将思想道德进一步进行完善的功能外,还在维持人与人之间、人与社会之间、人与自然之间的和谐相处,社会的稳定性以及社会历史发展的推动上有着巨大的贡献。优秀文化中重点对道德修养以及道德教化进行特别强调,因为二者不光推动了位于历史发展进程中的德育,还进一步的培养出了大量的拥有优秀道德品质的优秀人才,更是为我国的思政课教育提供了优良的历史渊源及文化支撑。优秀文化与思政课之间不断的相互交融，定会为我国的思政课工作的开展指明方向。

①培养民族凝聚力与爱国主义精神。文化是与民族共同联系在一起的，同时也是用来连接各民族之间团结的一个重要力量，这也就是说每一个民族都有着属于自己的意识形态以及生活形态。一个民族通过长期的共同生活中，以共同开展的社会实践活动来作为基础，进一步地形成了独特的民族文化，而这便是一个民族智慧进行整合的核心所在，它能够体现出一个民族在生活中的各方各面，并存在于整个民族的发展历程之中。

民族凝聚力是一种宝贵的精神财富，在我国的思政课教育工作之中着重要地位，积极地开发优秀文化中所具有的思政课教育资源，这种行为便是对蕴含在优秀文化中民族精神的一种传承，对于提升学生的民族文化认同感，民族自尊心和自信心的树立，民族凝聚力的提升有着十分强大的作用。

②挖掘出丰富的思政课教育资源。在我国古时候的教育中便要求人们要在实践中学会自省，在外在的言行上充分地表现出自身的道德素养。因此，能明显地看出我国的优秀文化从古至今就特别看重对于人们道德素养的培养。"以文化人"的精神便是由此而体现出来的。

在我国优秀文化之中所蕴含的思政课教育资源是极其丰富的。加上我国思政课教育对于优秀文化的忽视程度，使得优秀文化中所具有的思政课教育资源很难为思政课教育多用。因此，我们需要对我国优秀文化中所具有的优秀文化重新进行审视，开发出它所拥有的教育价值，并且把它融入思政课教育之中，更进一步完善思政课教育课程体系，增加高校思政课教育的实效性，增加高校思政课的主要阵地，结合校内、外的社会文化资源，从而创造出多维度的思政课教育体系。反之，在这个融合的过程中，高校思政课教育也可以最大限度地鼓舞大学生自身能够积极地去寻找蕴含在优秀文化中的资源，以此来形成一个完美的循环。

③创新思政课教育学科的途径。伴随着时代的发展，渐渐地打破了各大学科的边界线，若是有一门学科想要进行创新，那么首先要做的便是与其他学科进行融合。这种融合的方式，则是现在这个社会所无法避免的，因为在任何一门学科中能够明显的分辨出其已经拥有了其他学科中的知识，所以不可能说某一学科本身是一个独立存在的个体。只有如此，每一个学科才能够拥有顽强的生命力，不断地进行发展创新。我国的思政课教育也同样，从学科内容上进行分析，思政课教育中拥有着哲学、历史学、心理学、美学等多学科中的内容，它具有多门与"人"相关的学科。

但是因为飞速发展的现代社会，使得思政课教育的发展速度已经无法与之匹敌，经济一体化、信息全球化所带来的消费主义、快餐文化这些思想不断地对人的思想观念进行冲击。而在这种情况之下，之前的思政课教育形式及内容都已经无法满足现状，社会与时代的发展也为思政课教育提出了进行变革的要求。以此为要求，在我国优秀文化之中对思想道德教育的推崇与重视，以及其中所积攒的丰富内容等，正是高校思政课教育所迫切需要的。所以，推动二者的融合，能够充分地开发出优秀文化在整个思政课教育过程之中的育人功能、稳定社会功能和整体凝聚功能，拓宽了思政课教育研究的全新视角，将我国人民所传承至今的优秀文化精神与中国化理论进行结合，便是带领我国思政课教育健康发展的必经之路。

第二节　红色文化教育的高校思政课价值体系

一、思政课的红色文化育人模式创新

（一）政治性与学理性相统一

政治性和学理性相统一指的是，思想政治课的教师在讲述红色故事的时候应该调动自己对党史的理解，深入仔细地分析红色故事中蕴含的学理，向学生讲述红色文化背后蕴涵着的建党初心以及我党的立场、观点、在建党过程中的经历等。

思想政治课的教师向学生讲述红色文化背后蕴含的学理，能够对学生产生巨大的、深刻的影响，所以思想政治课的教师一定要把政治教学和道理进行科学有机的融合，教师在对红色文化、红色故事进行分析时，一定要在政治性的引导下分析学理，反过来学理性又是政治性的发展依托，教师分析红色文化背后蕴含的理论能够更好地解释和让学生理解现实问题，能够提高主导思想的说服力，进而使社会主义历史深深扎根于大学生的思想中，能够让大学生加快形成自身对中国特色社会主义以及中国共产党的认同，除此之外，还能够让大学生更好地理解我党的发展历史、发展进程。

（二）价值性与知识性相统一

价值性与知识性相统一，要求思政课教师以教材为重要抓手，将红色文化的育人价值贯穿始终，这既是由我国社会主义办学方向所决定，又是由培养德智体

美劳全面发展的社会主义建设者和接班人的目标要求所决定。

1. 整合归纳专题

根据相关教材内容，可以将与红色文化育人价值相关的章节整合归纳为"坚定理想信念""追问人生价值""遵守公民道德准则""提升个人道德修养"这四个专题。

思政课教师在传授"坚定理想信念"和"追问人生价值"相关知识时，可通过师生共同朗诵、学生接龙朗诵、小组为单位朗诵革命先辈们所写下的慷慨诗词等丰富形式，直截了当地让学生了解和感受当年中国共产党人信念坚定、对革命胜利充满信心的革命乐观主义。

朗读诗歌的形式能够让学生更好地理解诗歌中的内容，能够让学生产生情感共鸣，能够让诗歌中蕴含的革命精神更好地被表达出来，还能够激发学生讨论的欲望，教师可以以小组为单位，让学生分享自己对诗歌的感受，讨论之后，可以选择一位代表讲述整个小组的讨论结果，感受和分享也可以让学生结合自己的真实事迹，真实事迹更容易引发学生对人生、对发展的追求、甚至对死亡的思考。围绕诗歌展开讨论能够让学生了解到人生的真正价值，能够让学生学习到革命先辈面对困难时的处理方法。

高校一直坚持在思想政治课程中传播红色文化，并且始终把思想政治课当作高校育人的主要渠道，在知识的讲授和传递中也赋予了知识一定的价值性，但是却有一定的不足，针对不足学校进行完善和补充，让学生在学习红色文化知识的同时，了解和记住红色文化知识表达出来的价值，并且将价值转换成学生自己的思想武器，以此来培养大学生的人生观、价值观，让大学生始终把中国特色社会主义当作自己的理想信念，致力于实现民族的伟大复兴。

此外，可以在"遵守公民道德标准"与"提升个人道德修养"这两个专题的学习中加入红色文化价值，这一部分的学习主要是以学生自述为主，可以让有相关志愿者经验的学生上台演讲，比如参加过中国国际进口博览会的学生可以和同学们主动分享自己的服务经历和在服务中的体会感受，还可以邀请参加过文化遗址纪念馆讲解工作的学生上台分享自己是如何为游客讲述纪念馆中的红色事迹、英雄人物的，也可以让学生分享这次经历给他带来的变化。通过学生的自述可以让学生成为思想道德观念的传播者，同辈群体之间的分享能够更大地激发学生的认同，这种方式的影响力是经过数据调查认证的。

同学之间的分享除了可以传播价值观念，还可以影响学生的成长，而且影响是积极的。学生之间的关系是平等的，这种关系能够让分享更具有说服力，而且能够有效降低同学之间的距离感，更容易形成心理认同。如果经历比较精彩，则还可能引发学生的课后讨论、咨询、交流，这些都能够让学生在其他同学的影响下潜移默化地发生变化，学生天生想要融入集体中，这种对群体的向往会让学生自觉地把分享经验的志愿者当作自己学习的榜样，不断地向同学靠近，这种方式有效地弥补了思想政治课教学的不足。

2.凝练理想信念，激励当代大学生

（1）以中国近代以来争取民族独立、人民解放和实现国家富强，从中凝练出中国共产党人为理想信念，激励当代大学生向千千万万的先辈学习，发挥出红色文化精神有助于厚植爱国主义情怀的育人价值。

（2）红色文化是中国共产党带领人民创造的中国特色社会主义的生动实践。从红色文化为人民群众带来的巨大发展成果和美好生活这一方面进行阐释和讲解，借助看得见摸得着的现实载体，让大学生自主探究讨论实践给高校和大学生带来的积极影响，感悟时代的共生共长。

（三）主导性与主体性相统一

主导性和主体性相统一指的是思想政治课的教师要积极发挥自身作为教师的主导作用。以身作则要体现在教学的各个方面，比如讲述党史、分析红色文化背后的价值、分享红色故事、组织学生讨论、组织学生实践以及评价红色文化学习成果等。除此之外，教师还要符合思想政治课对教师的六个要求，即思维要及时更新、视野要不断开阔、对自己要严格要求、人格品行要端正、思想情怀要深刻、政治觉悟要强。对于高校来讲，思想政治课的建设需要一支资质优良的教师队伍。

但是实际情况是思想政治教师队伍的素质还没有达到期待的标准，未来队伍的建设还要注意师资队伍内人才的平衡和人才的充分发展，要从整体上提高师资队伍成员的能力和教学水平，这两点也是目前我国高校课程改革和创新的主要方面，能够做到这两点也就保证了思想政治课的教学效果。

与此同时，还要对大学生的成长、认知以及接受知识的能力有正确的认识，只有这样才能针对学生的特点激发他们的学习积极性、主体性，才能让思想政治学习从被动变成主动。上面我们提到的演讲、辩论以及探究、实践等活动都能够让学生更自主地学习，获得更多的自主学习空间。

（四）灌输性与启发性相统一

灌输性和启发性相统一指的是思想政治教师在讲授红色文化的时候，还要注意对大学生进行思想上的启发，引导大学生去发现、寻找问题，然后对问题做出分析和思考，帮助他们一步一步地接近真理，一步一步地找到答案。

目前，高校思想政治课的教师非常注重灌输和启发相结合，灌输教育主要依赖于老师对知识的讲述，这是灌输教育必须要使用的一种方法，但是也需要注意的是讲述不可以是填鸭式的，也不可以整节课都是讲述的教育方式，这会使得课堂陷入僵化，教师需要创新知识讲述方法，使用多样化的教学方法，为学生创造更加丰富、多变的环境。方法的创新、环境的营造能够让红色故事更立体、更生动、更鲜活地被学生感受到，学生能够更好地体会故事中蕴含的社会主义理论，这样学生就能够获得思想政治课的核心知识，并能够运用思想政治课的理论知识来处理问题。

与此同时，启发性教学还需要教师充分地了解当代大学生的心理特征、兴趣爱好、话语体系、文化、政治、人生、道德等方面的观念，对这些方面的全面了解有助于启发性教学的顺利开展。

在考虑学生实际需要和实际发展的前提下，可以更有针对性地引导学生学习、了解、运用红色文化体现出来的价值，革命先辈在抗战时期不屈不挠、坚持奋斗能够让学生更好地面对学习、情感等遇到的困难；红色故事中体现出来的共产党人的爱国精神、普通人民群众的爱国精神以及大学生开展爱国运动的爱国精神，都能够引导学生思考如何通过行动来表现自己的爱国精神、如何为实现中国梦贡献自己的力量。

（五）坚持显性教育和隐性教育相统一

显性教育和隐性教育的共同开展需要思想政治课教师和专业课教师共同努力，思想政治课教师需要开发通识课程内容蕴含的红色价值，专业课的教师需要开发专业课程蕴含的红色价值，专业课教师和思想政治课教师共同合作开发红色文化中的价值是共同育人的基本依据。思想政治课程属于显性教育，从正面引导学生认识红色文化，学习红色文化蕴含的时代精神，教师会为学生梳理我党发展的过程、讲述近代党史、改革开放史，通过历史的讲解向学生展示时代特征、社会发展规律，在这个过程中引导学生形成社会主义核心价值观。

隐性教育一般是利用思想政治课程、专业课程以及其他通识课程教学来实现的。我们这里主要探讨如何挖掘专业课程中的红色文化价值，并且如何利用这些红色价值实现专业课的育人。换句话说，就是要探讨如何实现在专业课的授课过程中向学生传递红色文化背后蕴含的哲理，如何超越专业课程蕴含的原理实现红色价值的指导。

二、拓展日常思政课教学的红色文化育人阵地

（一）运用红色文化价值深入推进文化育人

可以挖掘社团活动中的红色文化价值，利用社团活动进行教育育人，社团是学生自主成立的有关艺术、文化、体育等方面活动的一种团体，通过社团可以举办多种多样的红色文化活动。

开发并构建大学校园的红色文化。大学校园红色文化的开发和建构可以结合爱国、爱党相关的纪念日，比如可以在国庆节、五四青年节等节日组织红色文化活动，可以组织近代党史相关的知识竞赛，可以在图书馆组织红色文化展览，可以组织和红色文化相关的文艺汇演，也可以组织红色文化实践成果展示活动，在校园内布置红色文化基础设施，也可以由学生自发分享自己的志愿者工作经验、自己的服兵役经验，也可以由学校组织讲座宣传校友的知名事迹。

构筑校园红色文化需要分析研究探索红色文化需要，创造具有红色文化的氛围，要在思想政治课堂的教学过程中向学生全方位地渗透红色文化，让学生在潜移默化中了解、吸收红色文化的精神和底蕴，从而达到提高学生素养和道德修养的目的。

（二）运用红色文化价值创新推动网络育人

新媒体技术的发展越来越快，应用越来越广泛，思想政治领域也开始逐渐建设网络平台，完善网络平台，网络平台的发展和完善需要高校技术部门提供技术支持，还需要其他的职能部门参与平台的建设，需要考虑到学生的需求和意愿，在此基础上可以开发出有内涵、有深度、有引导价值的网络平台。网络平台的开发可以利用以下途径：

（1）利用校园官网发布红色文化活动成果。可以在学校的思想政治工作网站上发布学校近几年来获得的红色文化活动成果，并且对展开的活动文化的频率、内容做出数据整合，除此之外，还可以在网站上公布政府举办的、策划的红色文化，制定红色文化研究项目，与此同时，学校也可以展示能够彰显出红色文化价值的学生或者教师的事迹。

（2）发挥学校中国共产党革命精神和文化资源研究中心网络平台的作用。在发挥平台作用这方面可以参考复旦大学平台的建设模式，可以在平台当中整合

党史、红色文化宣传、红色文化教育、红色文化咨询等功能，让平台成为党史教育的主要阵地。

（3）发挥出网络载体育人的作用。学校院系都有各自的微信公众号，可以利用微信公众号的形式占领朋友圈的话语主体地位，通过公众号传递红色故事、传播红色文化、传播优秀人物的优秀事迹，还可以打造红色文化的专属 App，和"学习强国"共同引领学生学习红色文化价值。

三、全面协同运用红色文化育人格局

（一）统筹推进大中小学红色文化教育一体化建设

政府要发挥自身推动文化应用的作用，政府的积极推动能够让小学、中学、大学的思想政治课连贯起来，形成健全的结构体系。红色文化育人的发展必须重视感性认识，只有学生在主观上发自内心地想要接受红色文化、学习红色文化，才能真正地在实际生活中运用红色文化。如果学生内心接受了红色文化，那么，在日常的同学交流、班级服务、活动参与等过程中就会表现出积极的参与意识、乐于助人的良好品德以及为集体服务的奉献意识。

高等教育是红色文化价值的理性转变阶段，虽然在之前大学生对党史、红色文化等方面有一定的认识，但是在大学阶段才是认识真正转变成价值观念的关键时期。在大学的思想政治课堂上运用红色文化，除了书本和具体的实践之外，还涉及学生的其他方面，特别是学生的日常生活方面，在大学生的日常生活环境中加入红色文化能够让大学生不知不觉地参与到红色文化的研究、探讨中，有助于形成红色文化价值观。

总的来说，一体化的建设需要政府力量的统筹和推进，政府力量的参与能够让小学、中学、大学思想政治课更加连贯，也能够让思想政治课的目标、任务更精细。

（二）整合社会力量

1.升级特色红色文化创意产业

红色文化价值除了能够指导思想政治课的育人之外，还有自己独特的地方特色，它和其他的教育资源是不同的，它的感召力以及它的震撼力更加强大。

在宏观层面要有红色文化发展的总目标，要制定出具有红色文化价值的产品，还要制定生产计划、销售计划，要让产品的生产销售形成产业链，把产品直接打造成精品，让产品成为"网红"。

在微观层面则必须要正确认识到红色文化的特点、优势，要结合优势和特点设计产品，让产品彰显出红色文化的意义和价值，除此之外，也要逐步突破重点和难点，可以利用知名度高的红色文化带动知名度不高的红色文化，也可以让重点带动难点，使得红色文化整体得到全面发展。

2. 提升红色公共文化服务建设

改革开放前沿阵地已经完成了公共文化服务体系的建设，体系的完善保证了人民的生活条件和生活环境。

红色文化相关的遗址、相关的纪念馆种类非常复杂，而且时间跨度比较大，在空间上广泛分布于全国各地，所以这就导致遗址和纪念馆并没有完善的公共文化服务体系。很多大学生志愿加入公共文化服务体系的建设，在建设的过程当中，他们提高了政治素养，爱国爱党的信念更加坚定，而且他们有了更多的责任担当。在众多的方法中，大数据统计能够让服务体系的建设更加完善，新媒体技术的发展和普及应用对公共文化服务体系的建设提出了更多的要求，红色公共文化服务在方式和手段方面都需要跟上时代的发展步伐。

第六章　高校思政课中的红色虚拟仿真技术（VR）运用新探索

红色文化与虚拟仿真技术的融合，打造全新的高校思政课教学路径。本章对高校思政课红色文化 VR 教学背景、高校思政课红色文化 VR 教学模式、高校思政课红色文化 VR 展览馆系统进行论述。

第一节　高校思政课红色文化 VR 教学背景

一、红色文化融入高校思政课的作用

教育信息化时代，智能手机已经成为高校大学生不可缺少的一部分。红色文化包括战争遗址、革命先烈纪念馆、博物馆、伟人故居、烈士公园等场所，通过 VR 技术开发的这些红色资源产品，可让观者产生身临其境之感，增强作品的感染力。VR 红色文化项目通过手机及 VR 眼镜都可以浏览资源，简单便捷。例如，由国家发展和改革委员会、中共中央宣传部、中央军委政治工作部等部门主办的庆祝中华人民共和国成立 70 周年大型成就展 "伟大历程辉煌成就" VR 作品，浏览人数过亿，很多高校都组织学生集中观看。三维立体的效果展示和声情并茂的解说，让亿万中国人了解了祖国发展的伟大历程，获得了高度好评[1]。

VR 技术在教育领域应用越来越广泛，其技术的趣味性和交互性同红色文化相融合，给学生带来了无限乐趣。VR 技术与红色文化融合顺应社会发展，满足了高校大学生的需求，具有很强的时代感和先进性，对高校思政课教育信息化建设有很大的促进作用。VR 红色项目，既可突破时间和空间的限制，同时又有强烈的互动性，带给了学生强烈的游戏体验感，提高了学生的学习兴趣，显著提升了思政课教育工作成效。

---

[1]　高姗姗 . 高校思想政治教育与文化融合研究 [M]. 石家庄：河北人民出版社，2018.

通过课堂教学传承和弘扬红色文化，是抓好高校思政课教育工作新的突破点。它打破了传统的"思政课程"教学模式，实现了向"课程思政"转变，即将传统的红色文化融入课程思想建设体系中，将"家国情怀"通过课堂教学，灌输到学生心灵之中，在润物无声中增强大学生对红色文化价值认同。由于红色文化特性不同，教师应结合不同的课程融入不同的知识内容。

红色文化内容丰富多彩，表现方式多种多样，能彰显出中国共产党人的不畏艰险、勇于牺牲、艰苦奋斗、无私奉献精神气质。不管什么样专业课程，都可以将这些红色精神融入课堂中，真正将红色文化与思政课教育结合起来，实现高校"三全育人"，培养品德高尚的社会主义建设者和接班人。

随着5G的普及和应用，5G可以全面应用让虚拟仿真（VR）技术变成真正的生产力，可以在课堂上的应用也会越来越广泛。课堂中融入的红色故事，学生可以通过网络"VR红色纪念馆"和"国家虚拟仿真平台"等资源，结合VR眼镜身临其境地体验革命事迹，立体直观的红色文化可以让学生印象更加深刻。VR技术在高校专业领域应用解决了教学过程中遇到的难题，融入VR技术的教学课堂，体现了课堂的信息化、趣味性，让课堂教学变得更加丰富多彩。

二、红色文化资源开发

红色文化是在革命战争年代，由中国共产党人、先进分子和人民群众共同创造并极具中国特色的先进文化，蕴含着丰富的革命精神和厚重的历史文化内涵。利用红色文化基地将红色文化的教育功能充分发挥出来，充分利用红色文化的同时，还要号召全社会的力量对红色文化进行保护，促进红色文化教育的开展。

（一）加强保护红色文化

文化遗产是国家的文化基因、文化积淀和文化密码，蕴含着中华民族特有的精神价值、思维方式、想象力，体现中华民族的生命力和创造力，是民族智慧的结晶。加强文化遗产保护是建设社会主义先进文化、贯彻落实科学发展观和构建社会主义和谐社会的必然要求。加强文化遗产保护是发挥文化遗产教育功能的前提，政府在文化遗产保护工作中承担主导角色，公众参与能够保证文化遗产保护工作的顺利开展。

1. 引导全民树立保护红色文化的意识

很多革命资源都是不可再生的，而且对于国家和社会都弥足珍贵，主要包括革命遗址遗迹、烈士陵园、陈列馆、纪念馆、展览馆、红色文学和标语等。中国共产党带领人民所创造的红色文化是中国特色社会主义文化体系的重要组成部分，保护好红色文化就是保护好中华民族文化，只有这样，才能充分发挥红色文化资源在爱国主义教育、革命传统教育、党风廉政教育中的作用。

既要通过开展各项措施保护有形文化，如文物搜集、采访见证者和实地考察等方式，又要保护无形的红色文化，很多红色文化资源具有巨大的价值，但是仍然处于未开发状态或者还未来得及发现，比如档案馆里的红色资料、坊间的红色文物和艺术品等。相关工作人员要努力寻找和搜集未被保护的红色遗迹遗址，加以保护和合理利用，还要建立健全管理保护开发，利用红色文化资源的工作机制，加强顶层规划设计，加强协作配合，全力打造红色文化资源品牌。

利用媒体进行红色文化的宣传工作，比如利用报纸、杂志、电视、广播和网络新媒体等，还可以举办讲座进行红色文化普及，对表现优秀的个人、社会团体和单位进行精神或物质奖励，提高公民保护红色文化的意识，建立全民保护的社会氛围，充分发挥红色文化的教育作用。

2. 构建政府主导和公众参与双管齐下的保护格局

政府在红色文化保护中起主导作用，应投入更多的人力、物力和财力，制定科学有效的政策。但是对于政府重视不够或者无暇顾及的领域，还需要公益团体、公司企业和基金会等社会力量予以补充，形成政府和公众共同保护红色文化的氛围，这样红色文化的真实性、完整性才能得以保留，同时形成红色文化的保护环境有利于红色文化的开发与保护工作共同进行。

红色文化具有数量多和分布广的特点，这大大提升了红色文化的保护难度，所以，必须集全社会的力量共同保护，政府要重视红色文化保护工作，要引导我国公民去了解和认识保护红色文化的重要性，鼓励社会力量集资募捐。只有广大群众参与到红色文化保护工作中来，红色文化保护工作才会顺利地开展。要建立政府主导和全民积极参与的保护格局，弘扬和发展红色文化，充分发挥红色文化的教育作用。

（二）整合红色文化

红色文化为社会主义先进文化建设、社会主义核心价值观的培育和践行提供了精神高地和价值支撑。实现红色文化教育价值，需要整合红色文化，打破行政区划，将以往单一分散式的开发改为集约型、整合式开发，实现"红绿""红古"结合，加强区域合作，最大限度地发挥红色文化的教育优势。

1. 实现红色文化与民俗文化相结合

绍兴和井冈山地区不仅有丰富的红色文化，还有良好的生态环境，但是不是所有的红色革命地区都有这样良好的环境，有些革命老区经济水平不高。因此，红色文化要与当地的风土人情和民族风情结合起来共同发展。民族文化是非官方的，通过口头、风俗、行为和物质等方式进行传播。民俗文化不仅是文化意识，还是生活中必不可少的组成部分，能够成为高层次的文化。民俗文化中既有精华也有糟粕，精华部分有利于社会的发展，能够成为高层次的文化。

文化是民族的血脉，是人民的精神家园。如今，我国重视文化的发展，将红色文化与民俗文化相结合，有利于构建雅俗共享的文化格局，呈现出和而不同的文化氛围，有利于红色旅游的开发，能够吸引更多的游客，起到很好的宣传作用，从而发挥出红色文化的教育作用。瑞金是著名的红色故都、共和国摇篮、中央苏区时期党中央驻地，然而，瑞金缺乏良好的生态活环境，绿色生态没有得到很好的发展。瑞金主要以客家人为主，客家文化底蕴深厚，传统客家建筑与当地的风土人情是丰富的旅游资源，瑞金将红色文化与本地的客家文化相结合，大力发展旅游产业，吸引了国内外大批游客前来参观游玩。

2. 整合区域红色文化

区域联合是通过跨地区、跨领域和跨行业的方式整合红色文化。红色文化区域整合有利于发挥红色文化教育功能，有利于红色旅游的发展与繁荣。

（1）政府起主导作用，利用宏观调控打破行政区域范围的限制，促进融合发展。地方政府要积极主动地将各方的利益分配好，做到公平公正，每个领域都得到发展的机会，保证市场的公平竞争，严厉打击市场壁垒的现象，促进各方的合作，以防过度竞争和盲目发展。

（2）进行科学合理的规划，以大市场和大旅游的发展理念指导红色文化的发展。国家红色文化作为一个有机的整体，而地方的红色文化以分支的形式发展。对不同层级的红色文化要统一筹划，保证红色文化旅游产品良性地发展。

（三）创新红色文化开发模式

引入光、声和电等新技术增加红色文化展览馆的展示方式。传统的展览方式主要是静态的橱柜展示，如今，要增加动静结合的展示方式。通过模拟情境，让人们参与进来，创新红色文化活动项目，人们在体验自然美景和红色遗址时，还能有精神层次的感悟，在游览中学习红色文化知识，思考红色精神。

1. 红色文化场馆基地要创新展示形式

烈士陵园、纪念馆和博物馆向人们展现了革命历史，但是简单的观看方式无法让参观者快速进入情境，所以我们要将历史与现实结合起来，通过科技手段让参观者能够更直观地感受，从而激发他们的情感。

光、声、点、影视、场景模拟、电脑写真和动漫就是非常好的方法，打破了以往单一的静态展示方式，以图文和影像的形式将革命历史再现，直接展现给参观者，具有非常强的冲击力，能够使参观者在情感上找到共鸣，使红色文化具有极强的感染力，能够吸引更多的参观者前来参观游览，培养参观者的爱国情怀，让参观者充分认识和学习革命历史和革命精神，感受"真实"的革命人物和革命事迹，充分发挥红色文化的教育功能。

井冈山革命博物馆首个提出"红色经典、现代表述"的理念，采用三维造型艺术、舞美技术和声光电、多媒体等技术，以现代的陈展语言来表述红色历史。《井冈山革命斗争全景画》用艺术形式真实反映了三湾改编、井冈山会师、黄洋界保卫战等重大历史场景，直观形象生动地展示了五百里井冈绿色风光和井冈山革命斗争的伟大实践，使红色陈列物从"平面化"变得富有"立体感"。通江县红四方面军总指挥部旧址纪念馆，是全国爱国主义教育示范基地，其旧址是全国重点文物保护单位。

2. 通过情景模拟、亲身体验等形式提高

游客在参观红色景区时，通过切身体验感受红色文化，学习红色精神，内化于心，外化于行。参观者只有进入红色景区用心参观，才能体会到背后的故事和精神，不仅能学到知识还能提高道德素质。青年朋友主要通过课本或者书籍了解革命先辈为了民族独立、人民解放抛头颅、洒热血，通过参观红色景区，身临其境地感受革命先辈的事迹和红色文化，让青年对革命历史有更深刻的认识，促进青年们深入思考，有利于激发青年的爱国情怀。

参观者参观旅游景点的事物、了解革命历史事迹，以直接的方式获得红色文化体验。这种体验式的红色教育有利于激发人们的学习热情，让人们积极主动地参与到红色教育中，通过陈列的文化、革命先辈的雕像、革命历史资料回忆革命历史，让历史在大脑中再现，参观者会倾注更多的情感，学习革命先辈的精神，深刻地理解红色文化的内涵，帮助青年人坚定理想信念。

延安是中国革命的落脚点和出发点，党中央和毛主席等老一辈革命家在这里生活战斗了十三个春秋，领导了抗日战争和解放战争，具有丰富的红色旅游资源。在旅游参观过程中，游客们可以看到当年毛主席住过的窑洞，感受老一辈革命家的艰苦，游客还可穿上红军军装，参加重走长征路的活动，充分感受老一辈革命者为了民族独立、人民解放付出的艰辛。除了体验红色文化，还可以体验延安的风土人情，比如听信天游、品尝当地美食等。游客通过各种活动感受历史、感受人文，能够激发他们的参与和学习热情，充分发挥红色文化的教育功能。

3.打造红色旅游景区优质文艺品牌

在多样多元文化背景下，要使红色文化"化人"的功能有效发挥，就要打造文化品牌，实现红色文化产品占领市场，能够成功到达消费者手中并被他们接受。

各级革命博物馆、陈列馆、纪念馆、革命烈士陵园、展览馆等单位要围绕文化育人的中心任务，挖掘自身潜力，创作出富有自身特点的图书、影视剧等精品。

重庆红岩连线推出了越剧《红色浪漫》，儿童剧《小萝卜头》，话剧《天下为公》，京剧《江姐》《张露萍》等以红岩革命历史为主题内容、反映红岩精神的红色经典作品，已初步形成以红岩系列展览、红岩报告、红岩系列展演、红岩系列出版物、红岩文化室、红岩网站等为特色的品牌、项目、产品，使人们在直观生动的观赏中接受文化的熏陶、心灵的净化以及人生的启迪。

（四）思政教育红色文化开发

开发，即利用原有的事物拓展延伸，将潜在的事物挖掘出来。目前学界将资源开发理论运用到思政教育过程中加以定义，主要有以下几种观点：

（1）思政教育资源开发，是指一定的社会、阶级和政党根据思政教育的需要，对潜在的思政教育资源进行挖掘，使之成为现实资源，或对现有的思政教育资源的未知功能进行挖掘，充分发挥其潜能，从而有效地服务于思政教育的动态过程。

（2）现代思政教育精神资源开发，主要指思政教育主体根据现代思政教育需要，对现有或潜在的思政教育精神资源进行深度挖掘、重新发掘或优化组合，使现代思政教育精神资源能够有效地发挥出思政教育的价值，能够增强现代思政教育的效果。

（3）思政教育传统文化资源开发，是指思政教育主体，根据思政教育的理论与实践需要，对已有的传统文化资源进行深度挖掘或进行新资源的发现和认识，再通过资源的整合、优化、利用，充分发挥传统文化资源的潜在价值，从而服务于一定的思政教育目的，促进思政教育有效性提高的过程。

因此，思政教育红色文化开发是指思政教育主体根据思政教育运行的需要，采取一定的开发方法对已有的、分散的或者潜在的思政教育红色文化进行挖掘、整合和优化，以提升思政教育红色文化数量、质量和效益，实现思政教育目标的动态过程。

（五）思政教育红色文化开发的具体措施

1. 加强主体建设确保思政教育红色文化深度开发

思政教育红色文化开发主体必须要树立科学正确的理念，同时加强素质建设，从而提升自身的开发能力。

（1）树立开发主体的科学理念。思政教育红色文化开发是一个漫长的过程，在这个过程中，资源开发主体必须要做到立足现状，以对思政教育红色文化开发的整体把握为基础和前提，将思政教育建设放在首要位置，树立传统与创新相结合、经济效益与社会效益相统一等正确科学的开发理念，这些对于开发具有系统性、科学性、持续性的思政教育红色文化十分重要。

①坚持将思政教育建设放在首要位置的理念。在进行思政教育红色文化开发规划过程中，应秉持科学系统的理念，要尊重历史的完整性与真实性，做到实事求是，通过客观史实来加强思政教育建设，这就要求思政教育开发主体必须不断提升思想意识，充分重视资源的开发利用。

在开发思政教育红色文化工作开展前，必须要对红色文化的教育价值有充分的认识，要能够在实践活动中体现红色文化优势，并将其转化为育人优势，从而进一步实现红色文化开发的意义，体现其在历史传承、教化引领、社会规范等方面的巨大价值。其中，思政教育红色文化的历史传承价值一方面指其能够传承历史，另一方面也指其能够作为诠释革命历史文化的教育载体。

引领教化价值指的是通过红色文化教育来引导受教育者找到正确的政治方向，以多种手段和方法在受教育者头脑中刻下红色文化记忆，帮助其树立正确的人生观、价值观和世界观。社会规约价值则利用红色文化中与道德规范相关的内容以及榜样的力量，来达到锻炼受教育者的意志品格、约束其社会行为的目的。

开发思政教育红色文化要求开发主体对其价值有充分的认识，并在此基础上做到积极转变观念，重视教育改革。在高校中，思政教育主体将红色文化运用于课程中，直接利用和践行资源开发的成果，这就要求教育者要以教育改革为前提对教学工作进行优化调整，完善教学内容，将教学内容与红色文化进行合理的结合，从而促进思政教育的发展。

②坚持传统与创新相统一的理念。在长期的革命斗争中，无数革命先辈用血汗凝结成了红色文化的结晶，这是伟大而珍贵的文化资源，充满了不畏艰险、勇

往直前的爱国主义精神，甘于奉献、不求回报的为国为民情怀，不断进取、与时俱进的新时代创新精神，这些都是思政教育不断发展的源泉和财富，等待着教育者去开发。我们一方面要继承宝贵的传统，另一方面还要勇于创新，只有将二者结合起来，才能实现对思政教育红色文化的不断创新与深度开发。

继承优秀的传统文化是始终不变的理念，但在此基础上还要谋求发展。因为继承与发展是整个文化创新活动必须具备的两个方面，也是思政教育红色文化的两个需求。继承优秀文化符合时代发展和红色文化开发的趋势，因此，虽然红色文化所具有的价值很多，但在思政教育红色文化的开发过程中，应以实现其精神和教育价值为最主要的目标。

要积极倡导在继承优秀红色文化的基础上加以创新，让红色文化与时代变化相结合。"创新是一个民族进步的灵魂，是一个国家兴旺发达的不竭动力"。在革命年代，红色文化通过不断积累而形成，它吸收了人类文明丰富的优秀成果，并且不断地丰富与发展，在它的指引下，中国共产党带领广大人民群众取得了一个个胜利，红色文化也被赋予了时代的价值。如今，我们仍然应当继续和发扬这些传统的优秀文化，不断挖掘其更多的内涵，并通过创新使之与时代发展相结合，成为思政教育的重要资源，做到使大众喜闻乐见。举例来说，可以将红色文化融入课堂教学活动，教师可以通过新的教学内容与教学形式，将红色文化以独特的表达方式传递给学生，从而使学生对红色文化的形成、理论、价值等更加明确。

（2）加强思政教育红色文化开发主体的素质培育。思政教育红色文化开发主体的素养影响着资源开发和教育的效果，他们对于资源开发性质的把握，开发方式的运用以及整体开发程度的认识，对整个资源开发过程具有引领性的作用。由此，加强对思政教育红色文化开发主体的素质培育，是确保资源能够深度有效开发的关键。

①加强开发主体的理论研究素质。思政教育红色文化开发具有丰富的理论内涵，其蕴含的问题仍需要进一步分析思考，比如如何针对现在大学生的特点进行课程设计，如何顾及大学生多变、差异性大的思维特点，如何从实际出发调整工作等。开展红色文化研究要因时因地因人，因此，开发主体必须要不断提升理论研究素质，做到有效鉴别和筛选信息。

要提升对红色文化的理论研究意识，以现有成果为基础不断探索新领域，在进行思政教育红色文化的开发过程中，要充分重视基础理论研究，从而为思政教育红色开发打下坚实的理论基础。

要广泛参与到思政教育红色文化理论研究工作中，通过实践来提升自身的理论素养。目前，学术界越来越多的专家学者开始对红色文化进行一系列深入的研究，挖掘红色文化教育价值的相关内容也开始增多，开发主体应抓住机遇投身实践，积极参与相关研究与探讨，充分提升对思政教育红色文化的理论认识。

深入研究理论，加强理论创新，这是开发理论的新层次。现今，有关红色文化、思政教育等的理论研究已有不少，这对于研究思政教育红色文化有很大的帮助作用，在这些理论的基础上进行提炼总结，并发挥创新意为其赋予时代的新内涵，就能够使优秀文化世代相传，从而在理论创新中不断提升主体的理论研究素养。

②提升开发主体的实践创新素质。思政教育红色文化的发展水平，与我们的文化创新能力有很大的关系。也就是说，要想使思政教育红色文化开发具有教育价值，就要从创新入手，突破以往单纯枯燥的教育内容和形式，这就对思政教育开发主体的素质与能力提出了相当高的要求。由此可见，提升主体的综合素质与创新能力，对挖掘思政教育红色文化、让红色文化教育更生动具有重要的意义。

思政教育红色文化开发要敢于突破，不能墨守成规，要充分调动创新意识，认识到思政教育红色文化是不能脱离实践而存在的，只有这样才能够开发出更具特色、更符合时代精神的优秀文化。此外，主体还应将红色文化的深刻内涵在思政教育教学中进行应用，通过创新手段将单调的理论传递给受教育者，以丰富教学内容，提升教学的质量，取得良好的教育效果。

主体应不断创新思政教育红色文化开发实践内容。比如，通过图书来了解红色历史，通过思维导图来厘清历史脉络，通过故事使红色文化更加生动易懂，通过音乐对红色文化进行广泛传播。除此之外，还可以将红色文化与动漫、影视明星相结合，使之具有时代元素，为大众所喜闻乐见。总而言之，红色文化的实践内容有很多，其最终目的都是为了使受教育者更易学习与接受。

开发主体应不断创新实践开发方法。要以时代发展和教学目标为基础，以贴近生活、贴近学生、贴近教学为目标，对开发方法进行不断创新。比如，可以举办红色文化主题论坛，邀请著名的专家学者前来参加，通过集体讨论、相互碰撞，发挥大家的智慧，为思政教育红色文化的创新开发出谋划策，从而使更多的开发主体具有创新意识，并全面提升创新开发的素质。

2. 创建红色文化教育开发统一化平台

思政教育红色文化涵盖的内容深刻、范围广泛，是一项综合性、系统性较强的工作，其相关系统的开发稍有不慎，便会影响到系统的全面开发效果。所以，高校、相关科研机构以及政府等主体间应展开有效协作，进而促成相关资源的整合以及共享。高校是相关资源平台开发的源泉，科研机构为平台的研究提供技术支撑，政府是平台资源开发的强大后盾，以上各主体间戮力而为，各司其职，形成了系统格局，进而优化了整体效果。

（1）政府主体是平台资源得以开发的强大后盾。为了进一步实现红色文化的系统性开发，就需要以主体相关建设为切入点，注重开发主体的综合能力，与此同时，不同主体间应充分合作，深刻认识全国各地相关的红色文化，及其对内、对外关系，充分协调各方资源，努力达到事半功倍的效果。

（2）科研机构是平台研究的技术支撑。红色文化的开发工作任重而道远，整个过程离不开对理论的进一步研究，也不能缺乏实践的客观经验，应积极构建理论与实践统一的教育平台，进而以系统全面的科学理论，指引思政教育红色文化平台的构建。

通过科研院所作为主体与大学中的思政教育部相联结，科学研究机构与红色文化企业相联结，可以构建集理论、研究以及创新于一体的教育平台，同时企业的经济发展以及生产效益也在潜移默化红色文化教育的创造性发展。

3. 以高校为主体提供资源开发的动力

高校是思政教育红色文化开发和利用的主体力量，应发挥桥头堡作用，为思政教育红色文化开发提供动力，"使之系统权威进教材、生动有效进课堂、刻骨铭心进头脑"。

（1）推进红色文化系统权威进教材。教材是集中体现国家意志和主流意识形态的有形载体，对思政教育红色文化的开发，首先应将红色文化的相关内容融入思政理论课教材和专业课相关的教材，同时创办思政教育资源研究的专门教材。

（2）促使红色文化生动有效进课堂。无论是在课前准备，课堂目标设定，课堂具体内容以及课堂反思评价等过程中皆可融入红色文化内容，这就需要思政理论课要坚持在改进中加强，提升思政教育亲和力和针对性，满足学生成长发展需求和期待。

4. 健全思政教育红色文化开发的保障机制

（1）组织保障机制。为了使相关主体能全面参与到资源的开发与利用中，实现整体效益的提升，红色文化需系统性地协作发展。所以相关的组织机构保障机制要进一步完善，以保证思政教育的红色文化能够得到全面开发。

①从宏观意义来讲，行政体系以政府为主体，国家的相关法律法规，均是由政府牵头进行贯彻实施的，政府应作为管理、技术以及资金的支撑，为红色文化拓展集体及个人给予政策或资金的鼓励，凝聚科研院所、企业、高校等社会力量，

使得红色文化在理论研究、宣传教育、实践开发及出版传播等方面被系统协作地开发，进而提升思政教育红色文化开发的长效性。

②从中观层面来说，高校及相关科研院所是红色文化能够有效开发的坚实保障。所以说，高等院校在开发和利用资源时，不能缺席各高校间的交流互动等相关活动，科研院所可以为资金及资源提供帮助，而高等院校可以为其培养更多、更全面的科研人才，高校和科研院所可以联合培养相关优秀人才，两者协同发展，可以进一步优化资源配置。

（2）从制度保障机制来说，红色文化蕴含着丰富的人生价值、道德准则、爱国精神以及理想信念等，这些均是教育的财富，是学生未来拥有无限魅力的源泉，对相关文化的学习，将使学生在未来的人生之路上受益匪浅。

①相应的制度保障机制应不断完善，职权和行动的范围应依据相关的科学制度来设定，进而对相关事物进行规范化管理，这也优化了资源的配置，使思政教育的红色文化发展进程有理可依、有法可循。

②法律法规的运行作为相关保障机制。相关主体要改变之前的开发理念，依据法律进行资源的利用，从国家角度出发制定相关法律，以使红色文化的开发拥有强大的保障支撑，严格遵守法律规范的要求，鼓励红色文化教育的开发、运行。与此同时，地方也应根据实际情况，完善其法律法规，使红色文化教育的运行资金、机构构建及开发程序等均在法律法规的保障下运行。

③互联网监管机制不可或缺。思政教育红色文化在网络上的传播，离不开互联网的监管，政府和各类新闻等综合性门户网站是红色文化教育的宣传基地，所以应进一步加强宣传机制的构建，完善网络中红色文化教育的指导及监督，红色文化的相关内容可以净化网络，从而覆盖一些充满负能量的不良文化，为进一步构建正面的、有序的网络监管机制打下坚实基础，引领社会主义下的网络意识形态，使其成为红色教育的强大阵地。

（六）结合现代技术促进思政教育红色文化创新开发

1.以革命文化为内容开展情感教育

红色文化的开发任重而道远。在运用红色文化资源时，首先应关注是否将相关的情感注入到了教育中，比如抑扬顿挫的声音、富有感情的讲述，再加上慷慨激昂的肢体语言，能进一步引导学生的学习热情。

通过被教育者在实践过程中的情感释放，根据其情绪体验、思维观念、心理需求完善相关的教学方式，进而使红色文化教育深入人心，成为温度与深度并存的教育方式。所以在教育过程中应充分体现红色文化的魅力与感召力，深入地探寻红色文化的开发方式，从而在教育中收获更多真正的感情表达。

在教育过程中融入革命历史，通过还原史实以及讲述红色故事感染被教育者，在教育过程中与被教育者深入探讨历史故事所蕴含的爱国情怀。

2. 注重内涵的挖掘，进而展示资源的真实性

可以鼓励受教育者踊跃参与到丰富的实践活动中，在教育的客观条件下完成自我主观意识的构建，进而提升其辨识能力和思想觉悟，形成良好的思想品质。

受教育者往往对可接触的、日常真实事物有着深刻的印象。所以应充分挖掘红色文化教育的内涵，进而全面展示资源本真的内容，这样才能用史实打动人。

（1）构建相关数据库，整理史实的系统数据。目前，全国有着诸多的红色文化教育基地，但却存在分布不均的问题，这就需要建立有关地域、时期，甚至是姓氏、种族区分的资源库，将这些内容以特定的分类标准进行入库登记，进而构建各种类型的红色文化教育资源的大数据，为各种学习者学习红色文化提供丰富的资源。

（2）完善陈展模式，还原历史的真实性。陈列文物于橱窗中、图片配上文字，这些是传统的陈列模式，但是为了进一步还原历史发生时的真实性与体验感，动画立体式的视频以及短片成为讲述红色故事的新颖方式，除了这种方式也可以采用邀请革命先辈讲述当时的红色历史或是品尝红军饭、着军装、重走红军路等方式重温红色故事，深切体验当时的生活、战斗以及工作，提升红色教育的真实性与体验感。

（3）在思政教育课程中切实体现红色文化。红色文化得以宣扬离不开思政教育课堂，课堂内容通过切切实实的革命遗址，讲述革命事迹以及英雄的故事，战争影像视频的播放也可以使人们在红色电影中切身体会到战争带来的痛苦，这些方式均为大家呈现了真实的历史，也使红色文化的内涵与底蕴得到进一步的传播，从而激发受教育者对思政教育红色文化的兴趣，进一步提升思政教育的有效性。

三、红色文化与 VR 的融合

VR 技术应用于红色文化的弘扬与传承中，突破了红色文化的文本性，增强了交互性，将革命历史真实地还原在体验者眼前；让视听达到沉浸，让体验者亲身参与，产生比传统媒介 / 模式更强烈、真实、持久的情感，让红色文化直达人心，

更好地感染体验者。可以说，技术在我们的日常生活中发挥着建设性的作用，它们有助于塑形我们的行动和体验。

通过 VR 相关技术的辅助，可以促进我们构建红色文化的记忆，重点是通过相关历史的体验去了解对应的历史事实，而其中最重要的是记忆体验。记忆体验的主体是每个个体，集体记忆虽常被提起，但其实是每个个体记忆组建了集体记忆。历史是对人的解释以及理解，每个人作为主体，其个体记忆在历史长河中，是集体记忆之源。

红色文化的相关记忆离不开历史。在一定程度上，红色记忆对于国家的发展、民族的进步以及相关历史的真实情况和精神的定格是非常重要的。在权利逻辑下，红色文化的记忆主体、衡量记忆内容的权力者以及历史的缔造者是同一人。所以欲通过数字技术来进一步形成红色记忆，便需要认可广大人民群众的主体地位。因此，人们的社交活动在红色文化记忆的形成过程中是不可缺少的。

个体是虚拟仿真的主要体验者，主要有三种：战争的亲身经历者、战争的完全非亲身经历者以及战争的非亲身经历者（但一般是指与战争的亲身经历者有血亲关系或是同一年代之人）。这三种个体在目睹了虚拟仿真技术下的相关内容后，感受虽各不相同，但都产生了激烈的心灵碰撞，在这种立体的、多元的形式下所产生的记忆更为深刻。

个体在体验了虚拟仿真技术带来的集体记忆的文化记忆之后，其相关的知识、本领以及各种能力，经过沉淀，最终转化为自身、亲人或是其他人继续传播相关的知识、本领以及各种能力的资源。这也说明，一些人虽没有经历战争年代，也没有对战争的记忆，但是通过虚拟仿真技术可以产生相关的记忆，在经历过后可以在社交以及家庭交往中叙述战争年代的精神与故事，从而使红色文化精神被传承和发扬。

红色文化的传播，以及相关记忆的构建，其终极目标是实现中华民族的深入发展，其传播个体及主体的发展和选择是重点。社会和集体的记忆制约着个体记忆的形成；人是长期生活在集体和社会中的，所以个体记忆是在集体和社会的范畴内形成的，同时其记忆的形成也是在两者的引导下进行的。社会、集体和个体的记忆相互协同与制约着，这也是 VR 技术背景下红色文化记忆在形成过程中需要注意的地方，它不仅会使人们产生更直观的印象，还促进了社会、集体以及个人三种记忆通约性下的有效发展。

第二节 高校思政课红色文化 VR 教学模式

当前思政课第二课堂教学面临着内容、形式等多方面的困境。要想有效提升思政第二课堂的教学效果，也必须从内容和形式两个方面着手。以井冈山红色文化为例，挖掘井冈山红色文化中的育人元素，辅之以 VR 技术，能够有效提升思政第二课堂的实效性。

一、坚持"内容为王"，挖掘红色文化

井冈山革命根据地作为中国共产党创建的第一个农村革命根据地，距今已有90 余年的历史。其发展历史作为中国共产党史和中国革命史的重要组成部分，具有重要的育人价值和意义。在井冈山革命根据地创建和建设的过程中，涌现出的英雄人物和英雄事迹对于思政理论课的教学内容可以起到很好的补充作用。根据思政课教学目标和教学要点，选取井冈山红色文化当中与之契合的内容，进行教学内容的重组。

二、VR 技术在思政第二课堂中的具体运用

VR 技术在思政第二课堂的教学中能够发挥出"穿越时空"的巨大功效，对于理论性较强的思政课是一个很好的补充。例如，"VR 八角楼软件 1.0"以井冈山茅坪村领导旧居为原型，按照 1 : 1 的比例对八角楼进行真实还原，再现了井冈山时期革命同志艰苦奋斗的生活场景。过去思政课教学过程中，主要通过图片、影视作品等资料的展示以及教师的讲解来帮助学生了解八角楼的历史。现在，通过"VR 八角楼软件 1.0"，学生不用去井冈山，也可以通过 VR 设备"亲眼看到"八角楼的真实"面貌"。

"VR 井冈山会师教学软件"以井冈山会师这一历史事件为主要内容，选取比较合适的内容制作成"只打挨户团，不打灶头勇""三大纪律、六项注意"和"齐聚文星阁"三个关卡。通过影音资料对关卡背景进行介绍，帮助学生了解关卡所对应的历史事件；通过关卡内的游戏设定，调动学生的学习积极性。学生要完成最终的通关，必须回答相应的问题。这些问题既包括对于软件中各关卡背景的内容，也包括教师讲解的内容，只有认真观看每个关卡前的影音资料，并且认真学习教师所讲解的内容，才能完成最终的答题调整。

学生在 VR 软件中的体验过程可以通过硬件将其进行实时投放，观看区的所

有学生能够同时观看。充分利用学生的利益点和挑战点，使其自觉将学习内容内化吸收为自己的知识。利用 VR 技术对于学生的强大吸引力，融合红色文化的育人因素，可以有效提升思政第二课堂的实效性。

第三节　高校思政课红色文化 VR 展览馆系统

一、红色文化 VR 展览馆的建设意义

（一）传承优秀红色文化内涵的重要载体

红色文化展览馆搜集不同的红色资源，整合后将其陈列，向参观者展示。红色展览馆其实是红色文化传播的有效载体，陈列的红色资源包括真实的历史资料、革命先烈的雕塑、物品和真实事迹，这些能够产生良好的视觉效果，对参观者有很好的教育作用，有利于红色教育的开展和红色文化的传播。

各种历史资料、文献和物品展现在参观者面前，参观者能够回忆起与这些相关的事迹和场景，参观者甚至有身临其境的感觉，激发了参观者的爱国情怀和民族归属感。所以，红色文化展览馆不仅是陈列着历史资料、文献和物品等红色资源，更展示了革命精神，向人们传递了红色文化，有利于革命精神的传承和发扬。

（二）红色文化建设的重要阵地

红色文化展览馆通过与有关部门共同合作，一起组织红色旅游活动，展览真实的历史资料、人物事迹和相关物品等。先搜集相关革命资料，再进行整理分类，不断完善，最终形成系统性文件，使展览的内容更翔实、更丰富，找到合适的机会并利用合适的方式将这些红色资料呈现到人民面前，可以充分发挥红色资料的教育和警示作用，让人们感受到革命先辈们为了驱除外敌、民族独立、人民解放抛头颅、洒热血，从而培养人们的爱国情怀、奋斗精神和担当意识。

（三）进行爱国主义教育的重要手段

红色文化展览馆陈列历史资料对人们有很强的教育意义和警示作用，人们通过学习历史接受爱国主义教育，通过学习历史对自己起到警醒的作用，同时，人们学习红色文化有利于社会主义价值观的建立。

党员干部通过参观红色文化展览馆，学习先辈们吃苦耐劳、勇往直前、永不

服输、开拓奋进、无私奉献、艰苦创业的精神，以党员的身份严格要求自己，树立正确的权力观，树立为人民服务的信念；青少年参观红色文化展览馆，让青少年走出校园、走出课堂，通过参观馆内一张张弥足珍贵的照片，一个个精心布置的场景，锈迹斑斑的兵器以及惊心动魄的视频场景，真实再现了革命先辈为了国家解放抛头颅、洒热血的伟大斗争历程，让青少年深切感受到革命先烈们浓厚的爱国情怀和英勇顽强的牺牲精神，有利于青少年树立正确的历史观、价值观和人生观。

二、红色文化展览馆，促进红色文化发展策略

（一）依托党的理论作为思想主线，明确 VR 技术的核心要求

高校党建必须要做好红色文化展览馆的相关工作。社会主义先进文化的重要组成部分就是党史文化。学习党史文化能够筑牢有民族特质的文化观，有利于增强党员干部的宗旨意识、执行意识和大局意识，有利于党风廉政建设的开展，督促党员干部做到廉洁自律。所以，红色文化展览馆要以党的理论为主要内容，VR技术等高科技手段也要为其服务。

以 VR 技术促进红色文化发展要把握好党的理论和高科技的关系，这样才能做好相关工作。多媒体技术是情境创设的必备技术，要采用真实的图片和视频，参观者往往会被这些真实的图片和视频打动，从而使其有强烈感受。

（二）深度挖掘红色文化内涵，提升红色文化活态化水平

时代在进步，社会在发展，红色文化内涵要与时俱进，赋予红色文化与时代相适应的文化精神。

红色文化具有极强的创造力，我们要努力将其充分发挥出来，将红色文化、革命历史与当地的现实相结合，让人们知道红色文化离我们近在咫尺，并不是虚无缥缈的，让人们能真真切切地感受到红色文化的存在，同时还要将红色文化与文化创意相融合，创造出能够体现红色文化和革命历史的文化作品。

（三）借助新媒体开展宣传

现在的年轻人主要获取信息的方式就是互联网，所以红色文化也要借助新媒体进行宣传，红色文化借助网络可以走进千家万户，人们点点鼠标就能获得优秀红色文化的相关信息。

可以采用渗透式的宣传方式，因为年龄不同，获取信息的方式就不同，老人偏向电视、报纸或者宣传页；中年人更喜欢与红色文化相关的演讲、讲座等内容，青少年普遍从微博、微信等手机软件中获取信息，所以要进行全方位的宣传，借助每种媒体形式宣传红色文化，以满足不同年龄段人的不同需求。

（四）通过创新吸引更多的人学习红色文化

红色文化展览馆要顺应时代的发展，走出传统展览的舒适区，通过创新展出形式吸引更多的年轻人来参观学习，因为传统单一的陈列式展出形式对现在的年轻人毫无吸引力，青少年即使参观学习，也是走马观花式地应付，学习效果极差。所以，红色文化展览馆可以引进裸眼 3D、数字博物馆、全息投影和虚拟仿真等高科技手段，将当时革命场景展现在参观者眼前，让参观者身临其境，提高广大参观者的参观质量。红色文化展览馆的工作人员要及时与参观者进行互动，及时了解他们的参观感受，并得到反馈信息，实现双向互动，同时也应为今后的服务调整和完善做准备。

结束语

高校思政教学作为一项广泛的社会实践活动，需要有丰富的教育资源作支撑。思政教育资源的内容越丰富，思政教育内容的选择性就越广泛、越充实。红色文化具有内容鲜活、形式多样、感染力强等特点，在高校思政教育中能够起到思想引领、政治教导、道德激励、审美熏陶等作用。为此，红色文化早已作为一种教育资源引入到了高校思政教育的实践中，并取得了明显的实效。从思政课实践教学的效果来看，实践教学因具有开阔视野、增长见识、贴近生活等特点，受到广大同学的普遍好评。

未来高校思政教学，将在虚拟仿真技术的支持下，通过线上的虚拟红色展览馆、VR 红色影片、VR 红色文化交互平台等形式，讲好中国红色故事，真正融入高校思政课教育全过程。完善红色文化育人的长效机制，将高校思政课信息化建设常态化，培育时代新人，完成高校立德树人的光荣使命。

参考文献

[1] 甘玲. 践行渐悟高校思政课实践教学的探索与实践 [M]. 秦皇岛：燕山大学出版社，2017.

[2] 高姗姗. 高校思想政治教育与文化融合研究 [M]. 石家庄：河北人民出版社，2018.

[3] 高颖，郭淑霞. 虚拟现实视景仿真技术 [M]. 西安：西北工业大学出版社，2014.

[4] 郭彬. 新时代高校思政课实践教学改革研究 [M]. 北京：中国民族文化出版社，2020.

[5] 李建. 虚拟现实（VR）技术与应用 [M]. 开封：河南大学出版社，2018.

[6] 李丽红. 虚拟现实技术在教育领域中的应用及其效果评价研究以旅游教学为例 [M]. 北京：旅游教育出版社，2015.

[7] 罗军强. 高校思政课实践教学教程 [M]. 长沙：中南大学出版社，2015.

[8] 吕艳男，张亮，刘恩龙，等. 高校思政课理论教学与实践指导 [M]. 北京：研究出版社，2019.

[9] 马静. 红色文化教育理论与实践研究 [M]. 天津：南开大学出版社，2015.

[10] 汤跃明. 虚拟现实技术在教育中的应用 [M]. 北京：科学出版社，2007.

[11] 吴布林. 新媒体背景下红色文化资源利用与大学生思想政治教育成效性研究 [M]. 徐州：中国矿业大学出版社，2016.

[12] 张泊平. 虚拟现实理论与实践 [M]. 北京：清华大学出版社，2017.

[13] 朱应雨. 虚拟仿真教学资源与人才培养模式改革 [M]. 上海：上海交通大学出版社，2018.

[14] 中共中央马克思恩格斯著作编译局编译. 马克思恩格斯选集（第一卷）[M]. 北京：人民出版社，2008.

[15] 安慧玉. 虚拟现实（VR）技术在高校思政课实践教学中的应用 [J]. 现代营销（信息版），2019（12）：119.

[16] 曾艳.关于高校思政课实践教学模式改革与探索 [J].吉林教育，2021（Z2）：53-54.

[17] 陈九如，张烊烊.新时代高校红色文化教育的逻辑理路 [J].思想理论教育导刊，2019（07）：114-117.

[18] 陈铭彬，王炜.红色文化资源在高校思想政治教育中的实践路径 [J].广西民族大学学报（哲学社会科学版），2020，42（04）：171-176.

[19] 陈晔.新媒体下红色文化融入高校思政教育路径分析 [J].传媒论坛，2020，3（11）：162-163.

[20] 程瑶.高校思想政治理论课教学改革及其实效性研究 [D].温州：温州大学，2016.

[21] 储著源，周小华.全媒体与高校思政课教学实践创新 [J].华北水利水电大学学报（社会科学版），2020，36（02）：53-60.

[22] 冯建辉，李俊青.高校思想政治理论课实践教学改革探究 [J].石家庄学院学报，2014，16（01）：122-124.

[23] 郭秀艳，马国金，吴霞，等."互联网 +"视域下虚拟仿真实验教学 [J].中国冶金教育，2021（01）：55-56.

[24] 郭燕秋，朱远征，程平，曲松，熊非，张淑平.虚拟仿真技术的应用进展 [J].科技创新与应用，2020（01）：149-151.

[25] 何加亮.基于虚拟现实的思政教育移动学习平台研究 [J].教育教学论坛，2020（24）：357-358.

[26] 胡今鸿，李鸿飞，黄涛.高校虚拟仿真实验教学资源开放共享机制探究 [J].实验室研究与探索，2015，34（02）：140-144+201.

[27] 黄欣荣，潘欧文.思政课 VR 实践面临的问题反思 [J].思想政治课研究，2020（05）：110-114.

[28] 计小羽.地方高校虚拟仿真实验室管理研究 [D].福州：福建师范大学，2017.

[29] 江峰，朱梦露.红色资源融入思政课 VR 实践教学的辩证透析 [J].黄冈师范学院学报，2021，41（01）：92-97.

[30] 姜芳.深化高校思政课程实践性教学改革的必要性分析 [J].知识经济，2014（21）：156.

[31] 李根，张艳军，李岩，等.高校虚拟仿真实验室管理与维护 [J].广东化工，2020，47（01）：166+163.

[32] 李玲玲 .5G+VR 技术与思政教学的融合研究——以江苏首家 VR 思政教育实训室为例 [J]. 教育现代化，2019，6（62）：183-185.

[33] 李沛 . 体育虚拟仿真实验教学项目的建设与应用研究 [D]. 南京：南京体育学院，2020.

[34] 林道喜 . 红色文化的物化表现探析——以井冈山红色文化为例 [J]. 领导之友，2016（01）：72-75.

[35] 林敏建 .VR 技术嵌入高校思想政治理论课教学的意义与可能性研究 [J]. 智库时代，2019（40）：185+187.

[36] 刘佳富，周砚秋 .VR 技术将红色文化融入高校思政实践课的创新模式研究 [J]. 才智，2020（25）：79-80.

[37] 刘建望 . 高校思政课教学改革的困境和出路 [J]. 陕西青年职业学院学报，2017（01）：29-32.

[38] 刘权政，赵绥生 . 翻转课堂教学模式在高校思政课教学实践中的思考 [J]. 机械职业教育，2017（02）：26-28.

[39] 刘长欣，郭改文 . 利用虚拟仿真技术提升实践教学的时效性 [J]. 河南教育学院学报（自然科学版），2019，28（04）：64-67.

[40] 卢文杰，曹学海 .VR 技术在红色文化遗址数字展示中的运用及受众体验初探 [J]. 黑龙江工业学院学报（综合版），2020，20（08）：43-46.

[41] 陆晓娇 . 整体规划与协同效应：新时代学校思政课改革创新的内在逻辑 [J]. 中国青年社会科学，2019，38（06）：73-78.

[42] 马静怡 . 虚拟现实、增强现实、混合现实与数字出版 [J]. 新闻研究导刊，2016，7（07）：303.

[43] 彭敬东，张浩 . 高校虚拟仿真实验管理与共享平台存在问题浅析 [J]. 数字技术与应用，2019，37（12）：217-218.

[44] 彭杉杉，邹之坤 .“八个统一”：红色文化在高校思政课中的教育价值探析 [J]. 现代教育科学，2020（01）：58-62+68.

[45] 邱双成 . 高校思政课教学现状、问题及对策探析 [J]. 高教学刊，2019（24）：156-158.

[46] 唐萍 . 基于红色 VR 场馆的高校思政课实践教学设计与应用 [D]. 河南师范大学，2019.

[47] 田大治 . 河南红色文化融入高校思想政治教育创新研究 [J]. 行政科学论坛，2020（08）：58-61.

[48] 王聪.增强现实与虚拟现实技术的区别和联系 [J].信息技术与标准化,2013（05）：57-61.

[49] 王芬.红色文化在高校思想政治教育路径探析 [J].毛泽东思想研究,2016,33（06）：150-153.

[50] 王功名,王志强,赵晓乐,等.探索基于"微平台"的高校思政课实践教学模式改革 [J].课程教育研究,2018（45）：94+96.

[51] 王洪江,郭一珂.高校红色文化展览馆 VR 系统的研究与实现 [J].沈阳工程学院学报（社会科学版）,2020,16（03）：63-67.

[52] 王娜娜.新媒体时代下 VR 技术嵌入高校思政课教学研究 [J].南京广播电视大学学报,2018（03）：34-37.

[53] 王蕊蕊.基于"雨课堂"的混合式教学模式在高校思政课教学中的实践——以三亚学院"思想道德修养与法律基础"课程为例 [J].科教导刊（上旬刊）,2019（16）：116-117.

[54] 文锦琼,肖世维,青思含.虚拟仿真技术在高校不同学科中的应用 [J].实验室科学,2020,23（02）：79-82+87.

[55] 肖丽萍,张慧,胡翰,等.VR 技术在井冈山红色历史与文化宣传中的应用 [J].电子技术与软件工程,2017（23）：129.

[56] 谢赛银.教育现代化对高校思政课教学改革的影响 [J].现代教育管理,2021（01）：45-52.

[57] 颜媛媛.VR 虚拟现实的理念实现与教学研究 [D].石家庄：河北师范大学,2018.

[58] 杨国兵,李柏洲,甘志霞.应用虚拟仿真技术推进数字化造船 [J].中国科技论坛,2008（05）：111-114.

[59] 杨叶文.上海红色文化资源在大学生思想政治教育中的价值运用研究 [D].上海：上海外国语大学,2020.

[60] 姚利民.高校思政课教学质量的现状与提升策略 [J].大学教育科学,2019（05）：20-21+122.

[61] 于明艳.VR 技术下的红色文化记忆构建 [J].晋阳学刊,2020（06）：132-135.

[62] 余图军,孙萌.VR 技术对打造思政第二课堂的实效性研究——以弘扬井冈山红色文化为例 [J].中外企业文化,2020（04）：117-119.

[63] 袁进霞.新媒体技术运用于高校思政课教学实践的若干思考 [J].华北水

利水电大学学报（社会科学版），2021，37（01）：97-101.

　　[64] 张阿兰."互联网 +"时代背景下高校思政课教学改革路径 [J]. 高教论坛，2016（10）：68-70.

　　[65] 张春华. 高校思政课实践教学改革必要性和路径探析 [J]. 佳木斯职业学院学报，2015（11）：128-129.

　　[66] 赵诤，高烨. 论新媒体在高校思政课教学实践中的双重作用 [J]. 思想政治课研究，2017（02）：35-38.

　　[67] 周忠，周颐，肖江剑. 虚拟现实增强技术综述 [J]. 中国科学：信息科学，2015，45（02）：157-180.

　　[68] 朱华西，田敏，赵芳. 基于 VR 技术的红色文化融入高校思想政治教育研究 [J]. 九江职业技术学院学报，2020（04）：46-48.

　　[69] 朱阳. 基于虚拟仿真技术的中职物联网技能教学设计与实证研究 [D]. 杭州：浙江工业大学，2020.

　　[70] 邹红玉. 虚拟仿真技术在医学教学中的应用研究 [J]. 课程教育研究，2018（09）：135-136.

　　[71] 姜瑞林. 主流文化建设中马、中、西三者间的交融与整合 [J]. 人民论坛，2015（32）：224-226.

　　[72] 姜瑞林. 全球化背景下中西主流文化间的冲突、交融与升华 [J]. 河北大学学报（哲学社会科学版），2015，40（05）：149-150.

　　[73] 姜瑞林，周艳华. 社会转型期中国主流文化的发展 [J]. 唐山师范学院学报，2015，37（04）：142-146.

　　[74] 王红向. 基于核心素养的高校思想政治理论课的课程目标 [J]. 青年与社会，2020（23）：158-159.

　　[75] 王红向. 浅析思想政治理论课"大班教学、小班助教"的教学模式 [J]. 课程教育研究，2018（13）：91.

　　[76] 李志伟. 地方高校思想政治教育专业公费师范生的培养模式探究 [J]. 文化创新比较研究，2021（03）：38-40.

　　[77] 李志伟. 高校思想政治理论课程教学现状调查研究 [J]. 才智，2019（09）：15.

后 记

　　2019 年 8 月，中共中央办公厅与国务院办公厅联合印发《关于深化新时代学校思想政治理论课教学改革创新的若干意见》中指出，大力推进思政课教学方法改革，提升思政课教师信息化能力素养，推动人工智能等现代信息技术在思政课教学中的应用，建设一批国家级虚拟仿真思政课体验教学中心。2021 年 11 月修订印发的《高等学校思想政治理论课建设标准 (2021 年本)》中也指出"积极探索教学方法改革，优化教学手段"，实现高校思想政治理论课改革创新，因此，如何利用虚拟仿真实验室推动思政课教学改革势在必行，本书就是在这种背景下应运而生。

　　编写本书的目标是力求达到虚拟仿真技术与高校思政课教学改革的深度融合，通过高校思想政治理论课的教学改革，尤其是实践教学的改革创新，提高高校思想政治理论课的教学质量，落实立德树人的根本任务。由于唐山师范学院红色（VR）虚拟仿真实验室的建设仍在完善过程中，本次教学改革仅仅使用到虚拟仿真技术的沉浸式体验功能，并未使用到虚拟仿真技术的参与功能和互动功能，因此，本书的第六章在写作高校思想政治理论课中的红色虚拟仿真技术（VR）探索的过程中，内容上仍然需要拓展、优化和提升，望读者见谅，后续我们一定会随着实践创新进行理论创新，完善本书的内容。

　　主要参与本书撰写的还有王红向老师和李志伟老师，同时为本书撰写做出贡献的的还有唐山师范学院马克思主义学院的赵婉华老师、邓雪南老师、许小杰老师和李斌老师，王红向老师、赵婉华老师、邓雪南老师和许小杰老师分别在自己所教授的思想政治理论课进行了虚拟仿真技术改革创新教学手段的改革，协同马克思主义学院思想政治教育专业的助课学生一起录制了虚拟仿真技术与高校思想政治理论课教学内容深度融合的课堂视频，李斌老师在视频录制和视频剪辑的过程中提供了顶尖的技术支持，同时也感谢唐山师范学院教育技术中心的老师们的配合。

　　"路漫漫其求远兮，吾将上下而求索"。达到虚拟仿真技术与高校思政课的教学改革的深度融合的目标任重而道远，我们会不予余力继续探索利用虚拟仿真实验室，改革教学手段，提升教学质量，从而落实立德树人的根本任务。